情緒

奧修

EMOTIONAL **WELLNESS**

TRANSFORMING FEAR, ANGER, AND JEALOUSY INTO CREATIVE ENERGY

OSHO

ONE OF
THE MOST
INSPIRING SPIRITUAL
TEACHERS
OF OUR TIME

如何將恐懼、憤怒、嫉妒，
蛻變成創造性的能量！

奧修靈性智慧 2

Bhakti——譯

目次

第3部 觀照——蛻變金鑰

第1部

了解情緒的本質

情緒不會恆久不變。那就是為什麼它們被稱為「情緒（emotions）」——這個字源自於「動（motion）」，意思就是活動（movement）。它們會變動，因此，它們是情緒（emotions）。你會不斷從一種情緒轉變到另一種情緒。這一刻你是悲傷的，下一刻你是快樂的；這一刻你是生氣的，下一刻你是慈悲的。這一刻你充滿愛，下一刻你充滿恨；早晨很美，夜晚很醜；這樣不斷延續。這不是你的本性，因為在這些變化的背後，需要某種像線一樣的東西把它們串聯起來。

你看到了花環上的花，但你沒有看到那根線。這些情緒就像花環上的花。有時是憤怒之花，有時是悲傷之花；有時快樂，有時傷痛，有時苦悶。這些都是花朵，而你的生命則是那個花環。花環上一定有一根線，否則你早就四分五裂了。你仍然是一體的——那麼，貫穿你的是什麼？指引你的又是什麼？在你之中，什麼才是永恆的？

・最初的最初——頭腦的機制

你的情緒，你的感受，你的想法——所有關於頭腦的一切——都被外在的事物所操縱。就現在看來，這是合乎科學的，但其實在幾千年前，還沒有科學研究方法的時候，神祕學家就說過同樣的事——你腦中的一切都不屬於你，你是超乎它們之上的。唯一的問題是，你認同它們是你的一部分。

舉例來說，有人侮辱了你，你很生氣。你認為你生氣了，但從科學的角度來說，他人的侮辱只是發揮了遙控器的作用。侮辱你的人控制了你的行為，你因為他而憤怒，你的憤怒掌握在他人手中，你表現得像個傀儡。

現在，科學家已經可以在人類腦部的特定中樞裝置電極，這簡直令人難以置信。神祕學家已經談論了幾千年的現象，但直到最近，科學家才發現人類的大腦內有數百個不同的中樞在控制你所有的行為。電極可以被裝置在某個特定的中樞——比方說，憤怒中樞——沒有人侮辱你，沒有人羞辱你，沒有人對你說任何話；你本來靜靜坐著，高高興興的，但某人按了一下搖控器，你就發火了！這是一種非常奇怪的感覺，因為你找不到你生氣的理由。你或許會想辦法將它合理化。例如你會認為是因為你看到一個人經過走廊，你想起他以前侮辱過你，因此你才會無緣無故生氣；你會找到一些合理化的解釋，安慰自己說我沒有發瘋。你只是靜靜坐著……沒有什麼招惹你，而你突然火冒三丈？

同樣的遙控器也可以用來讓你快樂。你沒事坐在椅子上咯咯的發笑，你看看四周——要是有人看到的話，一定會認為你瘋了！沒有人說話，沒有事情發生，沒有人踩到香蕉皮滑倒，那你到底在笑什麼？你會將它合理化，你會設法替這個咯咯發笑找個合理的理由。最奇怪的是，相同的按紐下一次再按，你又咯咯發笑的時候，你還是會找同樣的理由，同樣的安慰，同樣的解釋——這個合理化的解釋甚至不是來自你自己！它就像一張可重複播放的唱片。

閱讀和這些中樞相關的科學研究報告時，我想起了我的學生時代。我參加一個校際辯論賽。當時全國的大學都參加了這個比賽，瓦拉納西(Varanasi)梵文大學也參加了，梵文大學的學生總是覺得自己比其他參賽者略遜一疇。他們熟悉古老的經典，熟悉梵文詩歌和戲劇，但他們不熟悉當代藝術、文學、哲學或邏輯。這種自卑情結以一種非常奇怪的方式在運作著。

那一場比賽，當我講完之後，下一個是梵文大學的代表。為了讓觀眾印象深刻並隱藏他的自卑情結，他引用了一段羅素（Bertrand Russell，1872-1970，英國著名的數學家與邏輯學家）的話做為演講的開場——他背誦這段引言，梵文學生比任何人都更擅於背誦——但他卻臨陣怯場了，他背到一半時背不出來了……。因為他對羅素一無所知，他對自己引用的這段話一點也不了解，所以他一直無法順利背下去。如果他引用梵文的內容會比較好，他會輕鬆自在許多。

他講到一半時停了下來——一個句子只講了一半。我坐在他旁邊，四下一片沉默，他在冒汗，為了幫他的忙，我說：「再來一次。」——不然怎麼辦呢？他卡住了。我說：「如果你接不下去，就再來一次；也許你會記起來。」

於是，他重新開始：「各位兄弟姊妹們……」然後他又卡在同樣的地方。他現在成了一個笑柄。全大廳的人都在喊：「再來一次！」他陷入了窘境。他講不下去了，但又不能默默的站在那裡，這樣看起來很蠢。所以他又重來一次。而且又是從最前面的地方開始：「各位兄弟姊妹們……」

整整十五分鐘，我們只聽到這個部分——從「各位兄弟姊妹們……」開始，到他講不下去的地方為止，一遍又一遍。當演講結束之後，他來坐在我旁邊。

他說：「你毀了我的整場演說。」
我說：「我是想幫你的忙。」
他說：「這樣算幫哪門子的忙？」
我說：「不管怎麼樣，反正你都講不下去了。這麼一來，除了你以外，大家都覺得很享受。我能了解你的感受，但你應該高興你讓這麼多人開心！此外，你為什麼非要引用那段話呢？我跟你說再來一次的時候，你大可不必從頭開始……你可以跳過那段引言，那沒必要嘛。」

回到剛剛我講的中樞科學報告，我讀了這篇科學研究報告之後，我開始了解了，語言中樞完全就像唱片一樣，但是多了一個特點。當你把唱針從唱盤上移開，可以再將唱針移回原位，從那裡繼續播放音樂。但語言中樞不同，當唱針移開再放回原位的時候，這個中樞立刻會回到最前面，重新開始。

這樣的話，你還能說你是自己所說的話的主人嗎？你是你自己的感覺的主人嗎？的確，你並沒有被植入電極，但在生物學上，完全相同的運作已經不斷在持續著。

當你看到某種類型的女人，你的頭腦立刻會反應：「多美啊！」這不是遙控器是什麼。那個女人就像電極的遙控器一樣發揮了作用，你的語言中樞一碰到她，就開始播放頭腦記錄的話：「多美啊！」

頭腦只是一個機制。它不是你。頭腦錄下外界的事物，然後根據這些記錄回應外在的情況。印度教徒、回教徒、基督教徒和猶太教徒之間唯一的差別就是：他們只是有著不同的錄音內容，但他們的播放方式都一樣。在骨子裡，他們是同一種人。當你播放一張唱片──它可能是希伯來文，可能是梵文，可能是波斯文，可能是阿拉伯文，你播放唱片的機器是一樣的。對機器來說，無論播希伯來文或梵文，都沒有差別。

你們所有的宗教，所有的政治理念，所有的文化心態，全都只是錄音而已，除此之外什麼也不是。它們只不過在某些特定的情況下，播放特定的錄音內容而已。

都吉大君(Raja Dhoj)是印度最有智慧的國王之一，他的生命中發生過一段很美的插曲。他非常欣賞有智慧的人。他的國庫只為一個目的而開──無論花多少錢，都要召集到全印度的智者。他的首都在烏賈因(Ujjain)，宮廷裡有三十名全國最傑出的人。這是全印度最受尊崇的宮廷。

卡利達(Kalidas)是全世界最有名的詩人之一，也是都吉大君的朝臣。有一天，宮廷來了一個人，宣稱他會說三十種語言，而且說得就像本國人一樣流利、一樣準確，連口音也完全一樣。他前來挑戰：「聽說最有智慧的人都在你的宮廷裡。這裡有一千枚金幣，任何人能夠猜出我的母語，這一千枚金幣就是他的，但要是他辦不到的話，就得給我一千枚金幣。」

偉大的學者們齊聚在那裡──所有的人都知道，無論如何你都不可能把其他的語言說得和你的母語一樣流利，因為，學習別的語言需要費很大的功夫，只有母語是自發性的——你甚至不必學。你所要做的，只是開始說；它是自發性的。這就是為什麼連將祖國稱之為「父國」的德國人，也沒有將德文稱之為「父語」——大多數的國家都稱自己的國土為「母國」。所有的語言都被稱為「母語」，因為孩子是跟著母親開始學說話的。父親在家裡從來沒機會發言；總是母親在說，父親在聽。

都吉大君宮廷裡有許多人接受了這個挑戰。那個人說了三十種語言，這種語言講幾句，那種語言講幾句——這真的很難！他真的是位偉大的藝術家。他說每種語言的樣子，就像是本國人在說自己的母語一樣。三十名偉大的學者都輸了。比賽持續進行了三十天，每天都有一個人來挑戰，但全都落敗了。

到了第三十天……都吉國王不斷對卡利達說：「你怎麼不去挑戰呢？詩人比任何人都更了解語言的精微之處，更了解語言的微妙差別。」而卡利達依然沉默不語。他看了三十天，試著判斷那個人說哪種語言最自在，最具自發性，流露最多的喜悅；然而，他還是看不出有任何差別，這個人說每一種語言的樣子都一樣。

到了第三十一天，卡利達要都吉國王和所有的智者到宮廷外，站在大殿前面。大殿前有一道很長的階梯，那個人正走上來；當他走上最後一級階梯時，卡利達一把將他推倒。當他滾下階梯的時候，他氣急敗壞，大罵了起來。

卡利達說：「這就是你的母語！」在憤怒當中，你什麼也不記得了。這個人沒有料到比賽中會出現這樣的情況。但沒錯，那的確就是他的母語。在他頭腦最深處的錄音，那就是他的母語。

我認識一個教授，他曾經在世界各地生活過，也在不同的大學任教過，他常說：「在其他國家生活的時候，只有兩種情況讓我覺得很為難，一種是和別人吵架的時候，另一種是墜入愛河的時候。在這兩種情況下，人需要他的母語。無論你用別的語言將你的愛傳達得多美，它都隔了一層，它會有點膚淺。當你生氣的時候，如果你用對方的語言吵架，你就沒有同樣的快感……」他說：「這兩種情況都非常重要——吵架和談情說愛——它們通常都是針對同一個人！你愛這個人，你同時又得和這個人吵架。」

他說的沒錯。用你學來的語言說話，一切都只會停留在表面——你唱不出優美的歌，你也沒辦法用自己的話罵三字經。在這兩種情況下，它都少了一點勁。

人的頭腦是一個記錄外來經驗的機制，它根據這些記錄做出回應。它不是你。可惜的是，心理學家認為頭腦就是一切，除了頭腦以外，沒有別的。這表示你什麼都不是，只是一堆外在影響所產生的結果；你沒有自己的靈魂。甚至連靈魂這個觀念也是外來的。

這就是神祕家和科學家的不同之處。科學家完全同意當代科學對人類頭腦的研究。然而，這些研究對於人類本質的看法則大錯特錯。在頭腦之外，還有一種超越頭腦的覺知，它不是外來的，它也不只是一個觀念——直到目前為止，還沒有任何實驗可以在腦部找到與覺知相應的中樞。

靜心的作用，就是讓你覺知到所有的一切都只是頭腦的活動，讓你認出那不是你，幫助你不去認同它們。當頭腦生氣時，你了解到這只是一段唱片裡的錄音。當頭腦悲傷時，你記得這也只是一段唱片裡的錄音。當你在某種特定的情境下，有人按下了遙控器，所以你覺得難過，你覺得生氣，你覺得挫折，你覺得擔心，你覺得緊張——所有這些事物都來自外在，來自你的頭腦對它們的回應。你只是個觀看者，你不是演員。它們不是你的反應。

靜心的藝術就是去學習覺知、警覺、覺察。當你覺得生氣時，不要壓抑它；讓它在那裡。只是覺知。看著它，把它當成你外在的某種客體。慢慢的切除你對頭腦的認同。那麼，你就會找到你真正的本性，你的本質，你的靈魂。

發現這個覺知，就是成道——你將成為光明的。你將不再置身黑暗當中，你將不再是被頭腦操縱的傀儡。你是主人，不是奴隸。現在，你的頭腦無法再像以前那像，擅自做出機械性的反應。它需要你的允許。現在如果有人侮辱了你，而你不想生氣，那麼你就不會生氣。

佛陀常對他的弟子說：「生氣很愚蠢，聰明的人類會生氣，真是不可思議。別人做他的事，你有什麼好生氣的？他或許做錯了什麼，說錯了什麼，他或許想盡辦法羞辱你、侮辱你——那是他的自由。如果你有反應，你就變成一個奴隸。如果你對那個人說：『你高興侮辱我是你的事，我高興不生氣是我的事。』那麼，你就成為你自己的主人。」

你內在的主人要像水晶一樣清澈明晰，否則你沒有靈魂可言，你就只是唱片的錄音而已。隨著年紀增長，你的唱片收藏也逐漸增加。你變得更有知識，人們認為你是一位智者，但你只是一隻馱著書本的驢子。

智慧不是淵博的學識，智慧只存在於一件事——了解你的覺知，並了解這個覺知和你的頭腦是分開的。

只要觀察一些小事，你會非常驚訝，人們每天都在做重複的事。他們不斷在決定要做什麼，又不斷懊悔沒有去做，它成了一種慣例。你做的事沒有一件是新的。有些事使你不幸、難過、憂心、受傷，你不想再這麼做了——但不知為什麼，你就是會機械性的一遍又一遍的去做，好像你總是不由自主。除非你將覺知與頭腦分開，否則你還是會繼續無助下去。

這個徹底的分離，就是發生在一個人身上最偉大的革命。從那一刻起，你的人生變成一種慶祝的人生——因為你不需要再做任何傷害自己的事，也不需要再做任何讓自己悲慘不幸的事。現在，你可以只做讓你更開心、更滿足的事；你將愈來愈知足，你的生命將成為一種藝術，一種美。

但唯有當你內在的主人覺醒時，這才可能發生。到目前為止，主人還在沉睡，僕人反而扮演了主人的角色。而且，那個僕人還不是你的僕人，那個僕人是外在世界創造出來的。它屬於外在世界，它遵循外在世界和它的法則。

這就是整個人類的悲劇：你睡著了，外在世界在支配你，它正根據自己的需求創造出你的頭腦——這個頭腦是一個傀儡。一旦你的覺知成為一個火焰，它會燒掉一切頭腦所造成的奴役。沒有什麼喜樂比自由更可貴，比成為你命運的主人更可貴。

頭腦不是你的朋友。不管它是假扮成主人，或是被適得其所的放回僕人的位置，它都不是你的朋友。為了自由、喜樂、真理而奮鬥，你並不是在對抗外在世界；它是一場與傀儡心智的鬥爭。事情就這麼簡單。

紀伯倫（Kahlil Gibran，1883-1931，阿拉伯詩人、作家、畫家）說過一個很美的故事。有個村裡的農人做了一個假人——一個稻草人——保護他們栽種的作物。他用兩根棍子綁在一起，看起來有點像十字架。他為它穿上衣服，還在頭頂上放一個泥罐。這樣鳥類和動物會以為有人站在那裡而感到害怕。衣服和兩隻手可以讓牠們以為是人類在監視。對動物來說，這樣就夠了；牠們會離農作物遠遠的。

紀伯倫說：「有一次，我問那個稻草人：『我了解，製造你的農夫需要你。我了解那些可憐的動物，牠們沒有聰明到看出你是假人。但你不管天晴下雨，不管酷暑嚴冬，都一直站在這裡，是為了什麼？』」

稻草人說：「你不了解我的樂趣。嚇唬那些動物是多麼快樂，我就算受點日曬雨淋，酷暑嚴冬，或其他所有的折磨都是值得的。我嚇走了上千隻動物！我知道我是假人，我內在什麼都沒有，但我一點也不在乎。我的樂趣就是讓別人害怕。」

你想和這個假人一樣嗎——內在空空如也，讓別人害怕，讓別人快樂，讓別人丟臉，讓別人敬重？你的人生就是為了別人嗎？你曾經向內看過嗎？有沒有人在屋子裡？你有沒有興趣去尋找屋子的主人？

主人一直都在那裡——可能睡著了，但他可以被喚醒。一旦你內在的主人覺醒，你整個生命就會出現新的色彩，新的彩虹，新的花朵，新的音樂，新的舞蹈。你將第一次真正活了過來。

＊＊＊

通往實相之門不是透過頭腦，而是透過心。

現代人所面臨的最大問題，就是頭腦訓練過度，心卻徹底被忽略——心不僅被忽略，還遭到譴責。人們不被允許去感覺，感覺被壓抑了。有感覺的人被當成弱者。有感覺的人被視為幼稚、不成熟。人們認為有感覺的人不夠現代——他們是原始人。太多對於感覺和心的譴責，讓人們對感覺產生恐懼。人開始學習想要切斷感覺，慢慢的，心被忽視了；人就直接轉移到頭腦。慢慢的，心成了只是一個淨化血液的器官，如此而已，它什麼都不是。

人類的歷史上，心第一次完全被貶為只是一個生理器官——但它不是。隱藏在心臟的生理機能後面的，是真正的心，這顆真正的心並不是身體的一部分，所以科學沒有發現到它。你必須從詩人、音樂家、畫家、雕刻家那裡認識它。而最終，神祕家掌握了這個奧祕的金鑰。一旦你知道你的本質中有一間內在的密室——它完全沒有受到教育、社會、文化的污染；它完全沒有受到基督教、印度教、伊斯蘭教的影響；它也完全沒有被發生在現代人身上的一切所污染，它依然純潔無瑕——一旦你連結到你這個本質的源頭時，你的人生將活在一個截然不同的層次。

那是神聖的層次。到目前為止，大部分的人都只活在頭腦的層次；動物活在比頭腦更低的層次。你應該超越頭腦，活在屬於心的層次，那是神聖的層次。與心同在，我們就與整體的存在取得了連結。

所有我設計的靜心只有一個單純的目的：把你從頭拉回到你的心，幫助你從頭腦的爛泥裡解脫出來，讓你進入心的自由；用各種方法幫助你覺知到你不只是一顆頭。

頭腦是一個很美的機制；要善用它，但不要被它所利用。它必須為你的感覺服務。一旦思想為感覺服務，一切就平衡了。一股強烈的寧靜與喜悅會從你的本質中升起，它來自你內在的源頭，而不是任何外在的事物。它泉湧而出，它轉化了你，它點亮了你，而且不只是你，任何接觸你的人都會嚐到某種未知的甘美，任何與你有關聯的人，都會感受到某種說不出的喜悅。

壓抑與控制——情緒制約的根源

每個孩子生來都能夠自然地感受到整個宇宙，他不知道自己和宇宙已經分開。是我們教他感受到的，他慢慢的長大，透過教育，我們教他去感受分離。我們給了他一個名字，我們給了他一個身分，我們給了他野心——我們為他創造出一個他的人格。慢慢的，透過教養、教育、宗教教義，這個人格變得越來越複雜。隨著人格越來越複雜，這個孩子開始忘記過去在母親子宮裡的自己——在那裡，孩子既不是醫生也不是工程師；在那裡，他沒有名字；在那裡，他還沒有和整個存在分開。他完全和他的母親在一起，除了母親之外沒有別的。子宮是一切，它是孩子的整個宇宙。

在母親子宮裡的孩子從來不會擔心明天會怎樣。他沒有錢，沒有銀行帳戶，沒有事業。他完全沒有工作，沒有執照。他不知道晚上什麼時候來，白天什麼時候走，季節什麼時候交替；他天真無邪的活著，深信一切都會像以前一樣美好。如果今天沒問題，明天也一樣不會有問題。他不是用這種方式去「想」，只是一種直覺；與語言無關，他還不懂任何語言。他懂的只有感覺和心情，他總是雀躍不已，開心喜悅——他沒有任何責任，只有全然的自由。

為什麼每個孩子從子宮出來的時候都讓母親那麼痛？為什麼每個孩子都哭著出生？試著深入觀察這些小事，它們會為你揭露一個生命的奧祕。孩子抗拒離開子宮，因為子宮一直是他的家。他對日程表一無所知；九個月幾乎代表永恆——感覺就像是永遠一樣。從他知道自己的存在開始，他一直待在子宮裡。現在，他的家突然被奪走了。他被趕出來，被驅逐出境，他竭盡全力的反抗。他依戀子宮，這就是問題所在。母親要他快點出生，因為他滯留得越久，她就越痛苦。但孩子留戀不去，所以他總是哭著出生——每一個孩子都不例外。

只除了一個人，老子，據說他是笑著出生的。這有可能；因為老子是一個不尋常的人，從小就瘋瘋顛顛的。他搞不清楚該做什麼事，現在該哭，而他在笑。他一輩子都是這樣，老是在錯誤的時機做錯誤的事。他一輩子的奇聞軼事，都從這個笑開始的。每一個人都很驚訝，從來沒有一個孩子這樣過。但那是唯一的例外——那說不定只是個傳說，或對過往的一個猜測。回顧老子的生平，那些書寫他的人一定在想，老子的出生不可能和其他人一樣；一定也有點瘋狂。他終其一生都瘋瘋顛顛，出生時應該也是如此。也許那只是個傳說。就算那是事實，他真的笑了，也是個例外，不是常態。

為什麼每個孩子都是哭著出生？因為他的家被奪走了，他的世界被毀滅了——突然間，他發現自己處在一個陌生的世界裡，周遭圍了一堆陌生人。他繼續哭，因為他的自由一天比一天少，責任一天比一天重。最後，他發現自己完全沒有任何自由，只剩下不得不去履行的義務，不得不去完成的責任；他成了一隻馱獸。用純真眼光來看清楚這個處境，他要是哭了，你不要怪他。

心理學家說，人類對於真理、神、天堂的追尋，其實都是基於在子宮裡的經驗。他忘不了那個經驗。就算他的意識層面忘了，那個經驗還是不斷在他的潛意識裡迴響。他會重新尋找那段不需承擔任何責任、擁有完全自由的美好時光。

有些人找到了。我稱之為「成道」。你可以選擇任何字眼，但基本的意思都一樣。你會發現，整個宇宙對你而言，就像是母親的子宮。你可以信任，你可以放鬆，你可以享受，你可以唱歌，你可以跳舞。你可以擁有一個不朽的生命、一個宇宙的意識。

但是，人們害怕放鬆。人們害怕信任。人們害怕流淚。人們害怕任何不尋常、超越世俗的事物。他們拒抗，他們在抗拒中自掘墳墓。他們從來沒有活力充沛的一刻，從來沒有狂喜的經驗；但這是他們與生俱來的權利，他們只要去要就有了。

一個住在洛杉機的人去看精神科醫生。雖然病歷卡上登記的名字是希枚・葛柏德（Hymie Goldberg。註：Hymie是猶太人的蔑稱），但他自稱是拿破崙。

「你有什麼問題？」醫生問。

「這個嘛，醫生，其實一切都很好。我的軍隊很強，我的宮殿宏偉，我的國家繁榮。唯一的問題就是我太太約瑟芬。」

「喔！」醫生說：「那她有什麼問題？」

那個人絕望的兩手一攤：「她以為自己是葛柏德太太。」

這個人處於他的緊張、焦慮和問題裡，他在群眾中迷失了自己，變成了另一個人。內心深處，他知道他不是自己扮演的那個角色，他是別的人。這造成他嚴重的精神分裂。他沒有辦法好好扮演那個角色，因為他知道那不是他；然而，他也找不到真正的自己。他必須去扮演那個角色，因為那個角色賦予他生活的一切——他的太太、他的孩子、他的權力、他的體面，他的一切，都來自於那個角色。他不能拿一切來冒險，於是他繼續扮演拿破崙。慢慢、慢慢的，他自己也開始相信了。他必須相信；不然就演不下去了。最優秀的演員是那些忘掉自己、與表演合而為一的人。那麼，他的哭是真的，他的愛是真的；他不管說了什麼話，都不只是台詞，而是發自他的真心——它看起來幾乎是真的。當你必須扮演一個角色時，你必須深深融入其中。你必須變成它。

每一個人都在扮演某些角色，但又心知肚明這並不是他原本的樣子。這就造成了一個分裂，一個焦慮，焦慮摧毀了你所有的可能性，它使你再也無法放鬆、信任、愛，與任何人交流——無論是朋友或愛人。你變得孤立。你的演出使你自我放逐，使你深受其苦。

世界上有太多的痛苦是不合自然的。偶爾受苦雖然可以接受，但喜樂才是合乎自然和宇宙之道。

問題　為什麼表現出真實的感覺，做你自己，會這麼困難、這麼可怕？

表現出你的感覺和做自己會這麼困難，是因為幾千年來，一直都有人告訴你，要壓抑自己的感覺。它已經成為你集體潛意識的一部分。幾千年來，你都被教導不要當你自己。要當耶穌，當佛陀，當克里希那（Krishna，1895-1986，印度哲人，世為婆羅門），就是不要當你自己。去當別人。你長年累月不斷被灌輸這樣的觀念，它已經深入你的血液、你的骨頭、你的骨髓。

你對於自己某些部分已經自暴自棄。所有的教士都在譴責你。他們告訴你，你是個罪人，你一出生就帶著原罪。你唯一的希望是耶穌會來拯救你，克里希那會來拯救你，你自己是沒有指望的——你無法自救，別人才救得了你。你註定失敗；你只能祈求耶穌或克里希那來拯救你。就你而言，你一無是處，你只是塵埃，別的什麼也不是。你毫無價值，你被貶為醜陋的東西、惹人厭的傢伙。這就是為什麼人們發現，表現出自己真實的感覺是那麼困難、那麼可怕。你被教導成一個偽君子。

偽善有好處，任何有好處的事，似乎都有價值。人們說，誠實為上策——要記住，它是最佳「策略」。連誠實都變成了一種策略，因為它有好處。如果它沒有好處該怎麼辦？那麼，不誠實就是最佳策略。所有的事情都取決於什麼管用，什麼會帶來好處，什麼會讓你更有錢或是更受尊敬，什麼會讓你更舒適、更安全、更無憂無慮，什麼更能滋養你的自我——這就是最佳策略。它或許是誠實，或許是不誠實；無論哪一種，它都是一種手段，而不是一個目的。

宗教也成了一種不錯的策略。它是前往另一個世界的保險。你為人正直、上教堂、救濟貧困，為前往另一個世界做好準備。你在天堂的銀行開了戶，所以等你到了那裡，會受到盛大的歡迎，天使們會跳舞，彈豎琴，高喊哈利路亞。你的戶頭有多少存款，全得看你做了多少善事。宗教也成了一樁生意，你真實的本性受到了壓抑。

那些壓抑的人是如此受到尊崇。你稱他們為聖人，但他們實際上得了精神分裂症。他們應該就醫。他們需要治療，而你卻崇拜他們！一百個聖人中，能找到一個真正的聖者，已經是個奇蹟了。其他的九十九個只是在唬人，他們是冒牌貨，是騙子。我不是說他們蓄意欺騙你，他們也欺騙了他們自己。他們是壓抑自己的人。

在印度，我認識很多備受尊崇的瑪哈特瑪（Mahatma，梵文，意為偉大的靈魂）。我曾經和這些人很親近，他們私底下會對我敞開心房。然而，他們比你遇到的任何一個平凡人更醜陋。

我以前常去教監獄裡的囚犯靜心。我剛開始很驚訝，這些犯人——連那些被判無期徒刑的犯人，都遠比你們的聖人更天真，比你們的聖人更善良，更單純，更不會害人。你們的聖人是狡猾精明的。你們的聖人只有一種特質，那就是他們擅於壓抑自己。他們不斷的壓抑，自然而然就形成分裂。他們過著兩種不同的生活：一種在前門，一種在後門。一種是他們展現的生活，而另一種——真實的那一種——永遠都不會讓人看到。他們連自己都不敢看。

你也是這樣，當然程度上輕微得多，因為你不是聖人。你還沒有病入膏肓，你的病還有救。它還沒這麼嚴重，它還不是長期的慢性病。你的病就像小感冒，很容易治好。

然而，每一個人都深受這些所謂的聖人影響，那些真正的瘋子。他們壓抑自己的性欲，壓抑自己的貪婪，壓抑自己的憤怒，他們的內心正在沸騰。他們內在的生命是一場惡夢，一點也不詳和不寧靜。他們的微笑是畫上去的。

印度教的經典裡有許多這樣的故事。每當有一個偉大的聖人快要成道的時候，神明就會派一些美女去干擾他。我想不通為什麼神明要干擾這些可憐的傢伙。有些斷食了很多年的苦行僧，壓抑自己、用頭倒立、折磨自己……他們從來不傷害別人，只會傷害自己。神明為什麼這麼想轉移他們的注意力呢？祂們應該幫助這些人才對！祂們卻派了一絲不掛的美女去，那些美女在那些可憐的傢伙身邊跳舞，對他們搔首弄姿。不用說，他成了受害者，他受到誘惑，失去恩寵——神明似乎是想整那些快要成道的人。太不可思議了！祂們應該伸出援手才對，祂們不但沒有幫忙，還從中破壞。

然而，不能用表面的意思去理解這些故事；它們是象徵，它們是隱喻，它們有非常深的含意。佛洛伊德要是聽到這些故事，他會非常開心。這些故事會是他的寶藏，沒有什麼比這些故事更能支持他的精神分析理論。

事實是，根本沒有任何人出現過；這些壓抑自己的人只是在投射。出現的都是他們的欲望，被壓抑的欲望。欲望壓抑得太久了，現在變得非常強烈，以致於這些人睜著眼睛也在做夢。

在印度，如果某個地方被女人坐過，那麼聖人會被告誡不可以坐在那裡，除非女人已經離開一段時間，因為那個空間會釋放出危險的頻率。你看出這整件事有多愚蠢了嗎？這些人都是人類的導師。就是這些人讓你害怕自己的感覺——因為你無法接受這些感覺。你拒絕它們，所以你害怕。

接受它們。你的感覺沒有什麼不對，你也沒有什麼不對！沒有必要壓抑或摧毀，你必須學習如何使你的能量和諧，而這是一門偉大的藝術。你必須成為一個管弦樂團。沒錯，你如果不知道怎麼演奏樂器，你會製造出噪音，讓你的鄰居抓狂。但如果你懂得演奏樂器的藝術，你就能創造出美妙的音樂，你就能創造出天籟之音。你能夠將某種超凡的東西帶進這個塵世。

生命也是一樣偉大的樂器。你需要學習如何演奏它。沒有什麼需要被切除、摧毀、壓抑、拒絕的。存在賦予你的一切都是美的。如果你沒辦法好好利用它，代表你的技巧不夠好。我們將生命視為理所當然，這是錯的。我們只被賦予了一個還沒有開展的可能性。我們只被賦予一個生命的潛能；我們需要學習如何去展現它。

你必須利用所有可能的資源，學習如何將你的憤怒變成慈悲；將性變成愛；將貪婪變成分享。你擁有的每一種能量都可以變成相對的那一極，因為每一種能量都包含了與它相對的那一極。

你的身體包含你的靈魂。俗世包含天堂；塵埃包含神性。你必須去探索它，而探索的第一步，就是接受你自己，享受當你自己。你不用成為耶穌，不用這樣。你不用成為佛陀或別的人。你只需要成為你自己。存在不要複製品，它愛的是你的獨特性。唯有當一個獨特的人，你才能將自己奉獻給生命。唯有當一個獨特的人，你才能夠成為一個被接受的禮物。一個假的耶穌、克里希那、基督、佛陀、穆罕默德（Mohammed）——這些都做不到。模仿者一定會遭到拒絕。

做你自己，做真實的自己。尊重你自己。愛你自己。觀照你內在的各種能量——你是一個浩瀚的宇宙。慢慢的，當你變得更有意識，你就能夠將一切歸位，把它們放在對的地方。目前你是亂七八糟的沒錯，但你並沒什麼不對。你不是一個罪人；只需要稍稍整頓一下，你就會變成一個很美、不凡的人。

問題　能否請你多談談壓抑，我們要怎麼樣才能擺脫它？它到底是什麼？如果不壓抑會讓我們更好，為什麼我們還繼續這麼做？

壓抑是你過著一種你不想過的生活。壓抑是你在做你從來都不想做的事。壓抑是你在扮演一個不是你的人。壓抑是一種毀滅你自己的做法。壓抑是自殺——當然它很慢，但它無疑是一種慢性自殺。表達是生命；壓抑是自殺。

你過著一種壓抑的人生，你不算活著。生命是表達、創造、喜悅。當你按照存在想要你的方式生活時，你就是以自然之道在生活。

不要怕那些教士。傾聽你的本能，傾聽你的身體，傾聽你的心，傾聽你的智慧。靠著你自己，去任何你的自發性帶你去的地方，你再也不會不知所措。順隨你的自然本性，有一天，你必定會抵達神性之門。

你的自然本性就是你內在的神性。不要聽信那些想毒害你的人，要遵循自然本性。沒錯，光是本性還不夠——本性還有更高的層次——但要先經歷較低的，更高的才能顯現。蓮花出於污泥。靈魂透過身體而成長，靈魂透過性而超越。

要記住，意識是透過食物生長出來的。在東方，我們說「Annam brahm」，食物是神。「食物是神」表示什麼？它表示最低的連結最高的；最淺的連結最深的。

那些教士教你壓抑那些較低的。他們非常合乎邏輯，只不過，他們忘了一件事——生命是沒有邏輯的。因為他們非常邏輯，所以很吸引你。這就是為什麼你經年累月聽他們的話，並追隨他們。它吸引你的理由是，如果你想到較高的地方，就不該聽那個較低的。它看起來合乎邏輯。如果你要去高處，就不會往低處走——非常合理。唯一的問題在於，生命並沒有合理性。

某一天，這裡的一個治療師和我聊天。他說在他帶領的工作坊裡，有時整個團體會落入一個非常寧靜的片刻——它是突如其來的。那些稀有的寧靜片刻美極了。他說：「那些片刻太不可思議了。我們沒有刻意營造，我們連想都沒有想，有時候它們就是出現了。當它們出現的時候，整個團體立刻感覺到某種更高的東西在，某種比所有人、比奧祕更偉大的存在。在這些片刻裡，每一個人都進入了寧靜。」他邏輯的頭腦說：「也許我最好讓工作坊全程都在寧靜中進行。」他一定開始想：「如果這些稀有的寧靜片刻這麼美，那何必做那些動態靜心，何不在寧靜中進行一切？」

我對他說：「夠了，你是邏輯的，但生命不是邏輯的。如果你的團體全程都保持寧靜，那些片刻將永遠不會再出現。」

生命有一種兩極性。你努力工作了一整天，然後到了晚上，你就深深的進入夢鄉。你可以用邏輯來思考，你可以把它數學化。隔天早上，你想：「我工作一整天，做了這麼多事，我很累，但我仍然睡得這麼好。如果我花一整天來練習休息，我將會睡得更香甜。」第二天，你就躺在你的安樂椅中練習休息。你以為你可以睡得很好嗎？你甚至會失去平常的睡眠品質！這就是為什麼那些白天不太做事的人會受失眠之苦。

生命不是邏輯的，自然不是邏輯的。大自然把睡眠給了在炎熱的夏季整天工作的乞丐。大自然把一夜好眠給了勞動者，給了石匠、樵夫。他們辛苦工作了一整天，累壞了。他們筋疲力盡，所以他們睡得很沉。

這就是兩極。你消耗越多能量，就越需要睡眠，因為你只能從熟睡中獲得能量。當你耗盡能量，你就產生出一種情況讓你能夠沉睡。如果你什麼事都不做，就沒有必要睡覺。你連已經給予你的能量都沒用，何必給你更多？能量是要給那些使用它的人。

現在，這個治療師是合乎邏輯的。他想：「如果我們全程都在寧靜中進行……」這麼一來，他們將連那些稀有的寧靜片刻也都錯過了，整個團體的人內在將開始喋喋不休。當然，他們表面上保持寧靜，但他們的頭腦會在裡面發瘋。本來，他們正努力工作，他們正在表達情緒，正在發洩，把所有的東西掏出來，把所有的東西都丟出來——他們感到筋疲力盡。當他們筋疲力盡，再也沒有任何東西可丟的時候，那些片刻就出現了。在那些片刻中，突然之間，門開了，寧靜出現了。

工作完了就休息，表達完了就安靜下來。生命就是這樣運作的。它運作的方式非常不合理。如果你真的想要安定、無憂無慮，你必須過著不安定的生活。如果你想要真正的活著、想要充滿活力，你必須隨時準備赴死。生命就是這樣的不合邏輯！如果你想要真正的真實，你必須冒險。壓抑是一種逃避風險的方法。

舉例來說，人們總是教你不要生氣，你認為那些從來不生氣的人一定充滿了愛。你錯了。一個從來不生氣的人，他也沒有愛的能力。愛和憤怒是一體的兩面；它們是整套的。一個真正能夠愛的人，也是真正能夠生氣的人。但那個憤怒是美的——它是出於愛！那個能量很熱，你不會因為那個人的憤怒而感到受傷。事實上，你將感謝那個人發了火。你曾經注意過嗎？如果你愛某個人，但你做了某件事，那個人真的生氣了，很直率的生氣了，你反而會很感激；那表示他非常愛你，所以他願意表達出他的憤怒。不然何必這樣呢？當你不想把你憤怒的能量給別人的時候，你就會保持禮貌。當你不想給任何東西，不想冒任何險的時候，你就會繼續微笑。有什麼大不了的。

如果你的孩子準備跳進深淵，你還能夠不生氣嗎？你不會大喊大叫嗎？你的能量不會沸騰起來嗎？你還會繼續微笑嗎？不可能的！

有一次，索羅門王（Solomon）的宮廷裡發生了一件事。兩個女人為了一個孩子吵起來，她們都聲稱那個孩子是自己的。這可難辦了。該怎麼決定呢？那個孩子小到連話都還不會說。

索羅門王看到了，他說：「我會做一件事——我會把這個孩子切開，分成兩半。這是唯一可行的辦法。我必須公平公正。沒有任何證據證明這個孩子屬於甲還是乙。所以我身為一國之君，得要做個決定——把這個孩子切成兩半，每個女人各得一半。」

抱著孩子的女人還在笑，她很高興。另一個女人卻抓狂了，彷彿要殺了國王！她說：「你在說什麼？你瘋了嗎？」她勃然大怒。她不再是一個普通的女人，她是憤怒的化身，她像火一樣燃燒起來！她說：「如果是為了公正的話，我放棄我的擁有權。讓孩子跟著那個女人。孩子是她的，他不是我的孩子！」她非常憤怒，淚水從她臉上滑落。然後，國王說：「這個孩子是妳的，把孩子帶走吧。另外那個女人是騙人的，她是冒牌貨。」

當你愛的時候，你會生氣。當你愛的時候，你能夠承擔。如果你愛你自己——這是你一生中必須做的事，否則你會錯過你的生命——你永遠不會壓抑，你將表達生命所賦予你的一切。你將展現它：它的喜悅，它的悲傷，它的高峰，它的低谷，它的白晝，它的黑夜。

但是你已經被培養成一個虛偽的人，你已經被這樣的模式撫養長大，以致於你變成了一個偽君子。當你感覺憤怒的時候，你還是一直戴著畫出來的微笑。當你發火時，你壓抑住你的怒氣。你從來沒有對自己的內在真實。

事情就這樣發生了……

喬和他的小女兒梅姬去遊樂園。他們在途中停下，想好好大吃一頓。他們走到遊樂園的一個熱狗攤，梅姬說：「爹地，我想——」喬打斷她的話，塞給她一包爆米花。

當他們經過一個冰淇淋小攤時，小梅姬又喊道：「爹地，我想——」喬再一次打斷她的話，這次他說：「你想，你想！我知道妳想吃——冰淇淋？」

「不是的，爹地，」她懇求說：「我想要吐。」

她一開始就想這麼做了。但誰聽進去了？

壓抑不是在傾聽你的自然本性。壓抑是一個摧毀你的詭計。

十二個光頭黨走進一家夜店，他們穿著李維（Levi's）夾克和各種裝備。走向酒保說：

「請給我們十三杯啤酒。」

「可是你們只有十二個人。」

「聽著，我們要十三杯啤酒。」

於是酒保給他們十三杯啤酒，他們都坐了下來。一個小老頭坐在角落，光頭黨老大過去跟他說：「老爹，這杯啤酒請你。」

小老頭說：「謝謝。小伙子，你真大方。」

「不客氣，我們不介意幫助殘障人士。」

「可是我不是殘障人士。」

「要是下一輪你不買單的話就是了。」

壓抑就是這麼回事；它是一個讓你殘廢的詭計。它是一個摧毀你的詭計。它是一個讓你軟弱的詭計。它是一個讓你與自己抗爭的詭計。它是一種方法，讓你與你內在產生衝突。一個人陷入自我衝突的時候，當然會非常軟弱。

社會耍了一個很大的詭計——它讓每個人去對抗自己，所以你不斷與自己的內在抗爭。

你沒有其他的能量去做別的事。你看不出它正發生在你身上嗎？你的內在持續不斷的在抗爭。社會把你切割成一個分裂的人，它使你精神分裂，使你錯亂。你變成了一根漂流木。你不知道你是誰，你不知道你要去哪裡，你不知道你在這裡做什麼，你不知道你當初為什麼會在這裡。它真的把你搞糊塗了。由於這些混亂，出現了一些偉大的領袖——希特勒、毛澤東、史達林。由於這些混亂，產生了教宗，引發了其他一千零一件事。但是，你被毀了。

表達你自己。但記住，表達並不代表不負責任。明智的表達，就不會有人因為你而受到傷害。一個不會傷害自己的人，永遠都不會去傷害別人。一個會傷害自己的人，在某種程度上，是個危險份子。如果你連自己都不愛，那你就是危險的；你可以去傷害任何人。事實上，你一定會造成傷害。

當你悲傷，當你壓抑，你將會製造一群悲傷和壓抑的人圍繞著你。當你快樂，你會樂於創造一個快樂的社會，因為快樂只有在一個快樂的世界裡才能存在。如果你活得很開心，你會很高興看到每一個人都開心；這就是真正的宗教。你出於自己的喜悅，你祝福整個存在。

壓抑使你虛假。在壓抑之下，那些憤怒、性、貪婪並沒有被摧毀。它們還在那裡，只是標籤換了。它們進入你的潛意識，它們在那裡開始運作。它們轉入了地下。當然，它們在地下會更有力量。整個精神分析運動都在試圖把地下的東西帶出表面。一旦你變成有意識的，你就可以擺脫它，你就可以得到自由。

一個法國人住在英國，他的朋友問他過得怎麼樣。他說一切都不錯，只除了一件事情：

「我去參加派對的時候，女主人不肯告訴我廁所在哪裡。」

「噢，喬治，那是我們英國人太保守。事實上，她會說：『你想洗手嗎？』那是同樣的意思。」

法國人記住了這件事。下次他去參加派對的時候，女主人果然問他：「晚安，都彭先生，你想洗手嗎？」

「不，謝謝你，夫人。」喬治說：「我剛剛在前面花園裡的樹下洗過了。」

事情就是這樣；只有名字改了。你變得困惑，你不知道到底什麼是什麼。所有的東西都在——只是標籤換了，這造就出一種瘋狂的人性。

你的父母和你的社會毀了你，而你正在毀掉你的孩子。這是一個惡性循環，必須要有人脫離這個惡性循環。

如果你了解我，我想做的就是把你帶出這個惡性循環。不要氣你的父母；他們已經盡力了，他們不可能做得更好。現在要變得更有意識，不要對你的孩子做同樣的事。讓他們多表達，教他們更多的表達方式。幫助他們，這樣他們會變得更真實，這樣他們能夠表達出他們內在的一切。他們會永遠心存感激，因為他們的內在沒有衝突。他們將是完整的；他們不再支離破碎。他們不會困惑，他們知道自己要什麼。

當你知道自己真正想要什麼的時候，你就能夠採取行動。你不知道自己真正想要什麼的時候，你要怎麼採取行動呢？那麼，不管是誰，只要有人抓著你，只要有人灌輸你任何理念，你就開始追隨他。某些好辯的領袖說服了你，你就開始追隨他。你追隨過很多人，而他們都毀了你。

依循你的自然本性。

每一個世代都在毀掉下一個世代。除非變得非常警覺，非常有覺知，否則毀滅一定會發生。

問題

你說要成為「自然的」。然而，放任人類的天性隨心所欲，難道不正是問題的所在嗎？如果沒有了宗教提供給我們的行為準則和規範，我們的情緒和衝動難道不會常常讓我們惹上麻煩嗎？

第一件要了解的事情是，到目前為止，人類都活在一個詛咒下，那個詛咒就是，我們從來不被允許信任自己的天性。我們總是被告知：「信任你的天性，你會誤入歧途。」人們處在懷疑、約束、控制的生活中，我們被告知不要跟著感覺走，我們被告知人性本惡。這是愚昧的；這是愚蠢、有毒的想法。人類的天性並不邪惡，人類的天性是神聖的。邪惡的出現，是出於限制。

你從來沒有看過動物開戰。牠們有時候會打架，但牠們各打各的，不會造成世界大戰——所有東方的烏鴉去打西方的烏鴉，或是所有印度的狗去打巴基斯坦的狗。狗沒那麼傻，烏鴉也不傻。沒錯，有時候牠們會打架，那沒什麼不對。如果牠們的自由受到侵犯，牠們就會打起來，但牠們各打各的。那不是世界大戰。

你做了什麼？你壓抑了人性，你不允許別人偶爾生個氣——那是出於天性。最後的結果就是，每個人都不斷累積他的怒火，不斷壓抑他的憤怒，然後有一天，每個人累積得滿滿的毒素就會爆發成一場世界大戰。

每十年就需要一場世界大戰。誰該為這些戰爭負責？是你們所謂的聖人、道德家、自以為是的社會改革家，是那些從來不允許你回歸天性的人。

你看過狗殺死別的狗嗎？沒錯，牠們有時候會打架——但只是打架而已。人是唯一會殺人的動物。烏鴉不會策劃一場戰爭殺死別的烏鴉。人類是唯一一種會自相殘殺的動物。人是怎麼了？人已經墮落到禽獸不如的地步了嗎？誰該負責？動物只比人類缺少了一樣，那就是牠們沒有聖人和道德家，沒有基督徒、印度教徒、回教徒。牠們沒有廟宇、清真寺，沒有聖經、吠陀經，如此而已。這是唯一的差別。

目前世界上還有少數幾個原始部落，長久以來都不曾發生過謀殺事件，因為沒有人受到道德觀的毒害，沒有人教導他們道德規範。他們是自然的人。當你是自然的，你就會和諧的運作。你偶爾會生氣，但那是出於天性——它是暫時的。

一個從來不生氣、一直控制憤怒的人非常危險。要小心他；他可能會殺了你。如果妳的先生從來不生氣，報警檢舉他！一個偶爾生氣的先生是個普通人；沒什麼可怕。一個從來不生氣的先生，有一天會突然跳起來把你勒死——就好像被什麼附身一樣。殺人兇手總是跟法官說：「我承認自己犯了罪，但我身不由己。」誰附了他的身？是他們自己的潛意識，被壓抑的潛意識爆發了。

你注意過這個簡單的事實嗎？你拿漂亮母狗的照片給公狗看，牠根本沒興趣。狗不是花花公子。不是說牠們不愛母狗，牠們愛死了，但牠們對照片沒興趣，牠們對色情刊物根本不感興趣。創造色情刊物的是聖人。他們首先要壓抑性本能，天生的性本能；他們跟人們說性是錯的，性是邪惡的。當他們壓抑性本能的時候，被壓抑的本能就會去找出口。

現在要去馬路上欣賞路過的美女可不容易。怎麼辦？把你自己鎖在房裡看《花花公子》雜誌。這是安全的；沒有人知道。你可以把《花花公子》藏在《聖經》裡，假裝你在看《聖經》。

只有人類會看色情刊物。沒有任何別的動物會看色情刊物。這是個簡單的事實。是誰使人對色情刊物感興趣？原始部落的人對色情刊物完全不感興趣——他們到現在還是不感興趣。女人一絲不掛，光溜溜的走來走去，一點也不會讓人感到害怕。所以，你們說你們活在哪一種文明裡？女人走在路上會被捏屁股，受到不人性的待遇。女人不能在夜間獨自出門——這就是文明世界嗎？人們一天二十四小時都想著性。

是誰造成人們一直想著性？動物有性欲，但不會為性著迷；牠們是自然的。當性變成讓人著迷，就成了變態，這種變態的根本源自於道德家和他們的教條。

所謂的宗教人士從來不信任人類的天性。他們談信任，但他們從來不信任生命。他們信任法規、教條；他們不信任愛。他們談神，但那些話只是空談。他們信任警察，信任法庭。他們信任地獄之火。他們信任創造恐懼和貪婪。如果你高尚、善良，合乎道德標準，你會上天堂，享有天堂的一切歡樂。如果你不道德，那你就會受到地獄之火永無止境的折磨；記住，是永生永世的折磨。這些都根植於恐懼和貪婪。這些人利用恐懼和貪婪來操縱人類的頭腦。

我信任你，我信任你的天性。我信任動物的天性。允許自然本性依循它自己的方向，沒錯，你偶爾會覺得憤怒，偶爾會覺得想要發脾氣，這並沒有錯。它是人性的，它是美的。這樣才能免於戰爭。

心理學家說，你所有的武器都是陽具。因為你無法插入一個女人的身體，你就拿一把劍插入別人的身體。這把劍是陽具的象徵。愛一個女人是美的，拿劍刺穿某人的身體是醜的。但事情就是這樣。

你活在道德規範裡，結果怎麼樣了？看看人類的現狀。這是一個神經質的地球，一座巨大的瘋人院。這就是你的規範，你的理想主義、完美主義和道德規範所造成的結果。你所有的規矩戒律造成的結果就是這樣——整個地球變成了精神病院，一座巨大的瘋人院。你仍然害怕地獄之火，你仍然繼續受這種煎熬。這是個惡性循環。

這就像你要一個人斷食，他在斷食期間當然會飢餓，他會瘋狂的尋找食物。你看到他對食物如此著迷，怕他闖入別人的廚房，所以用鐵鍊栓住他。你說，如果不栓住他的話會有危險，他可能闖入別人的廚房。你栓住他是因為他靠不住，但你還是繼續逼他斷食。你越來越害怕，因為他快發瘋了。這是惡性循環！他為什麼開始對食物如此著迷？是你過度堅持要他斷食，導致了這個病態的行為。

斷食不是自然的。沒錯，動物有時這麼做，但牠們並不是「相信」斷食對身體有益，牠們沒有一套斷食的哲學。牠們有時會斷食。狗覺得自己不舒服的時候，就不會進食。這是出於天性。牠不吃東西，只因為牠不想吃。牠跟著自己的感覺走；牠並不是在遵循某一項規定。沒有人教過牠斷食。事實上，牠會去吃草，然後嘔吐；草能夠催吐，牠會吐出來。沒有人教過牠。除非牠又有了進食的欲望，否則牠不會吃東西。牠依循牠的本性。牠覺得想吃的時候，牠就吃；牠不想吃的時候，牠就不吃。這就是我說的「真實的生活」。

你不想吃東西的時候，就不要吃——我不反對斷食，我反對的是斷食哲學。不要訂出你每個星期天都得斷食的規定。這麼做很愚蠢，因為你怎麼能斷定你每個星期天都不會想吃東西？你有時候是星期五不想吃東西。那麼，你要怎麼辦？你會強迫自己吃，因為那天是星期五。

你覺得想吃的時候，就吃。你覺得不想吃的時候，就別吃。跟著你的感覺走，慢慢的，你將會與你自然的本性同步。

對我來說，與自然的本性同步就是具有宗教性（religious）。我對宗教的定義是與自然本性同步。那就是達摩（dharma）這個印度文的意思：它意味著「自然」，內在的天性。信任你的天性，不要違反它。

但是，你被教導違反你的天性。男人和女人在宗教場所手牽手，這是危險的。我們不能信任男人，我們不能信任女人。這是危險的，這是在玩火。一定要有人訂立規範，築起萬里長城，圍住人們和他們的所做所為。

我信任天性，我不信任你訂立的規範。你的規範已經讓整個人類社會都腐敗墮落了。該是把所有腐敗的宗教燒個精光的時候了，一種全新的宗教觀要興起。肯定生命：一種充滿愛而不是律法的宗教；一種依循自然而非教條的宗教；一種全然而非完美的宗教；一種情感而非思想的宗教。心應該成為主人，一切事物將回歸它們的本位。

如果你信任自然的本性，慢慢的，你會變得安逸、平靜、快樂、喜悅、慶祝——因為自然正在慶祝。大自然就是一場慶典。看看你的周圍。你看到哪一朵花看起來像你的聖人嗎？你看出哪一道彩虹看起來像你的聖人嗎？雲朵、鳥兒的歌聲、映在河面的光、星星，它們像你的聖人嗎？全世界都在慶祝。世界不曾黯淡，世界是一首歌，一首非常非常美的歌，舞也一直跳個不停。

成為舞蹈的一部分，信任自己的天性。如果你信任你的天性，慢慢的，你會開始接近宇宙的天性。這是唯一的途徑。你是宇宙的一部分，當你信任你自己，你就信任你內在的宇宙。就是這樣。循著這個小小的脈絡，你將會抵達最終的目的地。信任自己，你就信任了生命。不信任自己，你就不信任將你帶到世界上來的存在。

我不是說你的人生將永遠花團錦簇。不是的，它也會有荊棘，但荊棘也是好的。我不是說你的生命將永遠輕鬆愉快。它常常是充滿苦澀，但透過正反兩極的體驗，就是生命成長的方式。我不是說你一直都會很好。你有的時候會很壞，但有一件事情是肯定的：你壞的時候，你是真的壞；你好的時候，你是真的好。人們可以信任、信賴你。當你生氣，人們可以相信，你的生氣不是假的，不是冷冰冰的；它是熱的，活生生的。當你愛，人們也可以相信，它是活生生的，是溫暖的。

記住，一個不會生氣的人，也不會去愛。玫瑰和她的刺是一起成長的。如果你在某些時刻無法憤怒的生氣，你也沒辦法強烈的去愛——因為你熱不起來，你暖不起來，你被凍結了。如果你過度壓抑憤怒，你會一直害怕去愛。

有一個人來找我，說他做愛的時候沒有辦法高潮。他是一個非常健康的年輕人——他出了什麼毛病？他沒辦法高潮，或者他的高潮只是局部的，無法遍及全身。一個局部的高潮沒什麼意義。當那個高潮是完整的，當你整個人的每一根纖維都隨著新的生命悸動，你就補充了能量，你就恢復了精神；有那麼一刻，你會成為整體的一部分，成為你周圍偉大創造力的一部分。你失去了你自己。你不再是一個自我，你消失了。那麼，你就沒有任何邊界了。

我問他關於他的憤怒。他說：「我的問題是關於愛，你為什麼要問起憤怒呢？我沒辦法深刻的去愛。」我說：「別管愛。我們先來想想憤怒，如果你沒辦法深刻的去愛，就表示你的憤怒也不會太強烈。」他很驚訝，但事情正是如此。他從小在一個信仰非常虔誠的家庭長大，總是被告誡不能生氣，要控制自己的憤怒。他學會了控制。他做得很好，好到連自己都不知道自己在控制。他真的成了一個控制者，以致於這個控制已經變成他的潛意識。他是一個很懂得節制的人，所有的人都尊敬他；在這個社會，他無論去哪裡都會成功。他是一個成功者，但關於他內在的生命，他是個失敗者。他甚至沒辦法愛。

我告訴他：「你要從生氣開始。我的了解是，你在快要到達高潮的顛峰時，你不允許它發生。你怕它真的發生時，可能會讓你壓抑的憤怒一起爆發出來。」

他說：「你在說什麼？我總是夢到我殺了我的女人。我夢到我殺了她，我在和她做愛的時候把她悶死了。我怕如果我失控，我會沒有辦法抗拒誘惑，會悶死她，殺了她。」

現在，憤怒已經在他的內在形成一股強大的勢力。他害怕失去控制，那麼他要怎麼去愛呢？這是不可能的。如果你錯過了愛，你將會錯過生命中最有價值的東西。

這個壓抑的社會，這個壓抑的文明世界徹底失敗了。你卻還沒有覺察到。

我聽過一個很美的故事：

赫魯雪夫（Khrushchev，1894－1971，曾任蘇聯總書記）在蘇聯得勢的時候，常常公開坦承史達林過去偶爾把他當成宮廷弄臣或小丑，要他跳個「戈帕克舞（Gopak，一種烏克蘭傳統舞蹈）」。赫魯雪夫說：「於是我就跳了。」他這麼說的時候，群眾中總會有人大喊：「你為什麼要讓他愚弄你？」赫魯雪夫就問：「是誰說的？給我站出來！」

沒有人敢應聲。等了一會兒後，赫魯雪夫說：「同志們，這就是我跳舞的原因。」

正是因為你怕被史達林殺了，所以你壓抑自己內在真正的想法。史達林和你們的教士一樣；他們代表的是死，而不是生。你們的教士一直都是死亡的同謀，他們的生命是殘缺不全的。你們的教士談論神，但他們看起來卻像和魔鬼是一夥的。這是個非常大的陰謀，他們摧毀了全人類的心智。他們將你從你的感覺中連根拔起；他們讓你困在你的頭腦裡。現在，你不知道你的感覺如何。這就是為什麼你無法信任你的感覺，你總是找別人來告訴你要做什麼。

當你小的時候，父母一直不斷的告訴你，要做這個、不要做那個。在學校裡，老師這麼做；到了大學，教授這麼做。然後你出社會，老闆這麼做；政客這麼做；領導者這麼做。無論你在哪裡，都有人告訴你要做什麼、不要做什麼。你總是要找個人來支配你，讓你依賴，因為你不知道如何聽從自己的心，聽從自己的本性。你總是依賴外在的權威。

這是醜的，這是不幸的，這是不應該的。

人們來找我，他們說：「奧修，告訴我們到底應該做什麼。」你為什麼不傾聽自己的心呢？你的生命正在你的內在沸騰。生命的活力在那裡，生命源頭在那裡。進到裡面去。我可以告訴你怎麼進去，我可以教你進去的方法，但你要聽從那裡的指示。聖經在你的內在：真正的書，真正的知識。從那裡得到指示，一旦你開始從你的內心深處得到指示，你將會自由快樂。一個自由的人是快樂的；一個不自由的人不會快樂。你不是生來當奴隸的。

問題　如果我開始進入我的感覺——比如說憤怒——我整個身體就會開始失控的顫抖。我覺得好像有一種情緒性的抽搐，讓我全身上下都在發抖。它似乎不是個問題，不過我不太確定。

不，它不是個問題。它很好。事實上，每個人都應該這樣。如果身體沒有受到壓抑的話，它就是身體自然的運作模式。

當頭腦充斥著情緒時，身體一定會和它相互呼應；情緒一定會和身體的動作相互呼應。如果情緒在那裡，身體卻沒有和它一起行動，那就表示身體一定是被壓抑了。然而，身體已經被壓抑了好幾個世紀。人們被教導做愛時身體不能亂動，要全身保持僵直的做愛，好像愛只是一件局部性的事。女人被教導要靜止不動，像死了一樣，像具屍體；因為女人一動，男人就會害怕。

出於這個恐懼，男人強迫女人在他做愛的時候保持安靜。否則的話，女人將處於忘我的瘋狂，她會失去理智。她會跳起來跳舞，她會放縱取樂，這麼一來，男人就開始害怕了。

男人的這種恐懼是因為如果女人真的動起來，就沒有男人可以滿足她——任何男人都滿足不了，因為男人的性能量天生是有限的。一個男人只能有一次高潮，女人卻能夠多重高潮，六次，九次，十二次。所以男人和任何女人在一起都會性無能。任何一個男人，不管他的性能力有多強，只要女人開始動了起來，就會證明他是性無能的。

好幾個世紀以來，女人完全忘了有性高潮這回事。甚至在某些文化中，這個字眼也消失了。這個字眼重新被喚起至今也不過幾十年。在某些語言中，高潮這個字眼是無法被翻譯的。它無法譯成印度文，因為印度文裡沒有相似的字。這樣就不難想像，人們的身體已經殘廢得多嚴重！

你覺得害怕的時候，身體一定會發抖。就像風吹過的時候，樹葉會顫抖一樣。當恐懼吹過，你的身體會發抖。身體本來就會跟著情緒一起行動，這是它正常的反應。「情緒（emotion）」這個字眼就意味著活動（movement）。它必須和身體的活動相互呼應；否則，它就不是情緒。

所以，這是一個控制情緒的伎倆：如果你控制你的身體，你的情緒也會受到控制。比方說，淚水在眼眶裡打轉，而你硬是不讓它們流出來，最後你會發現哭泣和淚水都消失了。

威廉・詹姆士（William James，1842-1910，美國哲學家、心理學家）提出一個關於情緒的理論，也就是著名的詹朗二氏理論（James-Lange theory）。一般來說，我們認為人會跑是因為他害怕。詹姆士和朗奇（Lange）對這個例子的假設剛好相反，他們認為人們害怕是因為他在跑。他們說，如果你停下來不要跑的話，恐懼也會停止——別跑，你就會突然發現恐懼不見了。他們在某種程度上是對的，至少百分之五十是對的，因為身體和頭腦是一半一半；它們是平衡的。你做愛的時候，你的頭腦會開始幻想，你的身體會開始活動。如果頭腦和身體都能夠自然運作，它們就會一起發揮功能。然而，如果身體因為某種原因殘廢了，它們就沒辦法一起運作。

所以無論你是覺得害怕、覺得充滿愛，還是覺得生氣，身體都會和它一起行動。每一種情緒都和每一種身體的動作相互呼應。那是一種自然的運作，所以不要把它當成一個問題。享受它，讓它發生：不要有絲毫壓抑。舉例來說，如果你覺得手在抖，頭腦要你阻止它——這樣不好看，你又不是膽小鬼，你怎麼會發抖呢？如果你阻止它，你就是在強迫自己做一件不自然的事。

我的建議是：你要和它合作。慢慢的，你會看到，身體伴隨著每一種情緒，都會有一種非常精緻而優雅的動作。做愛的時候，要全然的狂野。愛不該只是一件局部的事——不該只是生殖器官投入，而是你整個人都應該全然投入其中。你不應該只有生理的性高潮，靈性的高潮也是需要的。你整個人必須被喚醒，你必須感覺到強烈的狂喜，你必須來到頂峰，然後放鬆下來。事實上，如果你真正的在做愛，你會陷入某種瘋狂，不知道自己往哪裡去，不知道發生了什麼事。你會像是嗑了藥一樣神智恍惚。

愛是最偉大的藥。愛的化學作用是內在的。如果你真的瘋狂做愛，之後你將會沉沉睡去，這是你睡得最深的時候，就好像死了一樣；你的整個頭腦都停止了。然後當你恢復意識的時候，你會覺得宛如重生。

每次做愛都一定是一次酷刑與一次重生。它太令人滿足了，所以你不需要天天重複這個經驗。人們太常重複他們所謂的做愛，是因為他們從來沒有滿足過。

印度最古老的一本關於性的書——筏磋衍那（Vatsyayana）的《愛經》（*Kama Sutra*）說，如果你真正狂野的去愛，一年一次就夠了！對現代人的頭腦來說，這簡直不可能——一年一次？筏磋衍那是世界上第一位性學家，第一個把靜心帶入性的人，第一個認知到性最深的核心的人。他是對的。如果這件事達到了極限，一年一次就夠了。它會讓你很滿足，以致於你的美好回憶可以延續好幾個月。

所以不要把它當作是個問題。只要保持自然，讓事情發生。

・・・

大男孩不哭，好女孩不鬧——多樣化的情緒表現

愛、慈悲、同理心、同情心——這些美好的品質都具有一種女性化的氣息。有些品質是男性化的，像是戰士、英勇的品質。它們是強悍的品質；它強調一個人必須像鋼鐵一樣。男性化的品質是透過戰爭磨練出來的；女性化的品質則是在家中與先生孩子共同發展出來的，她活在一個全然不同的世界。男人活在不斷的爭鬥之中；三千年來，地球上發生過五千次戰爭——殺戮似乎是他們唯一的職業。

這個世界被一分為二。當女人活在陰影中，創造了她自己的世界時，男人也打造出自己的世界。這是很不幸的——無論是一個男人還是一個女人，想要完整，想要健全，就必須兼具兩種品質。男人和女人都應該同時像玫瑰花瓣一樣柔軟，同時也要像劍一樣剛強；兩者兼具，如此無論遇到什麼樣的情況，他們才能夠適當作出反應。如果當時的處境要你成為一

把劍，你是準備好的；如果當時的處境需要你成為一瓣玫瑰，你也是準備好的。這份能夠在玫瑰與劍之間游刃有餘的彈性，會使你的生命更加豐富——你將不只是在這兩種品質之間遊走，而是在所有的品質之間都能自在對應。

男人和女人是一體的兩面；他們的世界也應該是一體的，他們應該不分彼此的分享所有的品質。沒有一種品質應該印上女性或男性的標籤。

如果你使某人成為「男性的」，那個人的生命中將會失去一些很棒的東西。他會變得堅硬、無聊呆滯，和死人沒什麼兩樣。而完全忘了如何堅強、如何叛逆的女人，只具有柔軟的品質，以致於她變成一個奴隸。因為玫瑰無法與劍抗爭，它們會被蹂躪、被殺害、被摧殘。

目前為止，一個絕對完整的人類還沒有出生。這個世界上有男人也有女人，但還沒有人類。我要做的事就是把這樣的人類帶到地球上——他們會具有女人一切美的特質，以及男人的英勇、難以駕馭、大膽冒險的特質。他們都應該是整體的一部分。

然而，我們從孩子一出生就開始訓練他們。如果一個小男孩想和女孩一樣玩洋娃娃，我們會馬上制止他：「少丟人了；你是男生，你是個男人，不可以像個女生。」如果一個女孩試圖爬樹，我們會馬上制止她：「爬樹不是一個淑女該有的行為，那是男生玩的，這樣太野了。快下來！」我們從一開始，就把男人和女人分開。結果兩者都有損失，因為爬樹有它本身的樂趣，每一個女人都不該錯過。起風的時候爬到樹上，大太陽下，聽鳥兒唱歌……如果你不曾有過這樣的經驗，那你就錯過了生命中許多美好的時刻。只因為妳是個女孩？這太奇怪了，冒險、登山、去海裡游泳，這些事情不應該只因為妳是女孩就不被允許，這些刺激的感覺都是靈性的。

同樣的，一個男孩想哭的時候，不該受到制止。但他被制止了，他不能掉眼淚——眼淚是女生專屬的：「你是個男人；要表現得像個男人！」然而流淚是一種多麼美的經驗。無論是深刻的悲傷，或強烈的喜悅，無論何時有某些滿溢出來的情緒，都可以用流淚來表達。如果淚水被壓抑了，那麼無論當時它們要表達什麼，深刻的悲傷或強烈的喜悅，也都會被壓抑。要好好記住，自然本性並沒有創造出任何差別。它給了男人和女人同樣的淚腺，連大小都一樣。但如果你是個男人，你哭了，所有的人都會責備你：「你怎麼像個女人一樣。」

你應該說：「我能怎麼辦呢？淚腺是我與生俱來的。是我的天性讓我的行為像個女人，這責任不在我，我只是享受我的天性。流淚是我的權利。」

每個人都應該發揮他們所有的特質。

有些男人變得沒有能力去愛，因為他們有某些特質從小就被訓練：「你必須堅強，你必須有競爭力。你不要流露出情感，你絕對不能多愁善感。」現在，你怎麼能夠期待這樣一個男人——沒有情緒、不多愁善感、不被允許去感受……你怎麼能夠期待他去愛？如果他沒有愛，他的太太就會很悲慘。

我想要讓所有的差別都消失。無論男人或女人，每個人都應該被允許發展他們的天性。如此一來，我們就會有一群更豐富的人，組成一個更多采多姿的世界。

男人思考，女人感覺，而感覺是沒有理性可言的。男人發現感覺是一件讓人很難想像的事情，而女人卻很容易就能想像任何事情。她運作的核心是感覺、情緒、感受；她的眼睛總是充滿夢幻。這些夢在詩歌、在戲劇上很有用，但在真理之路上完全幫不上忙；相反的，它們是巨大的障礙。

真理不是你的想像，它不是你的感覺。真理是你的本質。

但是女人很容易被她的想像所說服——這不是她的錯，這是她的天性。這是男人和女人之間的一些差別。男人基本上是多疑的，他們質疑每一件事，因此他們比較能夠從事科學的研究。對女人來說，當科學家會比較難。但說到想像力，只要她被允許——好幾世紀以來，她都不被允許——就沒有畫家比得上她，沒有詩人比得上她，沒有音樂家能達到比她更高的成就，沒有舞蹈家能夠與她相媲美。她會證明她對於創造一個美麗的世界有極大的幫助。她會用歌聲、舞蹈和愛充滿整個世界。

不幸的是，男人不讓她獨立，不准她對生命有所貢獻。有一半的人類被剝奪了貢獻的權利。

就我的看法，這是出於男人的恐懼。男人害怕女人的想像力。他害怕，是因為一旦她被允許有創作的自由，男人將無法與她競爭。男人的優越感、男人的自我就會受到威脅。因為害怕他的優越感會被摧毀，因為害怕他們所有的偉大詩人會看起來像小侏儒，害怕他們所有的偉大畫家會看起來像三流畫家，最好還是別讓女人受教育，別讓女人有機會表達她的感覺和她的心。

但最終的真相是，男人的問題在於他的理性，女人的問題則在於她的感覺。兩者都是成道的阻礙。男人必須放下他的理性，女人必須放下她的感覺。兩者與成道的距離都一樣遠。男人的距離是理性的、頭腦的；女人的距離是感覺的、心的——但是距離一樣遠。男人要拋棄他的邏輯，女人要拋棄她的情緒。雙方都必須拋下一些擋在路上的阻礙。

問題

在成道之前，男人和女人之間有任何溝通的可能嗎？我的太太非常反對理性。她認為我對她所有的講理都只是想要「合理化」而已。什麼是講理？什麼是合理化？有什麼不同嗎？

我能了解你的困擾。理性是男性的，情緒是女性的——因此，在男人和女人之間，在先生和太太之間，會有溝通的困難。他們總是對彼此大吼大叫，卻從來無法將訊息傳達給對方，因為他們理解事情的方式截然不同。

事實上，正因為方式不同，所以他們會對彼此感興趣，他們會互相吸引。他們是相反的兩極，就像電池的正電與負電一樣。正負電相吸。但因為它們彼此相反，所以很難溝通，幾乎不可能。

男人總是用頭腦說話，女人總是用心說話。於是就產生兩種不同的語言，就像你說中文，我說德文一樣，完全無法溝通。

一對夫妻在吵架。先生說：「我們別吵了吧，親愛的，我們來理智的討論事情。」「不要，」憤怒的太太說：「每次我們理智的討論事情時，我都會輸。」

除非女人準備要輸，否則她無法理智，也無法講理。每個女人都知道，理性的討論對她而言沒有勝算。她會被打敗，因為男性的頭腦是講理的專家。與其講道理，她還不如先哭——這樣敗的就是你了。你愛這個女人，她哭了……你跟她還有什麼好吵的？你說：「好啦，算妳對。」她很清楚，眼淚管用多了。這不是什麼對錯的問題；是誰輸誰贏的問題。

如果你真的想和你的女人溝通，或一個女人想和她的男人溝通，唯一的辦法就是雙方各從理性與情緒退讓一步。雙方都應該更深入靜心。靜心既不是理性，也不是情緒；它超越了這兩者，它超越了兩極性。它是超然的。靜心帶你超越理性和情緒；它既不是頭腦的，也不是心的。男人與女人之間唯一溝通的可能，就是靜心。否則完全不可能。

女人說你講道理是試圖合理化。而當女人情緒化的時候，你是怎麼說的呢？你會說她太多愁善感。這些都是譴責的字眼。合理化是一個譴責的字眼，你說女人情緒化是「多愁善感」，那也是一個譴責的字眼。但是你覺得自己是對的，女人也覺得她是對的。這些都只是你們的思考方式不同。沒有人對，也沒有人錯——因為所有的思考方式都是錯的！沒有思想的狀態才是對的。沒有情緒的狀態才是對的。

你愛著一個女人，她也深愛著你的時候，你們就能夠溝通，因為在愛之中就會有靜心。然而你們一般所謂的愛會來來去去。你還沒有足夠的能力永遠包容它，所以蜜月很快就消失了。你剛墜入愛河的時候，一切都很好。你們意見一致，從來沒有爭執——你們如此了解彼此，如此同情彼此，如此有共鳴！但蜜月結束之後，有許多小事……小到你連講起來都會不好意思的事，都能引起爭執。

幾乎每天都會有情侶來見我。他們一直在吵架，吵到幾乎要分手了，我問他們：「怎麼回事？」男人對女人說：「你講。」她說：「不要，你來講。」事實上，兩個人都覺得不好意思，因為實在沒什麼大不了，只是一些雞毛蒜皮的小事。只是很小的一件事：吵架可能是始於女人想買一件洋裝，男人不喜歡那個顏色，他說：「妳穿這件衣服的話，我哪裡都不跟妳去。」多傻啊——兩個人都傻，但這就足以觸發一場大戰。他們接著開始把別的事也扯進來，一些比較大的事，於是兩人之間的差異立刻浮上台面。他們開始劍拔弩張，小題大作。他們會繼續指責彼此：「你錯了——你講道理只是試圖合理化。」

我不是說你所有的講理都是有道理的：它有百分之九十九是合理化。我也沒有說女人所有的情緒都是在鬧情緒：它有百分之九十九是多愁善感。頭腦是非常狡滑的，無論是男性或女性的頭腦都一樣。頭腦是非常詭計多端的。

一個五十歲的男人娶了一個三十歲的太太。這樁婚姻在他們的親友裡引起一些議論。有人問新婚男子關於他們年齡的差距，他回答：「還不錯。她看著我的時候，覺得自己老了十歲，我看著她的時候，覺得自己年輕了十歲。所以其實我們兩個都是四十歲！」

這就是合理化。合理化是一種閃躲的方式。它是一種耍小聰明的手法，非常的精明。你幾乎可以將任何事情合理化，而且假裝它很有道理。但它不是。講理必須要客觀，不帶任何成見。

有一次有個人來找我。他寫過很多書，是某大學超自然或超心理學系的權威領導人，他負責這個領域的研究工作。他來找我說：「我正在想辦法證明輪迴是一個科學事實。」

我對他說：「在你證實以前，什麼話都別說，因為那會顯示出那是你的一個成見。因為你已經接受那個觀念是科學的事實，現在只需要去證明它。這樣不客觀，不科學，也不理性。你是個印度教徒，你從心底接受那個理論；如果你是個回教徒，你就會試圖用科學證明輪迴是不存在的。印度教或回教的頭腦都不是個科學的。回教徒不相信輪迴，所以他會藉助科學來證明他的信念。而你也在試圖藉助科學來證明你的信念。這是合理化。」

一個純粹理性的人，他沒有信念，沒有成見，沒有理所當然的觀念。他絲毫沒有任何批判，不預設任何結論的從事研究。研究本身會決定這個結果。這是由研究本身決定的。如果你有一種潛在的欲望想證明某件事，你將會證實它，但是你也會毀掉它的科學客觀性。它不再是理性的，它只是合理化。

情緒也一樣。情緒是純粹的，多愁善感則是一個詭計。妳學到了這個詭計。女人知道，只要她一哭，她就會贏。有時候她的眼淚根本沒有流出來，因為哭沒辦法掌控自如。但她會試著哭，她會演，她會裝。那些眼淚是假的。就算它們從眼睛裡流出來，它們還是假的，因為它們並非出自於那個情境，它們是硬擠出來的。

多愁善感是巧妙操作出來的情緒。合理性是一回事，合理化則是理性的操作，就像多愁善感是情緒的操作一樣。如果你是理性的，真正的理性，你會變成一個科學家。如果你真的是情感豐富的，你會變成一個詩人。這些都很美。但是，真實的對話仍然很難。合理化與多愁善感是不可能對話的；理性與情緒，還比較容易一點——對話雖然還是很難，但是會多一點慈悲，並試著努力了解彼此。理性的男人會試著理性的去了解女人的觀點；而女人會試著去了解男人的觀點——當然，是情緒化的，但是帶著慈悲。

首先，要丟掉所有的合理化和所有的多愁善感。其次，也要丟掉理性和情緒。然後，在喜樂與靜心的狀態下，就有了交流。這個交流是虔敬的，在這個交流當中，沒有女人，只有神性；沒有男人，只有神性。

問題 有一次，一個治療師告訴我，我們有可能卡在自己的感覺裡面，就跟卡在自己的頭腦裡面一樣；那些感覺必須被丟棄或超越。我對此感到不解。因為感覺一向是我生命的指引，而且我對事物的感受非常強烈。可不可以請你談談。

你所有的行動都來自三個中心：頭腦，心，還有你的本質。頭腦是最表面的。它一定要想很多事——就連你墜入愛河的時候，頭腦也在思考：我真的戀愛了嗎？如果它做了決定，是的，你似乎是戀愛了，頭腦就去跟對方說：「我想我愛上你了。」然而，思考是沒有價值的。

男人幾乎都是靠頭腦在運作。頭腦有它的用處；它創造出所有的科學、所有的技術——以及所有的核子武器，也許很快會帶來一場全球性的自殺。女人是靠心在運作。她不會說：「我想我愛上你了。」整個人類歷史上，從來沒有聽過女人這麼說！她只會說：「我愛你。」思想完全派不上用場。心本身就夠了；心不需要頭腦來幫忙。

如果一個人必須在頭腦和心之間做出選擇，他應該選擇心，因為生命中所有美好的價值都是屬於心的。頭腦是一個優秀的機械工人或技師，但只是當一個機械工人、一個技師、一個科學家，你還是沒辦法快樂的生活。頭腦沒有喜悅、幸福、寧靜、天真、美、愛以及所有讓生命豐富的能力；只有心有這種能力。

那個治療師對你說的沒錯。你也可能會困在自己的心裡，困在自己的感覺裡，就像人們困在他們的想法裡一樣。那個治療師本身並沒有察覺到，還有一個比心更深的中心，那就是你的本質。它具有一切心的特質，還擁有更多的品質，更豐富的資產，更珍貴的寶藏。幸福、寧靜、沉著、歸於中心、根植大地、敏感、覺知……某種對於存在神性的洞見。

首先，要從你的頭掉到你的心。但是不要在那裡停留，它只是一個過夜的地方，一個驛站。你可以在那裡稍事休息，但它不是目的地。要從心再掉進你的本質。這是靜心的奧祕；無論你在哪裡，頭也好，心也好，都無所謂；靜心把你從頭或從心帶入你的本質。靜心是通往你自己存在核心的方法，在那裡沒有被困住的問題。你就是它。誰要被困住呢？除了你，別無其他——只有你，以及你絕對的榮光。

提這個問題的是個女人，她理所當然會害怕。她的感覺是她生命的指引，而且她對事物的感受非常強烈。但是，從心進入本質要比從頭開始容易多了。妳不會失去指引；事實上，妳根本不需要指引。妳是如此地充滿光明，如此地清晰……盲目的人才需要指引。妳將有一雙全新的眼睛，看到那些妳肉眼看不見的事物。妳將會感受到連心都感受不到的新經驗。

所以，沒什麼好擔心的。你的擔心是人之常情，因為感覺是你的指引，而你的感受非常強烈；你擔心要是你把它們丟掉，誰會來指引你？你要如何深刻的感受事物？你不知道在你內在還有一個更深遂的核心，在那裡，妳不需要任何指引；在那裡，妳自己就是嚮導；在那裡，妳的感受會更全然。不只是那些你用心感受到的事物，還有關於成道與覺醒的宇宙性經驗。你不會失敗；你一點也不用擔心。

但女人畢竟還是女人。

我聽說，有一群女人決定要證明她們的聰明才智。她們不再談伴侶或孩子或女婿，只談政治和社會問題——波蘭、薩爾瓦多、阿富汗，炸彈。然後有人問：「也談談中國（註：中國China與瓷器china同字）怎麼樣？」

「我喜歡，我喜歡！」莎拉說：「尤其是放在精緻的白色桌布上。」

女人有自己的方式去感覺、思考、看事情。你在擔心：你怎麼能夠拋棄你的感覺呢？你不必拋棄它們。只要學習靜心的藝術就好，它們將會拋棄自己，就像枯葉從樹上掉下來一樣。當強風吹過，枯葉就像雨一樣散落下來。

當靜心更深入你內在的時候，你的想法和你的感覺都會開始消失。靜心使你變成一個寧靜的池塘，沒有任何漣漪，平靜得看起來像一面鏡子；你可以看到自己的面貌。它無損你的悟性或你的感覺；它只是使一切都變得更真、更實在、更全然、更純粹。當悟性來到了它的巔峰，就像愛來到了它的巔峰一樣。

認出你的本質，在你的本質內歸於中心，就會找到生命的意義。找到你來這個世界的目的。存在的目的將會向你展開。

問題　我女朋友說，我太孤僻，無法帶給她活力。我覺得自己確實是比較沉著冷靜——至少在親密關係之外是如此！但在內心深處，我有非常強烈的情感，我會憤怒也會愛。

沉著和冷靜就是你的方式。不要強迫自己主動做什麼事；那是在妨礙你的天性。一個人要試著去傾聽自己的本性，傾聽自己的心。你可以變得非常活躍外向，但那會造成你的壓力和負擔；它永遠也不會得到滿足。你的頭腦不是男性化的那一型，你有一種非常女性化的能量。你的天性就應該藉著被動，而不是主動的方式來表達。任何的行動都會使你變得狂熱，那是破壞性的。所以，只要做那些必要的事就行了。你必須保持沉著、冷靜，歸於中心。對你來說，做的事越少越好。

情緒有兩種——主動的情緒和被動的情緒；主動的情緒只能藉由積極的行動獲得滿足；

被動的情緒無法經由積極的行動得到滿足，它只能透過發生的事情得到滿足。你不能成為一個偉大的愛人，你只能成為一個偉大的愛的接受者。愛是你的禮物；你無法創造它，你無法「做」它，你只能讓它發生。你唯一能夠做的事就是允許它發生。你必須等待。等待生命來臨，等祂敲你的門。

你的生命將是等待——不是尋找，不是主動去尋找，沒有強烈的欲望，沒有強烈的渴求，而是像個女人一樣的等待。女人從來不會在愛中主動。她會等待她的男人先發制人。她甚至不說「我愛你」，她會等她的男人說。然後她會接受或拒絕，但她從不主動採取行動。無論何時，如果女人先採取行動的話，她就是比較男性化的那種人，她需要一個比較女性化的男人。

要記住，當我說到男性化或女性化的時候，我指的不是生理外觀；那是非常膚淺的。我指的是人最內在的核心，它各有不同。有許多男人是女性化的，也有許多女人是男性化的，因為我們不了解，因而導致很多複雜的情況。

舉例來說，你遇到一個真正的女人——我所謂「真正的女人」，是她在生理和本質上都是女人——你在她身上是無法得到滿足的，因為對你來說，這段關係和同性戀差不多。你需要的是一個非常主動、像個男人一樣的女人。唯有這樣，你才會對她產生一種強烈的愛。那就是你的女朋友所為你做的，那就是為什麼你會覺得她帶給你充沛的生命力，因為她帶給你你所欠缺的部分。她變成了你的行動力，那是你辦不到的；她和你是互補的。

所以首先，不要去思考如何主動追求真理或生命。你必須保持被動：被動，但是警覺。我說的不是被動而遲緩，我說的不是被動而麻痺。不，我說的是被動而警覺——哪裡也不去，什麼事也不做；只觀照所發生的一切，允許它，看著它。完全放手，但全然覺知。那個覺知必須是你唯一的行動。

其次，就算你在戀愛，也不要「試圖」採取任何行動。男性的頭腦天生具有這種傾向；當他戀愛的時候，就會想向女人證明他非常積極，非常有企圖心。如果你這麼做，你是在違反自己的天性，你是在欺騙那個女人；她永遠不會覺得高興。你必須做你自己。唯有這樣，某種深入的關係和親密才可能發生。

唯有真實能滿足你。這要由你的女朋友來決定。她愛上了一個僧侶——怎麼辦呢？你應該待在僧院裡的，但你卻在塵世中，她逮住你了！

保持做自己，無論你是什麼樣子。所有的謊言早晚都會被揭穿。你只要放鬆，做你自己，因為人們愛的是真實的事物，而不是裝模做樣。不要擺出一個空架子。這樣對你的健康是好的，對你內在的平靜是好的，對你的成長也是好的。它對其他了解你的人是好的，對他們該用什麼方式對待你也是好的。

問題 我沒有辦法表達我的需求，我一直做不到。我用禮貌的態度、合理的解釋和空泛的話語來掩飾它。當我試著說出我的感受時，我感覺很假。

感受是無法被表達的。如果你只活在頭腦裡，你會以為你很真實，因為頭腦能夠輕易的表達自己。所有表達的方式都是頭腦的發明；它們是頭腦發言的方法。但是當你開始去感受事物的時候，這個問題就會自動出現。你會覺得不真實，假假的，因為凡是你說出來的，都不是你感覺到的；而你所感覺到的，又必然無法用言語形容。

它並非不真實——你必須承認這個事實，感覺是無法被形容的。所有的表達都無法充分形容你的感覺。

不需要感到難過，也不需要擔心。要記住，你無法用表達思想的方式表達你的感覺。思想創造了語言，語言為思想而存在；所以對思想來說，語言完全不是問題。感覺則是一個截然不同的世界。要記住，感覺是無法被充分表達的，而這並沒有什麼好擔心的。

你並不虛假。你多年來第一次意識到你的感覺，因此你會有這樣的困惑。你並不是不真實，你只是在頭腦裡面待得太久了。這是第一次，你的心敞開了，一個新的世界在對那個你無法言喻的事物敞開了，所以你在那個世界裡會覺得自己像個文盲，很無知。每個人都會這樣，因為知識是頭腦的。當心打開的時候，你就突然覺得自己什麼都不知道。但是，慢慢的，心會找到它自己的路。

心永遠無法像頭腦一樣有能力，也無法像頭腦一樣清晰、嫻熟。它也永遠不會像頭腦一樣有效率，但它會找到自己的方法。那就是你愛一個人的方式——你們只是手牽著手。因為無論你說什麼，看起來都會很傻氣，於是現在你試著用肢體語言說話。也許你會抱住那個人。你在說：「我說不出來我的感覺，我只能夠成為它。」——擁抱就是一種成為它的方式。也許你哭了，淚水從你的眼中滑落。你高興到沒有文字足以形容。或者你跳舞，你唱歌……

它們會慢慢的來到；不要擔心。你只是得去學習一種新的語言，一種新的文法，一種新的語意學。你什麼都不能做，你只能深入它，你必須變得更傻氣，就是這樣。頭腦會說你越來越傻了；但是你得更瘋狂一點！心會找到它自己的方式，這些方式和頭腦的方式是截然不同的。

現在，你的心第一次敞開了，所以你感覺到這個差別。你的頭腦是先進的，聰明的，老練的；你的心則完全是新的。這個差別會讓你覺得自己很虛假——但你不是！

只要去享受心和它的感覺。在身體裡待久一點，用身體和行動來說話。不起眼的小事情也能有深長的意味，不是嗎？你或許無法對你的女人說什麼，但你可以送她一朵花。也許是你凝視她的方式，也許是你為她著迷的樣子，你眼中閃爍的亮光，這些就已經足夠了。女人體會得到。事實上，如果你說得太多，那些都是垃圾。女人才不管你說什麼，她只在乎你「覺得」怎麼樣。那是一個問題：男人想：「我談的是這麼美的事物，我是這麼濃情密意，我說了這麼了不起的事。」女人根本不感興趣！她知道你說話的時候言不由衷。有時候你沉默不語，女人就能了解你的意思。你注視她的方式；你握著她的手；或是靜靜坐著，一句話也不說，某些事就已經在交流了。

女人是直覺的。她比男人更自然，比男人更狂野；那就是她的美。人類還有希望，起碼有一半人類還沒有被馴服，還未開化。事情還有希望，另一半的人類也將退回文明尚未開發的世界，再度變得野蠻沒有文化。

問題　女性是否比較具有展現溫柔情感的勇氣？能不能請你像談頭腦的冒險與科學特質一樣，多談談心的智慧與勇氣？

心的途徑是美好而危險的。頭腦的途徑是平常且安全的。

就外在的世界而言，男人選擇了生命中最安全最短的捷徑。女人選擇了最美，但也是最崎嶇危險的道路；那是情緒的、情感的、心的路。到目前為止，整個世界都是由男人所主導，於是女人遭受了極大的苦難。女人無法適應男人建立的社會，因為那個社會是根據理性和邏輯創造的。

女人想要一個心的世界，而男人創造的社會裡並沒有心的位置。男人必須學習更依循他的心，因為理性已經帶領全人類走向全球性的自殺。理性摧毀了自然與生態的和諧。理性提供優良的機器，但它毀掉了美好的人性。所有的一切都需要更多一點心。

對我來說，你的心比頭腦更接近你內心深處的本質。如果你向外走，頭腦是捷徑，心則是一條非常漫長的路。如果你向內走，那就完全相反：心是通往本質的捷徑，而頭腦是你所能想到的最漫長的路。

那就是為什麼我全心致力於愛，因為從愛開始，它很容易就能帶你來到靜心，帶你來到你生命的核心，帶你來到你的神性；從頭腦開始的話，則很困難。一個人必須先到達心，然後他才可以走向他的本質。

我對愛的重視，是基於靈性的理由。從心開始，女人能夠立刻轉變……男人也會毫不遲疑的朝著心前去。他過去只是受了不正確的訓練；那只是制約。人們告訴他要堅強，要像個男人；這些全都是胡扯。男人不哭、不讓他的悲傷或喜悅透過淚水流出來，是因為他從小就被告知只有女人才會流眼淚，哭泣是女孩子的行為。男人從不哭泣。

這些淚水的目的是什麼？它們是必要的！它們是一種非常重要的語言。在某些片刻，你說不出話來，但你的眼淚能表達一切。你或許充滿喜悅，熱淚盈眶。眼淚一向是情緒高漲的象徵。你或許悲傷到沒有言語可以形容，眼淚幫得了你。這是女人比男人更少發瘋的原因之一，因為她們隨時準備流淚、哭泣、丟東西；她們可以暫時抓狂一下。男人則不斷累積、壓抑，直到有一天他爆發了——大規模爆發！女人只是小規模發作——這種方式比較聰明。今日事今日畢。何必累積呢？

男人自殺的比例比女人多。這有點奇怪；女人比男人更常嚷著要自殺，但她們很少這麼做。男人幾乎絕口不提自殺，但事實上他們更常自殺，差不多是一般的兩倍。男人繼續壓抑，繼續展現那張虛假的臉。然而，所有的事都有一個極限；到了一個臨界點，他再也撐不下去了，所有的事便分崩離析了。

男人必須學習更接近他的心，因為從心開始，就打開了通往本質的途徑。你沒有辦法繞過心。女人的身分比較有利，她可以直接從心走向她的本質。但是男人不但不承認女人這個美好的特質，反而譴責女人。這或許是有原因的，或許是因為他們察覺到女人有某種優勢——愛的優勢。

愛比邏輯崇高，心比頭腦崇高。頭腦可以很殘忍，頭腦可以很暴力，頭腦已經這麼做了好幾個世紀。男人打女人，壓迫女人，譴責女人。結果導致男人提升不了自己的意識。他們也可以學習向上提升的藝術，他們也可以走上相同的道路。因此，我常說，女性的解放也就是男性的解放。它對於男性解放的意義，更甚於女性解放。

女人雖然有更多的愛……但她們對銅板的另一面也要覺知。愛的另一面是恨；愛的另一面是嫉妒。所以如果一個女人陷入恨與嫉妒，所有愛的美都消失了，她手中將只剩下毒藥。她將毒害她自己，她將毒害她身邊的每個人。這就是為什麼心的道路是美的，但很危險。去愛，但必須變得更警覺，因為你可能會掉進恨的陰溝，兩者非常接近。每一個愛的高峰都緊鄰恨的深谷，它被四面八方的高峰環繞，你很容易滑下去。那或許就是許多女人決定不去愛的原因。那或許就是為什麼男人決定活在頭腦裡，忘了一切關於心的事……因為心非常敏感。心很容易覺得受傷，它的心情就像天氣一樣善變。

真正想學習愛的藝術的人，必須記住這些事，必須拯救愛，使它不陷入恨與嫉妒的陰溝。否則是不可能到達本質的——比從頭腦出發更不可能。

女人必須拋棄嫉妒，必須放下恨。男人必須放下邏輯，更有愛。邏輯可以被善用，它是具有實用性的。在科學上，它是有用的，在人際關係中則不然。男人必須小心，不要讓邏輯變成他唯一的方法，要讓它保持是一樣工具，用完以後就擺在一邊。女人必須警覺，不要讓自己陷入恨、嫉妒、憤怒中，因為它們會毀掉愛這個最珍貴的寶藏。男女雙方都必須更深入愛中。他們進入愛越深，離他們的本質就越近。

本質並不遙遠。它是愛最深的部分，是一種絕對純粹的、無條件的愛。一種絕對警覺、覺知、有意識的愛，它會立刻變成一場巨大的革命；它會打開內在本質深處的聖壇。達到你內在最核心，就能獲得生命給予你的一切：所有的芬芳，所有的美，所有的喜悅，所有的恩典。

情緒與身體

你的身體不只是一具肉體而已。有很多東西會伴隨著壓抑進入你的肌肉、你的身體裡。如果你壓抑憤怒、壓抑情緒，毒素就會進入身體裡，進入肌肉裡，進入血液裡。它不只是一種心理現象，它也是一種生理現象，因為你並不是真的被分割的。你不是身體「和」心理；你是身心的（bodymind），心身的（psychosomatic）。你是兩者的結合。所以無論身體做了什麼事，都會影響到心理；無論你的心理出了什麼問題，都會影響到身體。身體和心理是一體的。

舉例來說，如果你生氣，身體會怎麼樣？每當你生氣的時候，某種毒素就會被釋放到血液裡。沒有這些毒素，你就不會氣到勃然大怒。你的體內有一些腺體，這些腺體會釋放某種化學物質。這是科學，它不只是哲學。你的血液變成是有毒的。這就是為什麼當你生氣的時候，會做出平常不會做的事。因為你在生氣，所以你可以推得動一塊巨大的石頭——你平常根本辦不到。你事後甚至無法相信你曾經推得動它，抬得起它。等到你恢復正常後，你根本沒辦法將它抬起來，因為你不同了。當你生氣時，某些化學物質在你的血液裡循環，讓你進入了緊急狀態；你所有的能量都投入了你的行動。

動物生氣的時候，就是生氣。牠沒有什麼道德觀念，沒有任何教條規範；牠就是生氣，然後憤怒就被釋放了。你生氣的方式和動物很類似，但是你要顧慮社會、道德、禮儀，還有千百件事，因此你必須把憤怒壓下來。你必須表現得一點也不生氣，你必須戴上畫出來的微笑。你故作微笑，你壓抑憤怒。但身體怎麼樣了？身體已經在備戰——要不是正面迎擊，就是逃離危險；要不是面對它，就是躲避它。身體已經打算要行動了；身體已經激動起來了，它準備要攻擊了。

如果你成為暴力的，有侵略性的，那些能量就能獲得釋放。但你沒辦法，因為你認為這麼做不恰當，於是你把它壓抑下來。接著，所有那些已經準備大幹一場的肌肉怎麼樣了？它們殘廢了。能量迫使它們去攻擊，但你卻硬把它們拉回來，不讓它們攻擊。於是產生了衝突。你的肌肉，你的血液，你的身體組織裡，都會產生衝突。本來它們已經準備好表達，但你迫使它們不能表達。你壓抑它們。於是，你的身體就殘廢了。

如此日復一日，年復一年，每一種情緒都被如此對待。然後，你的身體就完完全全殘廢了。所有的神經也都殘廢了；它們不再流動，它們不再有活力。它們死了，它們中毒了，它們變得一團混亂。它們不再自然了。

看看任何一種動物，看看牠們的身體多優雅。人類的身體出了什麼事？為什麼它沒有這麼優雅？所有的動物都如此優雅——為什麼人類的身體沒有這麼優雅？它怎麼了？你對它做了什麼？你毀了它，你讓它失去了自然的流動。它成了一潭死水。你身體裡的每一部分都變成有毒的。你身體裡的每一束肌肉都壓抑著憤怒，壓抑著性欲，壓抑著貪婪、嫉妒、恨意。所有的東西都壓抑在那裡。你的身體真的病了。

心理學家說，我們在身體周圍打造出一副盔甲，這個盔甲就是問題所在。你生氣的時候，如果允許你完全表達，你會做什麼？你發怒的時候，你開始咬牙切齒；你想用你的手和指甲去做點什麼，因為那是你動物性遺傳下來處理憤怒的方式。你會想要用手做些什麼，你會想要摧毀些什麼。但如果你什麼都不做，你的手指將會殘廢；它們將失去它們的優雅，它們的美。它們不再是活生生的肢體。它們裡面有毒素，所以當你握著別人的手時，那並不算真正的握手，因為你的手沒有生命，你的手是麻木的。

你應該感覺得到。當你接觸一個小孩子的手，你會感受到一種細微的差別。如果一個孩子不想讓你碰他的手，那沒什麼，他會把手縮回去。他不會伸出一隻麻木的手給你，他只會縮回去。但如果他願意對你伸出手，你會感覺到他的手與你的手交融在一起。那種溫暖，那種流動——就像是整個孩子都變成了那隻手。那是真正的接觸，他表達的是他全部的愛。

然而，這個孩子長大以後也會和別人握手，但那隻手變成了一個麻木的工具。他不再把自己放進那隻手裡，他不再流經它。因為有了阻塞的緣故。憤怒就是阻塞；在你的手再度活過來、能夠表達愛以前，它必須經歷一場情緒的爆發，它必須徹底的表達出憤怒。如果憤怒沒有被釋放，它會阻塞在你的能量中，愛就無法流動。

不只是你的手，你的整個身體也都被阻塞了。你可以擁抱某個人，你可以把他摟在你的懷中，但這不等於你讓他接近你的心。這是兩回事。你可以抱著某個人，讓他靠在你胸前，但如果你的心穿著一層盔甲，你的情緒阻塞了，那麼那個人和你之間的距離還是和之前一樣，你們之間不可能有親密的交流。如果你真的要讓一個人靠近你，你和他之間必須沒有盔甲，沒有城牆；那麼，你的心就會融入另一顆心。那麼，會合與交流就發生了。

當你的身體再度變得有接受性、沒有阻塞、沒有毒素包圍時，你會感覺到一種微妙的喜悅圍繞著你。無論你在做什麼或什麼都沒做，你會一直感覺到一種微妙的喜悅在你身體周圍震動。真的，喜悅意味著你的身體就像一首交響曲，如此而已——你的身體沉浸在音樂的韻律中，如此而已。喜悅不是愉悅。愉悅必須來自外在的事物；喜悅則是做你自己：你是活生生的，生機盎然，朝氣蓬勃。你的身體內外都隱約感覺得到音樂，一首交響曲——那就是喜悅。當身體在流動，當身體像河水一樣流動的時候，你便能充滿喜悅。

問題

我注意到，當我生氣、悲傷或焦慮的時候，我的胃或太陽神經叢也會同時出現生理反應。有的時候，如果我非常苦惱，這種感覺會強烈到讓我睡不著覺或沒有食欲。你可以談談這種反應嗎？

每個人都在胃裡裝了一大堆垃圾，因為那是身體裡唯一能讓你壓抑情緒的空間。無論你壓抑的是什麼，它一定是埋進胃裡。你想哭——你的太太死了，你愛的人死了，你的朋友死了——但這樣看起來不太好。為了痛失親友而哭，會讓你看起來好像很軟弱，於是你壓抑它。你把想哭的情緒放到哪裡去了？你自然是把它埋進胃裡。身體內部，就只有這裡還有空間，這是唯一中空的地方，可以讓你儲存東西。

你把壓抑的東西都丟到你的胃裡……每個人都壓抑了各式各樣的情緒——愛、性欲、憤怒、悲傷、哭泣，甚至歡笑。你沒有辦法抱著肚子開懷大笑——這樣看起來很沒禮貌，很粗魯。在許多文化當中，捧腹大笑就表示你沒有教養。於是，你壓抑了一切。由於這些壓抑，你不會深呼吸，你只能淺淺的呼吸。你一深呼吸，那些壓抑的創傷就會釋放它們的能量。你在害怕。每個人都在害怕，不讓自己的氣吸進胃裡。

每個孩子出生的時候，無論是男孩還是女孩，都是用肚子呼吸的。你可以試著觀察一個孩子的睡覺：他的肚子會上下起伏，而不是胸腔。沒有孩子用胸腔呼吸。他們現階段還是完全自由的，還沒有受到任何壓抑。他們的胃是空的，沒有壓抑，這身體內的空有一種美。

一旦胃裡裝進太多壓抑，身體就會被分成兩半——上半部和下半部。那麼，你就不再是一；你變成了二。下半部是被你遺棄的部分。整體不見了，構成你本質的「一」不見了。現在，你不再優美，也不再優雅。你揹著兩個身體，而不是一個；兩個身體之間永遠都有隔閡。你無法優雅的走路；不知怎麼的，你得拖著你的腿。事實上，如果身體是一體的，你的雙腿就會承載著你。如果身體被一分為二，你就得攜帶著你的腿。你得拖著你的身體，它就像個重擔。你無法享受好好的走路，你無法享受好好的游泳，你無法享受盡情奔跑，因為你的身體不是一體的。為了享受這些活動，身體需要重新整合。你必須重新創造一個和諧一致的身體；你的胃得完全清理乾淨。

要清理胃，深呼吸是必要的。當你深深吸氣，再深深吐氣的時候，胃會將它裡面裝的東西全部丟出來。在吐氣中，胃獲得了釋放。因此，深呼吸很重要。重點應該放在吐氣上，這樣胃裡那些不必要的東西就可以被釋放掉。

當胃裡沒有情緒，你的便祕會突然消失。如果你把情緒壓抑在胃裡，你就會便祕，因為胃無法暢通。你緊緊控制它，你不讓它自由。便祕比較是一種心理疾病，而不是生理疾病；

它比較屬於心理的問題，反而和身體無關。

要記住，我並不是把身體和心理分成兩半。它們是一體的兩面。心理和身體不是兩回事；你是心身合一的。它們相互影響，它們同步運作。如果你在心理上有所壓抑，身體也會開始壓抑。如果你在心理上釋放一切，身體也會放掉一切。這就是為什麼，我所發展出來的靜心技巧非常強調發洩。發洩是一個淨化的過程。

在印度，我們稱太陽神經叢為瑪尼普爾（manipura）；它是你所有感受和情緒的中心。我們不斷將我們的情緒壓抑在瑪尼普爾。瑪尼普爾這個字的意思是「鑽石」——因為有這些感受、情緒、笑聲、哭泣、淚水、微笑，生命才顯得珍貴。生命的無價都源自這一切；這一切是生命的榮光——因此，第三個脈輪，第三個能量中心，被稱為瑪尼普爾，鑽石脈輪。

只有人類能夠擁有這些珍貴的鑽石。動物不會笑；牠們自然也不會哭。眼淚的美，笑聲的美，眼淚的詩意與笑聲的詩意，只有人類獨有。其他的動物只有兩個脈輪或兩個中心：穆拉達（muladhar，海底輪），或稱性中心，生命的中心；還有史瓦迪斯坦（svadhisthan，臍輪），或稱丹田，生命是從這個中心離開身體的。動物出生，然後死掉，在生與死之間沒有發生什麼事。如果你也只是出生，然後死掉的話，你就是一隻動物，你還不算是人。有數百萬人只用這兩個脈輪在生活；他們從未超越這兩個脈輪。

我們被教導壓抑我們的感覺，我們被教導不要太敏感。我們被教導感覺是一文不值的：

要實際，要強硬。不要柔軟，不要脆弱，否則你會被剝削。強悍一點！至少要表現得很強悍，至少假裝你是個狠角色，你不是顆軟柿子。要在你周遭製造出恐懼。別笑，你一笑就沒辦法讓別人怕你。別哭，你一哭就表示你在怕。不要露出你的人性弱點。要假裝你是完美無缺的。

我們被教導要壓抑住第三個能量中心，你才能變成一個士兵；你不是一個男人，而是一個士兵：一個軍人，一個假人。譚崔用了很多的方法來幫助人們放鬆第三個能量中心。你的情緒必須被抒解。當你想哭的時候，你就一定要哭；當你想笑的時候，你就一定要笑。你得丟掉那些壓抑的愚蠢行徑；你必須學會表達。因為唯有透過你的感受、你的情緒、你的敏感，你才會產生共鳴，溝通才有可能發生。

你難道沒看出來嗎？你暢所欲言，卻什麼也沒說；但一滴淚珠滾落你的臉頰，所有的話都說了。一滴眼淚能夠說的，實在太多了。你講了幾個小時，詞不達意，一滴眼淚卻表達了一切。你可以繼續說：「我很高興，這樣那樣……」但你的表情可能完全不是那麼回事。大笑一聲，真實的笑一聲，你就什麼也不必多說——那個笑聲說明了一切。

第三個能量中心必須要越來越空。它與思想是相對的，如果你能夠放空第三個能量中心，你就越容易放鬆你緊繃的頭腦。多感動一點、多感覺一點，多笑一點，多哭一點。要記住，你做的不能比實際需要的更多；你不能太誇張。你甚至不能比需要的多流一滴眼淚，比需要的多笑幾聲。所以不要害怕，也不要吝嗇。

問題

自從我開始靜心以來，我注意到，我的身體以及我對它的感覺，都有了很大的改變。我走路的方式，我洗澡時看自己的方式，我感覺自己身體的方式——這一切對我來說都變得不一樣了，我簡直認不出它了！這是否表示身體遵循著頭腦，而我的頭腦受到我的心的影響？

人不是機器，人是有生命的，這兩者之間的差別非常值得深入了解。機器有許多零件，生物有許多器官、組織。你把機器零件拆開，沒有東西會死。你再把這些零件組合起來，機器就可以重新運轉。但就一個生物來說，如果你把某些器官切開，它會死。你可以將它們重新拼回去，但生物不會再活過來。生物是一個活生生的個體；生物身上所有的一切都息息相關。

無論你的身體、頭腦、心、覺知發生了什麼事，都會改變整個生物體。你的整個人都會受到影響。生物體的不同部位，不只是組裝在一起的零件，它還包含更多。

一部機器只是所有零件的總合。一個生物體則比它本身所有部位加起來的還要多——那個「多」，就是你的靈魂，它滲透了你的一切。因此，所有的改變，無論發生在哪裡，它都會影響到你整個人。

那就是為什麼會有不同的方法讓不同的人學習。舉例來說，對於努力追求自我實現的人來說，瑜珈是一項非常好的系統。它的整個作用幾乎都和身體、身體的姿勢有關。瑜珈是一個驚人的研究；發明它的人完成了一個不可能的工作。他們發現某些瑜珈體位，會讓你的頭腦產生某種態度，讓你的心產生某種節奏，讓你的覺知變得更敏銳或是更不敏銳。他們利用這種在身體上的運作，發展出所有的體位法，讓你不必接觸其他任何東西，就能改變你全部的存在。

但這是一個冗長乏味又艱難的工作，因為身體是你本質中完全沒有意識的一部分。要訓練它，而且要作一些不自然的怪姿勢，這必然是一件苦差事。那些發展出瑜珈體系的人們發現生命太短，來不及研究出所有的體位，來不及改變整個內在的本質，於是他們是世界上第一批想要延長壽命的人，這樣他們才能夠在這一世完成他們的使命。

身體的困難在於，你可能要花上一輩子的時間——六十年，七十年——你或許會達到某種狀態，但那時這個身體也快死了。而當你得到一個新的身體時，你又得重頭來過；你沒有辦法從上輩子結束的地方開始。這是瑜珈體系的一大難題，所以瑜珈修行者開始尋找延長身體壽命的方法。

舉例來說，大家都看過佛陀的蓮花座。那是最著名的姿勢。現在人們已經發現，如果你用雙盤蓮花座打坐，脊椎完全挺直，全身放鬆，那麼，地心引力就無法對你產生作用；因為你受地心引力的影響越大，你就離墳墓越近。愛因斯坦曾清楚的說明這一點。他說，如果我們能夠製造出以光速行駛的交通工具，那麼用那些交通工具旅行的人將永遠不會老——完全不會老。要是他們離開地球五十年後再回來，那時與他們同齡的人都死了，即使還有一兩個人活著，也已經是風燭殘年；但時空旅人回來的時候，他們還停留在當時離開的年紀。

他的觀念是，在光速當中，老化會停止。但這只是一個假設，沒有實驗可以證明。要製造一個以光速行駛的交通工具很難，因為只要一到達那個速度，所有東西都會被燒燬。沒有任何一種金屬，沒有任何一種物質，能用來製造這種交通工具，所以它看起來似乎不太可行。

愛因斯坦不知道瑜珈。瑜珈的解釋是，那個人回到地球時，還是同樣的年齡，是因為他完全脫離了地心引力；那就是為什麼他不會老。這看起來似乎更實際，更科學，而不只是一個假設。有許多瑜珈修行者活得比任何人都久。他們只是用那個坐姿打坐，地心引力對他們的影響降到了最低，因此延長了壽命。

瑜珈修行者會對長壽的方法感興趣，並不是出於對生命的貪求，而是因為他們選了一個非常緩慢的蛻變工具：身體。但是，透過身體，人們也能成道。他們除了學習和練習某些體位法之外，不做任何事。他們只做某種特定的體位法，頭腦就會以某種方式運作；只做某一個姿勢，頭腦就會停止運作；做另一個姿勢，你會變得非常警覺，就是這樣。

你可以看到這種事情也發生在日常生活當中。你的身體會隨著每一種心情、情緒、想法做出各種姿勢。要是你有注意到，你會看到其間的關聯，這個關聯是你無法改變的。就拿我來說好了——如果你把我的雙手綁起來，我就沒辦法講話了！我就是講不出來，我就是會不知所措，因為我的雙手和我的表達之間，關係非常密切。

你一定知道每隻手都各自連結大腦的一側，左手連結右腦，右手連結左腦。它們是你心智的延伸。所以當我說話的時候，我是透過兩個媒介在說：透過語言，透過雙手。手的每個姿勢都在幫助我表達某一個想法。如果我的雙手被綁住了，我就不可能說出什麼。我曾經試著這麼做，然後我突然發現說話變得很困難。我想說某件事，但我說出來的是另一件事。一切的原因，都在於我雙手的節奏被打亂了。

你的內在從最低的層面到最高的層面，所有一切都是息息相關的。瑜珈在身體上運作；它是一個漫長艱辛的過程，除非科學伸出援手幫助它，不然它可能沒有未來。那麼，它或許會發生一場劇變。瑜珈是人類發展出來的最古老的科學之一。它至少已經發展五千年之久。如果科學不伸出援手，瑜珈要求的條件太多。現代人沒有那麼多時間；一定得找出捷徑。

如果你在頭腦上下功夫，這條路會比身體更短一點，做起來也比較容易，因為對頭腦沒什麼好做的，只有覺知，只有警覺。不用去做精神分析——不必再拖長整個過程。瑜珈起碼會讓你到達一個終點。精神分析卻永遠沒完沒了，因為頭腦每天都會繼續創造新的垃圾；它非常有生產力。你不斷在整理你的夢，它卻繼續創造新的夢。頭腦聰明到能夠操縱一個夢，讓你在那個夢裡看到你正在睡覺正在做夢；而在你夢到的這個夢裡，你又睡著了，你又做了夢。這會越來越複雜。分析這些垃圾只有一點點幫助，提供你一點點慰藉，但它是一個永遠沒完沒了的過程。

那些真正使用頭腦的人，他們會在觀照、覺知上下工夫；當你觀照你的頭腦的時候，頭腦開始漸漸變得寧靜，停止它的胡言亂語，變得安靜沉著。當你的頭腦變得安靜沉著的時候，你的身體將會發生一些變化，一些驚人的變化——那就是在這個發問者身上發生的情況。你將會看到身體有新的行為舉止；它以前從來沒有這樣過。它走路的方式不同了，它的姿勢也變了。當你的頭腦變得安靜沉著的時候，你的身體也會開始變得安靜沉著；在身體裡面有某種平靜，某種你過去從來沒有感受過的生命力。你過去雖然住在身體裡，但你從來沒有這麼深入的接觸它，因為頭腦總是一直讓你忙碌。頭腦是一個阻礙，你的覺知從來不曾與你的身體連結。

現在頭腦安靜下來了，覺知第一次對身體有了察覺。一個佛陀有他自己的姿勢，他走路的姿勢不同，他臉上的表情不同。所有的一切都不一樣了，因為現在，頭腦不存在了。身體不再追隨頭腦；頭腦不再擋路。頭腦追隨的是覺知，是你的自性最深處的品質。

所以，當改變在身體內開始發生時，看著它們，並為它們感到高興。要更警覺，更多的改變即將發生。要更有意識，你會發現連身體都開始有了自己的意識。當你變得更警覺、更覺知的時候，你將會感到對自己的身體有更多的愛，對自己的身體有更多的慈悲；你將會覺得與自己的身體更接近、更親密，有一種新的友誼升起。到目前為止，你只是在利用它。你甚至從來沒有對你的身體說聲謝謝，而它一直以所有可能的方式服侍你。因此，這是一個好的經驗。讓它變得更強烈，並且幫助它。你唯一能提供的協助，就是要變得更警覺。

• • • • •

從頭到心到本質——回歸中心的旅程

社會不要你當一個有心的人。社會需要頭，不需要心。

我曾經去瓦拉納西一所大學訪問，與當時印度最有名的一位學者哈賈里博士(Dr. Hajari Prasad Dwivedi)談話。他負責主持我發表演講的那場會議，他也是藝術學院的頭頭。我問他：「你會不會很想知道，為什麼你被稱為頭，而不是心？」

他說：「你問了一個很奇怪的問題。」——他是個老人，現在已經過世了。他說：「這輩子從來沒有人問過我：『為什麼你被稱為頭，而不是心？』」但他仔細的想了一下說：「你的問題很有意義。你讓我也很想知道，為什麼人們不稱我『哲學系的心』。這樣更真實，更接近本質；但是，他們都叫我『頭』。」

社會被劃分成頭和手。你有沒有注意到，勞動階層的人被稱為「手」？窮人用他們的雙手工作，他們是勞力工作者，他們被稱為「手」。那些在他們上位的人則稱為「頭」。心完全不見了，沒有人被稱為「心」。

當你開始感覺到你的心中有一股騷動，那是非常重要的，因為你的心比你的頭更有價值。你的頭裝滿了借來的東西，它自己什麼也沒有。但你的心還是你自己的。你的心不是基督教的或印度教的，你的心仍然存在。它還沒有被腐化，沒有被污染。你的心仍然是它本來的樣子。

從頭到心，是一個十分重要的大躍進。下一步，從心來到本質，那時你就回到家了；朝聖之旅就結束了。

沒有人可以從頭直接到本質。它們是陌生人；它們彼此毫不相干。它們甚至還沒有被引見！你的本質對你的頭一無所知，你的頭也對你的本質一無所知。它們住在同一棟房子裡，但它們彼此完全陌生。因為它們的功能如此不同，它們從來不曾遇見彼此，它們從來不曾邂逅。

心是那座橋。一部分的心跟頭很熟，一部分的心跟本質很熟。心是一個中途站。你朝你的本質前進的時候，心將是一個過夜的地方。

你可以從心看到一些屬於本質的東西——從頭則不然；因此，哲學家永遠不會成為神祕家。詩人會變成神祕家，他們會蛻變……畫家、雕塑家、舞者、樂師、歌手離本質比較接近。

然而，我們的社會完全被頭掌控，因為頭有賺錢的能力。它很有效率；機器一向是比較有效率的。它有能力滿足你所有的野心。頭是你們的教育系統培養出來的，你所有的能量都開始投注在那裡，你忽視了心。

心是最重要的，它是一扇門，它通往你的本質，它通往你永恆的生命源頭。我想要全世界的大學都能讓人們覺察到心，讓他們更有審美觀，更敏感：敏感於我們周遭的一切，那浩瀚的美，那無比的喜悅。

心無法滿足你自我本位的欲望；這就是問題。它能讓你體驗到一種非常強烈的愛，一種如煉金術般的改變。它可以將你內在的本質帶入最清澈純淨的狀態，但它不會創造金錢、權力、名望——這些已經變成了人們的目標。

繼續擺脫你的頭，來到你的心，然後再多冒一點險，從心來到本質。那是你生命最根本的基礎。

＊＊＊

屠格涅夫（Turgenev，1818-1883，俄國現實主義作家）寫了一個很美的故事——《傻瓜》（*The*

fool)。

從前在一個小鎮上，有一個人被所有的村民當成前所未見的大白痴。顯然他一直很不好過。無論他說什麼，人們都會開始大笑——就算他說了一些很美很真實的事，也是一樣。大家認為他是個白痴、傻瓜，所以無論他做了什麼、說了什麼，人們都笑他。就算他引經據典，人們還是會笑他。

他去拜訪一個智慧老人，說他想要自殺，他再也活不下去了。「他們一直這樣污衊我，實在是太過分了——我再也受不了了。你不幫我想辦法擺脫，我就去自殺。」

智慧老人笑了。他說：「別擔心，這沒什麼大不了的。你只要做一件事就好，七天之後回來見我：你從現在開始，對一切都說不。你開始質疑所有的事。如果有人說：『看啊——看看夕陽，多麼美啊！』馬上問他：『哪裡美了？我怎麼沒看見——證明給我看！美是什麼？世界上沒有美麗的事物，全是胡說八道。』你堅持要證據，說：『證明美在哪裡。讓我看到它，讓我摸到它。給我一個定義。』如果有人說：『這音樂真令人陶醉。』你馬上跳出來問：『陶醉是什麼？音樂是什麼？把話說清楚。我不相信什麼陶醉，這都是傻話，都是錯覺。音樂只不過是噪音而已。』」

「對一切都說不，七天之後回來找我。要否定，問那些讓人答不出來的問題：美是什麼？愛是什麼？陶醉是什麼？生是什麼，死是什麼，神又是什麼？」

七天之後，傻瓜回來找智慧老人，他身後跟了很多很多人。他戴著花圈，穿著華服。智慧老人問他：「發生什麼事了？」

傻瓜回答：「真是太不可思議了！現在全鎮的人都認為我是全世界最有智慧的人。大家都認為我是偉大的哲學家、思想家。我讓每個人都啞口無言；人們開始怕我。我在場的時候，他們會保持沉默，因為不管他們說什麼，我都會立刻把它變成一個問題，我完全否定一切。你的策略奏效了！」

智慧老人問：「這些跟隨你的人是誰？」

他說：「這些人是我的弟子。他們想向我學習什麼是智慧。」

事情就是這樣。頭腦因為否定而存在，它專門說不；它的養分來自於對每一件事說不。頭腦基本上是負向的。沒有正向的頭腦這種東西存在。

心是正向的。就像頭腦說「不」一樣，心說「是」。當然，說「是」比說「不」好，因為你沒辦法靠著說「不」生活。你越是說不，你就越退縮，越封閉。你越是說不，你就越沒有活力。人們或許會認為你是一個偉大的思想家，但你卻正在退縮，步入死亡；你正在慢性自殺。

如果你對愛說不，你就比過去的你更匱乏一點；如果你對美說不，你就比過去的你更匱乏一點。如果你繼續對所有的一切說不，那你就會一點一點的消失。最後只剩下一個非常空虛的生命：失去意義，沒有重心，沒有喜悅，沒有歡舞，沒有慶祝。

現代人的頭腦就是這樣。以前的人從來不會像現代人這樣，說這麼多的不。所以問題來了：生命有什麼意義？我們究竟為什麼而活？為什麼要繼續活下去？我們對神說不，我們對另一個世界說不，我們對長久以來人類所追求的一切都說不。我們已經認為人類追求的所有價值都一文不值。但現在我們陷入了困境，人們變得極度痛苦。生命對我們來說，越來越難以忍受。我們繼續活著，只因為我們是懦夫；否則，我們就會消滅所有活下去的理由。我們繼續活著，只是因為我沒辦法去自殺。我們怕死，所以我們繼續活下去。我們是為了恐懼而活，不是為愛而活。

做個正向的人比較好，因為你越正向，你就越走向你的心。心不懂任何負向的語言。心從來不會問：「美是什麼？」心會享受它，在享受中，心就會知道它是什麼。它沒辦法定義，它沒辦法解釋自己，因為這個經驗是難以形容、不可言喻的。語言不足形容，象徵於事無補。心知道愛是什麼，但它不發問。頭腦只知道問題，心只知道答案。頭腦一直在問，但它回答不出來。

因此，哲學家沒有答案，他們只有問題、問題、問題。每一個問題都慢慢演變成一千零一個問題。心沒有疑慮——這是生命的奧祕之一——它知道所有的答案。但頭腦不會去聆聽心；它們之間沒有交流，沒有溝通，因為心只懂得寧靜的語言。心完全不知道其他的語言，心完全不了解其他的語言——頭腦對寧靜也一無所知。頭腦全都是噪音，它是一個白痴講的故事，充滿憤怒和噪音，一點意義也沒有。

心知道什麼是重要的。心知道生命的榮光，以及全然存在本身所擁有的極度喜悅。心會慶祝，但它從來不發問。因此，頭腦認為心是盲目的。頭腦充滿了懷疑，心卻充滿了信任；它們是相反的兩極。

這就是為什麼會說，正向比負向好。要記得：正向和負向也有關聯，它們是一體的兩面。

我不是在教你心的方法——沒錯，我利用它，但只是把它當作把你帶出頭腦的工具。我把心當成一個送你到彼岸的交通工具；我把心當作一艘船。一旦你抵達彼岸，船就必須被留下；你不要指望把船頂在你頭上帶走。

超越二元性才是真正的目的。要超越「是」與「不」兩者，因為你的「是」唯有在「不」的情況下才有意義，它沒有辦法脫離「不」。如果它脫離了「不」，「是」還有什麼意義？要記住，你的「是」一定要有「不」才能存在；你的「不」也一定要有「是」才能存在。它們是相反的兩極，但它們以一種微妙的方式互相幫助。它們是共謀，它們手牽手。它們彼此支持，因為它們無法各自單獨存在。「是」只因為「不」而有意義；「不」只因為「是」而有意義。你必須超越這個陰謀，你必須超越這個二元性。

我不是在教你一種正向的生活方式，我也不是在教你一種負向的生活方式。我是在教你超越之道。二元性必須完全被拋棄——頭腦和心的二元性，事件和頭腦的二元性，正向和負向的二元性，男性和女性的二元性，陰與陽，日與夜，夏與冬，生與死——所有的二元性。這樣的二元性都必須被拋棄，因為你是超越二元性之上的。

當你走出「是」與「不」的那個片刻，你將會有第一個最終極的瞥見。那最終極的，是完全無法用言語形容的；你無法說「不」，你無法說「是」。

如果你要在負向和正向之間抉擇的話，我會說選擇正向的，因為逃離「是」比逃離「不」更容易一點。「不」裡面沒有太多空間，它是一間黑暗的牢房。「是」比較寬敞，它比較開放，比較脆弱。你會發現，脫離「不」很困難。你沒有太多空間；你被圍困在裡面，門窗緊閉。「不」是一個封閉的空間。人再也做不出比活在否定中更愚蠢的事，但有無數的人都活在否定中。尤其現代人更是活在否定中。他不斷重複屠格涅夫的故事，因為活在否定中讓他覺得很了不起，他的自我得到了滿足。

自我是一間用「不」的磚塊砌成的牢房；負向性是它的食物。所以，如果你必須在負向和正向之間抉擇的話，要選擇正向。至少你還有一點自由的餘裕，有幾扇敞開的門窗。你還接觸得到風、雨、陽光，還可以看幾眼室外廣闊的天空、星星和月亮。你偶爾聞得到花朵的芬芳，你偶爾只是因為活著的喜悅，就能讓你興奮不已。從「是」到超越，會比較容易。

從「不」到「是」，再從「是」到超越。超越既非正向，也非負向：超越就是神性，超越就是成道。

問題　我們可不可能將頭和心當成一個複合體運作？還是它們永遠都是分離的？我們一定要在兩者之間做出有意識的選擇嗎？

這完全視你的情況而定，因為這是兩種機制。你既不是頭也不是心。你可以從頭開始走，也可以從心開始走。當然，你會到達不同的地方，因為頭和心行進的方向正好相反。

頭會不斷的兜圈子，左思右想，理性思考；它只知道文字、邏輯、爭辯。它非常貧瘠；你從頭那裡是找不到任何真理的，因為真理不需要邏輯，不需要爭辯，不需要理性思考。真理是這麼簡單；頭卻使它這麼複雜。幾個世紀以來，哲學家們都在用頭腦追求和探索真理。他們之中從來沒有一個人找到任何東西，但他們建立了許多重要的思想體系。我曾經深入的探討過所有的體系，其中並沒有結論。

心也是一種機制，但心和頭不一樣。你可以把頭稱為邏輯的工具，把心稱為情緒的工具。所有的哲學和神學都是頭創造出來的；所有的奉獻、祈禱、感性都是心創造出來的。不過，心也會在情緒裡不斷的兜圈子。

「情緒（emotion）」這個字很好。瞧：它由動作（motion）、活動（movement）所組成。心會變動，但心是盲目的。心變動得很快，很迅速，它沒有理由等待。它不必思考，所以它可以跳進任何事物。然而，透過情緒是找不到真理的。情緒和邏輯一樣都是障礙。邏輯是你內在的男性，心是你內在的女性。但真理與男性女性無關。真理是你的意識。你可以觀照頭在思考，你可以觀照心隨著情緒悸動。它們之間可能有某種關聯……

社會通常都安排好了，頭應該是主人，心應該是僕人；因為社會是男性的頭腦的產物。心是女性的。就像男人把女人當作奴隸一樣，頭也把心當作奴隸。我們可以扭轉這個局面；心可以變成主人，頭可以變成僕人。如果我們必須在兩者之間抉擇的話，如果我們被迫在兩者之間選擇的話，最好是讓心成為主人，頭成為僕人。

心有辦不到的事，頭也一樣。頭不能愛，它無法感覺，它是麻木的。心無法明理，它不講道理。過去它們一直在衝突。那些衝突正代表了男人和女人之間的衝突與抗爭。如果你對你的太太說話，你一定很清楚——你們是不可能對話、不可能辯論、不可能達成公平協議的，因為女人是透過心在運作。她會從這裡跳到那裡，完全不在乎這兩件事是否有關聯。她不會跟你爭辯，但她會哭。她沒辦法講道理，但她會尖叫。她沒辦法和你一起討論出一個結果。心無法了解頭的語言。

從生理學來看，頭和心之間的距離並不遠，只差了幾英吋而已。但就存在的特質來說，它們簡直是天壤之別。

我的方法一直被認為是心的道路，那不是真的。心給你各種想像、幻覺、錯覺、美夢，但它無法給你真理。真理既不是頭，也不是心，它藏在這兩者的背後；它是你的意識。正因為意識和這兩者是分離的，它才能夠和諧運用這兩者。

頭在某些領域是危險的，因為它光有眼睛沒有腿：它是殘障的。心能夠在某些範圍運作。它沒有眼睛光有腿；它是瞎子，但它可以跑很快，速度驚人——當然，它不知道自己正往哪裡跑！世界上所有的語言都說愛是盲目的，這不是一個巧合。不是愛盲目，是心沒長眼睛。

當你的靜心變得更深入時，你對頭和心的認同會開始消失，你會發現自己變成一個三角形。你的實相就在你內在的第三種力量中，那就是意識。意識輕而易舉的就能夠駕馭一切，因為心和頭都屬於它。

我聽過一個故事：

有一個盲人乞丐和一個跛子乞丐住在村外的森林裡。他們經常互相競爭，互相仇視；乞討也是一門生意。有一天，發生了森林大火。跛子逃不出去，因為他自己沒辦法跑。他有眼睛可以看到應該從哪裡跑才能逃出火場，但是如果你沒有腿的話，這有什麼用？瞎子有腿，他可以很快逃離大火，但他要怎麼知道要往哪裡逃？

他們兩人都快要葬身在森林的大火中了。事態非常緊急，以致於他們忘了彼此之間的競爭，他們很快就放下敵意——這是唯一的求生之道。瞎子揹起了跛子，一個看路，另一個依照他的話前進。他們終於找到了離開火場的路。

有時候這種事情也會發生在你身上。頭有眼睛，而心有投入任何事物的膽識；你必須創造出一個兩者的合體。我必須強調，這個合體仍然必須讓心當主人，頭成為僕人。

你有一個絕佳的頭腦可以當你的僕人，但你必須讓心做你的主人，如此你才不會被愚弄，不會被欺騙和剝削。心擁有所有女性美好的品質：愛、美、優雅。頭是野蠻的。心則文明多了，也純真多了。

一個有意識的人會把頭當成僕人，把心當成主人。對一個有意識的人來說，這麼做很容易。一旦你不再認同頭或心，你是這兩者的觀照者，你就可以看出哪些品質應該更受重視，哪些品質應該被當成目的。做為僕人的頭能夠帶來哪些品質，但它需要接受指揮和命令。現在以及過去許多世紀，人們都是倒過來的：僕人成了主人。真正的主人像君子一樣太客氣了，以致於它不曾反擊；它自願接受被奴役。結果造成了這個世界的瘋狂。

人類必須被改變。

我們必須重整整個人類的內在狀態。最根本的革命將發生在心決定它的價值的時候。它不會發動戰爭，它不會支持核子武器，它不是死亡導向的。心是生命導向的。一旦頭為心效勞，就必須去做心決定要做的事。頭有很強的能力做任何事，只是需要正確的引導。否則，它會失控，它會抓狂。對於頭來說，一切都沒有價值。對於頭來說，一切都沒有意義。對於頭來說，愛不存在，美不存在，優雅不存在——只有推理存在。

除非你認出這兩者都不是你，這個奇蹟才有可能發生。看著你的思想，當你看著他們，它們會消失。然後看著你的情緒，你的感受；在你的觀照中，它們也會消失。然後，你的心就會像赤子之心一樣純真，你的頭腦就會像愛因斯坦、羅素或是亞里斯多德那些天才一樣偉大。

但是，現代人類的問題遠比你想像的還要大。這是一個由男性所主宰的社會；男人設定所有的遊戲規則，女人只能遵從。這個制約已經非常深，它已經持續了幾百萬年。

如果能夠讓心重新登上王位、讓它當家作主，頭腦則安分守己當一個優秀的僕人，如果這個革命能夠發生在個人身上，那麼它也將會影響到整個社會的結構。這是可能的，但是，要達到這個可能有一個基本條件：你要變得更有意識，你要變成一個觀照者，看著你內在不斷發生的一切。這個觀照者立刻便能免於認同。因為它能夠看到情緒，能夠堅決肯定「我不是情緒」。它能夠看到思想，並肯定「我並非我的思想。」

「那麼我是誰？」——你是一個純粹的觀照者，你達成了你內在悟性最極致的可能。你成為一個有意識的人類。在一切都沉睡的世界中，你覺醒了，一旦你醒過來，一切就都沒有問題了。你的覺醒就會開始讓事物歸位。你必須罷免你的頭，你必須再度加冕你的心。這個改變在越來越多人身上發生的時候，將會為世界帶來一個新的社會，一種新的人類。它會改變許多事，是你無法想像的。

科學的作風也將會全然不同。它將不再為死亡服務，它將不再製造毀滅地球所有生物的武器。它將會使生命更豐富，它將會發現令人類更滿足、生活更享受的能量，因為價值觀將徹底改變。科學仍是頭腦的運作，但它是跟隨心的方向。

我的方法是靜心之路。——既不是頭，也不是心，而是凌駕於頭與心之上的意識。

這就是那把為新人類開門，讓他們來到這個世界的金鑰。

問題

你談到思想、感覺和本質，你說必須放下其中一個，才能到下一步。我心裡有個疑問：「這是否也意味著我必須放下愛？」愛是否是一種本質的感覺，它會永遠存在嗎？能不能請你談一談感覺、愛和本質？

我可以說的太多了。我想先問你，你害怕愛會消失，但你知道愛是什麼嗎？人們總是一直在想像……

法庭上有一個案子：

有兩個人，他們是老朋友了，但卻把彼此打得很慘。他們被帶上法庭，法官簡直難以相信。那是個小鎮，大家都知道那兩個人形影不離，他們是很要好的朋友。法官問：「怎麼回事？你們為什麼打架？」

一個人對另一個人說：「你說吧。」另一個人說：「不要，你來說。」

法官說：「誰說都無所謂，現在不是禮貌的問題，也不是誰該先說的問題，只是要讓我知道是怎麼回事。」但兩個人都不講話。於是，法官很嚴厲的對他們說：「快說！不然我就把你們兩個一起關進牢裡。」

於是，其中一個開口了：「這實在有點尷尬……其實呢，當時我們兩個都坐在河邊的沙地上，我朋友說他正打算買一頭牛。我說：『你打消這個念頭吧，因為你的牛可能會跑到我的田裡踐踏作物，那我們的友誼就完了。我會宰了那頭牛。』」

「我朋友說：『你好大的膽子！我要買一頭牛還是十頭牛都是我的自由。牛就是牛——

有時候牠們難免會跑到你的田裡，我們走著瞧。要是你殺了我的牛，我也會燒掉你所有的作物！』」

就這樣，事情越鬧越大。最後，擁有田地的人用手指在沙地上畫了一塊地，說：「這是我的田。把你的牛放進去，我來讓你看看會發生什麼事。」

另一個人說：「庭上，這個人用他的手指，表示在我的田裡放了五頭牛，他對我說：『你現在是要怎樣？』於是我們就打了起來。既沒有牛，也沒有田，所以我打不到他的牛，他也燒不了我的田。我們都覺得難為情，所以才堅持：『去跟法官說是怎麼回事。』」

法官說：「這實在是太愚蠢了！他連牛都沒買，你的田還空著，你甚至還沒有播種——你們兩個卻都骨折了？」

你問我：「當頭腦被超越了，當情緒和感覺被超越了，我會不會也失去愛？」你真的擁有它嗎？先去買頭牛吧！

我知道你沒有，因為如果你有，就不會有這個問題出現。那就是為什麼我可以這麼肯定的說，你並沒有擁有它。

儘管如此，你的問題還是很有意義的。

人有三個層面：生理，身體；心理，頭腦；本質，永恆的自己。愛存在於這三個層面上，但它的品質不同。生理的層面，在身體上，它只是性欲。你可以說它是愛，因為「愛」這個字似乎很詩意，很美好，但是百分之九十九的人都把他們的性稱為愛。性是生物性的，生理性的。它是你的化學作用，你的荷爾蒙——身體的一切都與性有關。

當你愛上一個女人或一個男人。你能夠清楚說出這個人為什麼吸引你嗎？你一定沒有看到那個人的本質(self)；你連你自己的本質都看不見。你也不了解那個人的心思，因為要讀出另一個人的心思不是件容易的事。所以，你發現什麼了？你的生理機能，你的化學作用，你的荷爾蒙，有某種東西被另一個人的荷爾蒙、生理機能、化學作用吸引住了。這不是一個愛的事件，這只是一個化學反應。

只要想想：你愛上的那個女人去找醫生，改變了她的性別，她開始長鬍子——你還會愛她嗎？除了化學反應和荷爾蒙之外，其他都沒變。但你的愛到哪裡去了？

只有百分之一的人能夠有更深的了解。詩人、畫家、音樂家、舞者、歌手，他們有一種敏感度，他們可以感覺到超越身體的部分。他們可以感受到頭腦的美，感受到心的敏感，因為他們自己就活在這個層面。

記住這個基本原則：無論你處於哪一個層面，你都看不到比它更高的地方。如果你活在你的身體裡，如果你認為你只是你的身體，那你就只會被別人的身體吸引。這是愛的生理階段。但是，一個音樂家、一個畫家、一個詩人，卻活在不同的層面。他不思考，他感覺。因為他活在他的心裡，所以他可以感覺到別人的心。這通常被稱為愛。這是罕見的。我說，只有百分之一的人是這樣，這種情況並不常見。

為什麼這麼多的人到不了第二個層面？因為它非常美好……但卻有個問題，它也非常脆弱。任何美的事物都非常脆弱。它不是金屬，它是易碎的玻璃製品。一旦一面鏡子掉下來打破了，就沒辦法再拼回去。人們害怕投入得太多，會讓他們觸及愛最纖細的層面，因為這個階段的愛非常美好，卻也非常多變。情感不是石頭，它們像玫瑰花，無法永遠不變。也許你比較想擁有一朵塑膠花，因為塑膠花歷久不衰。你只要每天為它沖沖水，就能永保如新；你也可以為它噴點法國香水；如果它褪色了，你還可以為它重新上漆，塗上任何你喜歡的顏色。塑膠是世界上最不容易損壞的東西。它是穩定的，不變的；因此，人們為了追求不變，總是在生理層面上停滯不前。它是表面的，但它是穩定的。

大家都知道，詩人和藝術家幾乎天天都在戀愛。他們的愛就像一朵玫瑰，來了又去，花開了又謝了。白天，當愛在的時候，它是如此芬芳，如此生意盎然；它會在風中、雨中、陽光下跳舞，展現它的美。但到了夜晚，它可能就消失了，無論你做任何事情也無法阻止它。愛，就像一陣吹進你房裡的微風，它帶來清新、涼意，然後它走了。你無法把風握在你的手裡，你只能當風在的時候，好好享受當下那個美好的時刻。但很少人能有勇氣過著無時無刻都在變化的生活，因為人們害怕改變。因此，人們決定墜入可以讓他們依賴的、不變的、虛假的愛裡。

我不知道你懂得的愛是哪一種——很有可能是第一種，或許是第二種。你害怕你要是找到了你內在的本質，你的愛將會怎麼樣？

它一定會消失，但你並沒有損失。一種新的愛將會升起，在幾百萬人當中，它可能只發生在一個人身上。這樣的愛只能稱為慈愛（loveingness）。

第一種愛應該稱為性。第二種愛應該稱為愛。第三種愛應該稱為慈愛：它是一種品質，沒有目的，不去佔有，也不讓任何人佔有你。這種愛的品質是一種你無法想像的愛的革命。

在你的本質當中，有一種慈愛的芬芳。但是別怕。你關心的問題一點也沒有錯；你認為的那種愛會消失，但取而代之的是更深更廣的愛。你將更能夠放下執著去愛。你將能夠愛更多人，因為只愛一個人會讓你貧乏。那個人能給你某種愛的體驗，但愛很多人……每個人都能給你一種新的感覺、一首新的歌、新的狂喜，你將為此感到不可思議。

這就是我反對婚姻的理由。如果人們願意的話，他們可以一輩子生活在一起，但沒有必要立法規定。人們應該轉變，盡可能擁有更多的愛的經驗。他們不該想要佔有。佔有欲會摧毀愛。他們也不該被佔有，因為那樣也會再度摧毀你的愛。

所有的人類都值得被愛。你不需要一輩子都和同一個人綁在一起。這就是全世界的人看起來都如此無聊的原因之一。他們為什麼不笑了？他們為什麼不跳舞了？因為他們身上綁著無形的鎖鏈：婚姻、家庭、先生、太太、孩子。他們背負著這些沉重的責任、義務、犧牲。你還想要他們微笑、大笑、跳舞、欣喜？你的要求是不可能的。

讓人們的愛自由，讓人們不再佔有。但唯有當你在靜心當中找到你的本質時，這才可能發生。我不是要你去練習。我不是在跟你說：「你今晚去找別的女人或男人，把它當作一個練習。」這樣你什麼也得不到，你可能會失去你的伴侶。到了早上，你會看起來很愚蠢。這不是一個練習的問題，這是要找到你的本質、本性的問題。

本質找到之後，隨之而來的，是一種不牽涉個人情感的慈愛品質。你就是去愛，愛會不斷的散播出去。起初，它是人類；然後，很快的，它是動物、鳥類、樹木、山巒、星星。有一天，這整個存在都會成為你所愛的。這是我們的潛能，沒有達到的人，都是在虛度生命。

沒錯，你會失去一些東西，但它們是沒有價值的。你將會得到更多，多到讓你再也不會去想那些你失去的。

一種純淨的，不牽涉個人情感的慈愛能夠穿透所有人的存在：那是靜心、寧靜、深入探索你內在的結果。我只是想試著勸你，不要害怕失去你所擁有的。

我的責任是要說服你，慢慢的從生理來到心理——從頭腦來到心。然後從心來到你的本質。從你的本質打開一道門，通往宇宙萬物最根本的存在。它是很難描述的。它只能被指出——一隻指向月亮的手指。（註：禪宗的故事，指月之指，指可示月，但指非月。意即真理好像天上的明月，而文字只是指月的手指，手指可以指出明月的所在，但手指並不就是明月，看月也不一定必須透過手指。）

不要擔心。你只會失去你的貧乏，你的不幸。你不會失去任何有價值的東西。

第2部 健康的情緒——重拾我們內在的和諧

當你將你的能量用在覺知上的時候，它會帶你接近存在的最核心。你的思想會把你帶離核心遠一點，你的行為會把你帶得更遠。要從行為退回到思想，再從思想退回到沒有思想——只有全然的覺知——那時，你就最接近自己的中心，最接近存在的中心。在情緒中，在思想中，在行為中，能量是往外移的。你越往外，就越遠離你自己。一步一步退回來。它是一趟通往源頭的旅程，這個源頭就是你所需要經歷的一切……因為它不僅是你的源頭，它也是星星、月亮、太陽的源頭。它是所有萬物的源頭。

・從接受開始

事實上人類最強烈的欲望是內在的蛻變。對金錢的欲望不算什麼，對權力、名聲的欲望不算什麼；人類最強烈的欲望就是對靈性的欲望。一旦你落入這個欲望之中，你將會痛苦一輩子。蛻變是可能的，但蛻變不會因為你對它的欲望而發生。蛻變只可能在你輕鬆愉快的情況下才會發生。只要無條件的接受你自己，蛻變就會發生。

我們必須更加深入了解這個現象，因為這是每個人處境的核心。

人類是不幸的，人類是痛苦的；因此每個人都在追尋喜樂，追尋一種與存在和諧一致的狀態。人類感到孤獨、失根，因此，他們自然有渴望，想要重新根植於存在，重新恢復盎然的生機，重新綻放出花朵。

若你想要達到喜樂的狀態，你必須在幾件事情上靜心。首先，要與存在完美的融合。要與存在融合，意識必須先融合它自己。意識要融合，唯有當我們不排斥任何來自經驗的事實時，這個融合才可能發生。這是我們必須了解的第一件事。

當你覺得害怕——那麼，這個害怕就是一個存在的事實，一個來自經驗的事實；它是存在的！你可以排斥它，但你的排斥會使你壓抑它。而壓抑它會讓你在自己的本質中製造出一個傷口。當你覺得怯懦——你可以設法不去看它，但它是一個事實。只是不去看它，並不會使它消失。你的行為就像隻駝鳥。當駝鳥看到敵人，看到死亡的危險，牠就會把頭埋進沙子裡。但是，把頭藏在沙子裡，閉上眼睛，並不會讓敵人消失不見。事實上，這樣反而更容易受到敵人的攻擊。因為牠看不見敵人，就以為敵人已經消失了。牠認為，是因為牠看見了敵人，所以才使得事情成真。現在駝鳥不害怕了，但事實上，牠的處境更危險；敵人因為你的逃避、忽視，反而更強大了。

如果駝鳥不把頭藏起來的話，牠還可以做點什麼。然而，那就是人們所做的。你看到了懦弱，你試著不去注意它，但它是個事實！你不去正視它，你就在你的本質中創造了一塊你看不見的區域。你把自己分成好幾個塊，你變得支離破碎。然後某一天，又有別的東西出現——憤怒——你不想接受自己內在的憤怒。你忽視它。然後又有一天，貪婪出現了……，諸如此類的事不斷發生。你視而不見的東西都還在那裡，但你繼續迴避它們。你的本質被分成越來越多塊——是你自己分隔了它們。你越四分五裂，你將會越悲慘。

邁向喜樂的第一步是成為「一」。那是所有的神祕家一再堅持的：成為「一」是如此的喜樂，成為「多」就如置身地獄。因此，凡是來自經驗的事實，無論它是什麼，都要接受它。拒絕它，你就什麼也做不了。否認它，你就製造出問題，而問題又會變得更複雜。

事情很簡單：你覺得你是個懦夫，那又怎樣？盯著這一點看。如果你能接受你懦弱的事實，你就已經變得勇敢。只有一個勇敢的人，能夠接受自己是懦夫的事實，懦夫是辦不到的。你已經踏上了蛻變之路。所以，第一件事就是，不要否認任何你所經驗到的事實。

其次，為了做到這一點，頭腦必須先解除它對所有僵化的觀念的認同；它的自我認同就是由這些觀念所形成的。如果你的頭腦對於你是誰抱有它自己的意見、抱有一成不變的想法；那麼，當事實與頭腦的想法有所牴觸時，你的內在就沒有空間容納它們。如果你對於自己應該是什麼樣子有既定的意見的話，你就無法接受你的本質當中那些來自經驗的真理。如果你抱持你應該要勇敢、有勇氣才有價值的想法，那麼你就很難接受你的懦弱。如果你認為你必須成為一個像佛一樣的人，必須慈悲、憐憫；那麼，你就會難以接受你的憤怒。一切的困難都來自於你的頭腦所認定的那些理念、理想，是它們在製造問題。

如果你沒有任何理念，就一點問題也沒有。你是個懦夫，那你就是個懦夫！因為沒有要勇敢這個理念，所以你不會譴責這個事實——你不抗拒它，你不壓抑它，你不把它丟進你本質內在的地窖裡，好讓你不需要再看到它。

任何被你丟進無意識裡的東西都會在那裡繼續運作，它會繼續為你製造問題。它就像一種被你塞進內在的疾病。它本來浮上表面了，在表面，它也許有消失的可能。如果一個傷口浮上表面，那是好的，它正在療癒的道途上——因為它在表面，所以它可以接觸到新鮮的空氣和陽光，它可以被療癒。但如果你硬逼它回到內裡去，如果你不允許它浮上表面，那麼，它將會變成癌症。就算是一個小小的毛病，你壓抑它的話，它也可能變成一個嚴重的疾病。

沒有任何一種疾病是應該被壓抑的。但如果你懷抱某些理念的話，你自然就會去壓抑它。任何理念都一樣。如果你有獨身禁欲的理念，那性就會變成問題；你無法正視它。如果你沒有獨身禁欲的理念，性就不會被排斥。那麼你和你的性欲之間就不會有分裂。那麼，完美的融合就發生了，這種融合會帶來喜悅。

自省是所有喜悅的基礎。

所以，其次要記得的是，不要抱持任何理念。只要想想看，如果你有一個理念，認為你一定要有三隻眼睛，那麼問題馬上就來了，因為你只有兩隻眼睛，但你的理念說，要是你沒有三隻眼睛的話，你就錯過了某些東西。於是你對第三隻眼睛朝思慕想。你為自己製造了一個無法解決的問題！它是不可能解決的。你頂多在額前畫上第三隻眼睛。但是，畫上去的第三隻眼睛只是一個畫出來的第三眼：它是假的。

理念使人虛偽。看看這有多荒謬：人們抱持著不要虛偽的理念，卻因為理念產生了虛偽。如果所有的理念都消失，就不會有虛偽存在。虛偽怎麼能繼續存在呢？它只是抱持理念所造成的影子。理念越多，就越虛偽。你可以在印度找到比世界上其他地方更多的虛偽，因為印度長久以來一直活在偉大的理念當中。那些不可思議的、失控的理念……

舉例來說，一個耆那教的和尚，除非能夠像神話中的馬哈維亞（Mahavira，與佛陀同時期的耆那教神祕家）一樣，只需要偶爾吃點東西就好，否則他不會感到滿足。據說，馬哈維亞十二年中的進食時間只有一年。那意味著，每隔十二天，他會進食一天，接下來又斷食十二天。如果這是你的理念，你就會一直處在痛苦當中。如果這不是你的理念，那就不會有問題。

試著去了解——這個問題是來自於理念。一個基督教的修士不會為這個理念所苦，他沒有斷食的問題。但是一個耆那教的和尚會不斷因此而受折磨，因為他無法達成這個這個理念。

如果你真的很純淨——這是耆那教的想法——你的身體不會流汗。這麼一來，你有了一個非常愚蠢的理念！身體一直不斷的流汗，而你一直不斷的受苦。

你的理念越多，你受的苦就越多，你就會越虛偽，因為如果你無法達成那些理念，至少你也得假裝一下。虛偽就是這麼來的。如果我們能夠沒有任何批判的接受所有來自經驗的事實，世界上將不再有虛偽。無論是什麼，就是什麼。如果我們活在一切「如是」的實相當中，沒有任何「應該」或「必須」，那些虛偽要從哪裡來呢？

有一天，有人問我：「你難道不是個偽君子嗎？你生活舒適，住漂亮的房子，坐漂亮的車，過著帝王般的生活。」但是，他不明白「虛偽」這個字眼的意思。我所有的教誨都是，盡可能把生活過得很美。我不是個偽君子；事實上，我是在照我所教導的方式生活。如果我教人們過貧窮的生活，自己卻住在皇宮裡，那就是虛偽。但是我並沒有教人們去過貧窮的生活；貧窮不是我的目標。我過得不矯揉造作，舒適而方便的生活是很自然的。如果能夠舒服的過日子，卻不這麼做，那就是愚蠢。如果沒有辦法有舒適的條件，那是另一回事。無論現有的條件如何，就在那個情況下舒適生活，設法在那個情況下安然自在。

我曾經歷過許多不同的生活環境，但我總是安然自得。當我還是學生的時候，我習慣每天走四英哩的路去學校，我非常喜歡！我每天都很愉快的步行四英哩路；我很享受它。當我是老師的時候，我習慣騎腳踏車去學校；我也很享受。無論情況如何，無論我有一輛腳踏車還是一輛賓士，它都沒有什麼不同。我過得安然自得。安然自得是一種心態，它是一種生活態度。我曾經住過非常破舊的房子。在我當大學老師的時候，一開始我住在一間單人房裡，它沒有窗戶，密不通風，每個月的房租只要二十盧比。但是我喜歡它，我享受它，它一點也不是個問題。無論當下的情況如何，我總是盡可能享受那個片刻。我徹底的陶醉在那個片刻中。我從來不會後悔，我也從來不渴求別的東西。如果有什麼事開始發生，我也會好好享受它。你永遠不能說我是個偽君子。對我來說，偽善是不可能的，因為我並沒有理念要達成，沒有「必須」，沒有「應該」。當下就是一切，我與它同在。

第二件要記住的是，不要對自己抱持某種特定的想法。人們背負許多他們應該如何如何的想法。如果你想要當勇者，那麼，成為一個懦夫看起來就很醜陋。但是，懦弱是一個事實，而理念只是一個想法而已，一個頭腦的幻想。

你應該為了事實犧牲幻想，拋棄所有的理念，然後生命就會開始整合，成為一體。所有被拒絕的碎片都會開始回家，被壓抑的也會開始浮上表面。你會首度有一種整合的親密感；你不再四分五裂。

舉例來說，如果我認為自己是一個「寬厚」的人，那麼，當憤怒的感覺出現時，我就無法允許自己認知它，並接受它的存在，因為社會告訴你，「寬厚」的人是不會生氣的，但你會因此產生分裂。所以，為了讓意識完整和諧，我必須了解，我只是一個片刻接著一個片刻、一連串經驗的實相。某些時刻，我是憤怒的；某些時刻，我是悲傷的。某些時刻，我是嫉妒的；某些時刻，我是喜悅的。一個片刻接著一個片刻，當所有發生的一切都被接納了，於是，你就成為「一」。這個「一」是最根本、最需要去了解的事。

我在這裡的目的，我在這裡的功能，就是要拿掉你所有的理念。你帶著理念來；你想要我提升你的理念，想要我支持你，幫助你成為你想要的樣子。那或許是你來到這裡的動機，但那不是我的工作。我的工作剛好相反：我是要幫助你接受既定的事實，要你忘了所有的幻想。我要你變得更真實、更務實。我想要幫助你根植大地——而你渴求的是天空，你完全忘了大地。

沒錯，天空也是有幫助的，但只對那些深深向下扎根的人才有幫助。如果一棵樹想要高聳雲霄，和雲低語，和風玩耍，和星星交流，那麼這棵樹必須深深的、深深的把根扎進大地。第一件事是根植於大地，第二件事會自己發生。根扎得越深，樹長得越高；別的什麼也不必做。

我的努力就是要把你的根深深的扎進真實的土壤。真實就是那個你所「是」的。接下來，事情會出乎意外的發生。你會開始成長。那些你一直在追求，但從來無法實現的，將開始按照它們自己的意願發生。

如果一個人可以如實的接受事實本來的樣子，那麼，在那個接受當中，所有的緊張都會消失。痛苦、焦慮、絕望——一切都將消失無蹤。沒有痛苦，沒有緊張，沒有破碎，沒有隔閡，沒有精神分裂；突然間，喜悅就出現了；突然間，愛就出現了；突然間，慈悲就出現了。這些都不是理念；這些是非常自然的現象。理念就像障礙物一樣。一個人理念越多、越理想化，他的障礙就越大。

沒錯，懦弱讓你痛苦，恐懼讓你痛苦，憤怒讓你痛苦；這些是負面的情緒。但只有經過接受和承受痛苦，不排斥它，才能得到平和。排斥它，你會變得越來越小，越來越小，你會越來越無力。你內在的戰爭將會接連不斷，而這是一場內戰，你的一隻手在對抗另一隻手，如此一來，你只是在浪費你的能量。

記住一件最根本的事，唯有和精神的痛苦融合，才能開啟解放與超越之門：與精神的痛苦融合是唯一的方法。你必須接受所有痛苦的事物，你必須創造出與它之間的對話。它是你。沒有別的方法能夠超越它。唯一的方法就是接受它。

它有著極大的潛能。憤怒是能量，恐懼是能量，懦弱也是能量。所有發生在你身上的事，都有著龐大的動力，它隱藏著巨大的能量。一旦你接受它，那個能量就變成你的。你將變得更強大，更寬廣，更開闊。於是，你就有了一個更宏偉的內在世界。

精神上的痛苦，只有在它被全然的接受時，才會完全終止。精神上的痛苦不只是因為某種你稱之為「痛苦」的東西存在。痛苦是來自於你對事實真相的詮釋。試著了解這一點：精神上的痛苦是你自己創造出來的。懦弱並不痛苦，是你認為懦弱不對的想法讓你痛苦，是你認為懦弱不該存在的這個想法讓你痛苦。你有某種自我，這個自我一直在譴責懦弱。就是這個譴責讓你痛苦。懦弱在那裡，所以它變成了一個傷口。你不接受它，又不能否認消滅它。否認消滅不了任何東西；遲早有一天，你還是得好好的對付它。它會一次又一次的爆發，它會一次又一次破壞你的平靜。

你因為懦弱、恐懼、憤怒和悲傷這些事實而退縮。不要退縮。對事實畏縮只會造成痛苦。觀照它，使你自己成為一個實驗室，你正在進行一場偉大的實驗。只要看著：你感到恐懼，四周很黑，你是單獨的，方圓幾里都沒有半個人。你在叢林裡迷路了，你在黑夜裡坐在樹下，獅子在咆哮——你感到恐懼。現在，有兩種可能。一個是排斥它，把自己繃得緊緊的，這樣你就不會怕到發抖。那麼，恐懼就變成了一種痛苦的東西——它在那裡，它會傷人！就算你把自己繃得緊緊的，它還是在那裡，它讓你覺得很痛。

第二種可能是，享受它。發抖，讓它變成一個靜心。它是自然的。獅子在咆哮，夜晚很黑，危險迫在眉睫，死亡隨時會降臨。享受它，讓這個顫抖變成一支舞。一旦你接受它，那麼顫抖就是一支舞。與顫抖合作，你將會感到意外：如果你和顫抖合作，如果你成為那個顫抖，所有的痛苦都消失了。

事實上，如果你允許自己發抖，你不但不會痛苦，還會發現一股高漲的能量在你內在升起。那正是身體想做的。為什麼害怕的時候會發抖？顫抖會引發一連串的化學反應，它釋出能量，它為你做好準備，讓你能夠戰鬥或逃跑。它為你帶來一股巨大的、瞬間高漲的能量——它是一個緊急措施。當你開始發抖，你也在開始暖身。

那就是為什麼你冷的時候會發抖。你並不害怕，為什麼你冷的時候會發抖？身體在寒冷的時候會不自覺發起抖來，這樣身體會變暖。這是一種身體本能的活動。內在組織開始發抖，身體變暖，就可以面對寒冷了。如果你在寒冷的時候抑制住顫抖，身體將會受苦。

這個情況和你處於恐懼的時候是一樣的。身體在做準備。它正把化學物質釋放到血液中，它正準備讓你面對危險。或許你將要大打出手，或許你將要遠走高飛。無論你做出什麼反應，都需要能量。

看看恐懼的美，看看恐懼的煉金術。它只是在試著為你準備好，讓你能夠接受挑戰。然而，你寧可拒絕恐懼，也不願接受挑戰，不願了解恐懼。你說：「你是這麼偉大的人，而你居然在發抖？記住，死亡並不存在，靈魂是不朽的。一個不朽的靈魂居然在發抖？記住，死亡不能摧毀你，火不能燒毀你，武器不能刺穿你。記住，不要發抖，要克制你自己。」

這麼一來，你是在製造矛盾。你的天性面對恐懼時自然而然會感到害怕，而你用一些不自然的想法來否定恐懼。你用你的理念來干擾這個自然的過程。這將是痛苦的，因為衝突一定會發生。

先別管靈魂是否不朽。此刻，事實的真相就是你感到恐懼。傾聽這個片刻，讓這個片刻全然的佔據你。允許這一刻佔有你，那麼就不會有痛苦。那麼，恐懼就是你內在能量最美妙的舞蹈。它在為你做準備；它是一個朋友，它不是你的敵人。然而，你的詮釋一直在對你做出錯誤的干擾。那個你在感覺和你自己之間創造出來的分裂——在恐懼、憤怒和你自己之間的分裂——把你變成了「二」。你說，「我在這裡，這是個觀察者，而痛苦在那裡，那是被觀察的對象。我不是那個痛苦。」於是，這個二元性造成了痛苦。

你不是被觀察的對象，也不是觀察者，你是兩者。你是觀察者，也是被觀察的對象，你兩者皆是。

不要說：「我覺得害怕。」這是一個錯誤的說法。不要說：「我在害怕。」這也是一個錯誤的說法。只要說：「我是害怕的。在這一刻，我是害怕的。」不要製造任何分裂。

當你說「我覺得害怕」，你是在分開你自己和你的感覺。你在遠方某處，那個感覺包圍著你。這是最基本的分裂。只要說「我是害怕的」，然後觀照——這樣就對了！當恐懼出現，你就是恐懼本身。當愛真的在那裡，你就是愛。當憤怒在那裡，你就是憤怒。

這就是克里希納穆提一再提到的：「觀察者就是被觀察者。」觀看的人就是被觀看的，經驗者就是那個經驗。不要在主體和客體之間製造分歧。這是所有的不幸、所有的分裂的根源。

不做選擇的觀照發生的一切——是開啟你存在奧祕的終極金鑰。不要說它是好的，也不要說它是壞的。當你說什麼東西好的時候，執著就出現了，吸引力就出現了。當你說什麼東西壞的時候，嫌棄就出現了。害怕就是害怕，沒有好壞。不要評價，順隨它。隨它怎麼樣都行。在那個不做選擇的覺知當中，所有精神上的痛苦都會像朝陽下的露水一樣蒸發，只留下純然的空間，處子般的空間。這就是「一」，這就是道，或者你也可以稱它為神。這個「一」是唯一被留下來的——當所有的痛苦都消失，當你不再以任何方式切割自己，當那個觀察者變成了那被觀察者——這是神聖的體驗，成道的體驗，你愛怎麼稱呼它都可以。

在這個狀態下，「自我」消失了，因為沒有觀察者、控制者、批判者。一個人就是當下出現的那個東西，從一個片刻到一個片刻所形成和變化的事物。在某些片刻，它可能興高采烈；在其他片刻，它可能悲傷、慈悲、破壞、恐懼、寂寞。一個人不該說：「我在悲傷」，或者「我有悲傷」，而應該說「我是悲傷」——因為前兩種說法暗示有一個「我」與發生的事是分開存在的。事實上，並沒有「我」存在，並不是說感覺發生在這個「我」身上，而是只有感覺本身存在。靜心冥想這一點：只有感覺本身存在而已。

並沒有一個「我」在恐懼；在某些片刻，那個存在的就是恐懼。在其他片刻，那個存在的不是恐懼。但你並沒有和那些片刻分離，沒有和在那些片刻形成的東西分離。存在的只有感覺本身。因此，對於那個片刻存在性的經驗，並沒有什麼好做的。沒有任何人在「做」任何事。

所有存在的一切都是美好的——就連醜陋的也一樣。無論那是什麼，它就是那個樣子，無論你接不接受它都一樣。你的接受或排斥對它的真實性不會有任何影響。事實是怎樣，就是那樣。如果你接受它，你的內在就會有一股喜悅升起；如果你排斥它，你就會感到痛苦；但不管如何，事實還是一樣。你可能會痛苦，心理上的痛苦——那是你自己創造出來的，因為你沒辦法接受已發生的事。你拒絕真相；因為拒絕，你成了一個囚徒。真相想要讓你自由，但你拒絕它，所以你被束縛了。你越拒絕真相，你就越來越受到限制。

真相永遠是一樣的。無論你接受或排斥它，事實都不會改變，會改變的只有你的心理。而那有兩種可能：不是痛苦，就是喜悅；不是生病，就是健康。如果你排斥它，你就會不安和痛苦，因為你將自己的本質從身上切除一大塊；它會在你身上留下傷口和疤痕。如果你接受它，慶祝、喜悅和完整就會出現。

真相不會束縛任何人；那不是真相的特質。但你排斥它，因為排斥，你變得封閉，你被困住了。因為排斥，你變成了殘廢，你癱瘓了。

記住，想要自由的想法也是一個理念。自由不是一個理念。自由是你全然接受自己之後的副產品。自由是一個副產品，它不是你努力奮鬥的主要目標。它不是你拼了命努力就能取得的，它只會在你放鬆的時候發生。如果你不能接受你的懦弱，你怎麼能放鬆？如果你不能接受你的恐懼，如果你不能接受你的愛，如果你不能接受你的悲傷，你怎麼能放鬆呢？

人們為什麼沒辦法放鬆？什麼原因導致他們長久以來持續處在緊張當中？根本原因就是：幾個世紀以來，你所謂的宗教教你拒絕、教你否認，他們告訴你，你的一切都是錯的。你得改變這個，改變那個，只有這樣，神才會接受你。他們製造出了這麼多的拒絕，拒絕到連自己都無法接受，連和你生活在一起的人也無法接受你，如此一來，神又怎麼可能接受你？

存在已經接受你了——所以你才會在這裡。否則的話，你不會在這裡。這是我對你最基本的教導。存在已經接受你了。你不必去爭取，你受之無愧。放鬆，享受大自然為你做的一切。如果大自然要你懦弱，它一定有它的用意。信任它、接受它。懦夫有什麼不對？害怕有什麼不對？只有白痴不會恐懼，傻子不會害怕。如果路上冒出一隻蛇，你馬上就會跳開。只有蠢蛋、白痴才不怕蛇。如果你夠聰明的話，你就會跳開！這是悟性的一部分，它絕對是好的。它對你的人生絕對有很大的幫助，它保護了你。

但是人們被灌輸了很多愚蠢的觀念，你不斷堅持你的舊模式。你沒在聽我說話。我在說，無論你是什麼樣子，都要無條件接受它——接受就是蛻變的金鑰。

我不是說，你要為了蛻變才去接受自己——這麼一來，你根本就沒有接受自己，因為你內心深處的渴望是蛻變。你說：「好吧，如果這麼做能讓我蛻變的話，我就接受自己吧。」這不是接受；你錯過了所有的重點。你還是在渴求蛻變。如果我對你保證，你是為了這個保證才接受自己，這樣哪有接受可言？你把接受當成了工具；它的目的是要蛻變，要自由，要自我實現，要涅盤。這哪算是接受？

接受必須是無條件的，沒有任何理由，沒有任何動機。唯有如此，它才會使你自由。它將帶來無與倫比的喜悅，帶來絕大的自由，然而，自由的來臨並不是結果。接受是自由的另一個名字。如果你真正接受，如果你了解我所說的自由，自由立刻就會發生。

並不是說，你要先練習接受自己，然後有一天你就會自由，不是這樣。只要接受你自己，你立刻就自由了，因為當你全然的接受自己，你所有精神上的痛苦都會立刻消失，如此你就不再受苦，你就自由了。

試試看。我說的都是經驗之談。你可以去做做看，這不是相不相信我的問題。你一直在和你的恐懼奮戰；接受它，然後看看會發生什麼事。只要靜靜的坐著，接受它，然後說：「我有恐懼，所以我是恐懼。」在那個靜心當中，「我是恐懼」，自由就開始降臨。當那個接受是全然的，自由就來臨了。

問題

鍾愛的奧修，有時候，當我頭腦的黑暗面浮現出來時，真的讓我很害怕。對我來說，很難接受它只是光明的另外一極。我覺得自己污穢、充滿罪惡感，而且毫無價值。可以請你談談這一點嗎？

基本上，你要了解，你不是頭腦。你既不是光明面，也不是黑暗面。如果你認同了美好的部分，就不可能不認同醜陋的部分；它們是一個銅板的兩面。你可以擁有整個銅板，或是把它整個扔掉，但你無法把它們分成兩半。

人類所有的焦慮都在於他想要選擇那個看起來美好的，光明的。他想要選擇所有的光明，而想把黑暗、烏雲丟在一邊。他卻不知道，烏雲後面的光亮，無法脫離烏雲而單獨存在。烏雲是背景，為了顯現出光亮，它是絕對必要的。

選擇就是焦慮，選擇是你在為自己找麻煩。成為不選擇的，你會有所選擇，代表頭腦在那裡，它有黑暗面，也有光明面——那又怎麼樣？它和你有什麼關係？你為什麼要擔心它？

當你不再選擇的那一刻，所有的擔心都會消失。一種偉大的接受會出現，你要知道頭腦就是這樣，它老是要你作選擇，這是頭腦的本性——它不是你的問題，因為你不是頭腦。如果你是頭腦的話，根本就不會有問題。那樣一來，是誰在選擇，是誰想要超越？是誰在試圖接受和了解接受？

你是獨立的，完完全全獨立的。你只是覺知，別的什麼也不是。你認同所有看起來愉快的東西，卻忘了那些不愉快的也正如影隨形的到來。你並不為愉快的部分所干擾，你為它高興。但當它的反面——不愉快的部分出現的時候，問題就來了——於是，你就被撕裂了。

是你開始了所有的問題。你從一個觀察者的位置跌下來，你失去了覺知而變得認同。

聖經裡講到人類墮落的故事是虛構的。人類真正的墮落是，從純粹的觀照者墮落到認同某些事物，進而失去了你的覺知。

偶爾試試看：隨便頭腦愛怎樣都可以。但要記住，你不是它。你將會感到驚奇。當你越不認同，頭腦就變得越無力——因為它的力量來自於你的認同。它在吸你的血。但是當你開始疏遠它，遠離它，頭腦就會開始發抖。

當你完全不再認同頭腦的時候，就算只有一個片刻，它也是一場新的變革。頭腦死了；它再也不在那裡了。它曾經充滿你，它曾經不間斷——日復一日，夜復一夜，清醒的時候，入夢的時候，它都在那裡——突然間它就不見了。你遊目四顧，到處一片空無，什麼也沒有。

隨著頭腦的消失，自我（self）也消失了，只留下覺知，沒有「我」的存在。最多你只能稱它為某種類似「我是（amness）」的品質，但那不是「我」。更精確的說，它是「如是（isness）」、「在」，因為即使說「我是」，其中也有「我」的影子。當你明白它的「如是」，它就成為宇宙性的。隨著頭腦消失，自我也消失了。還有許多過去對你十分重要、令你痛苦煩惱的事也都消失了。以前許多事，你曾經試圖要解決它們，但它們卻變得越來越複雜；所有的一切都是問題，都是焦慮，似乎無路可逃。但現在，它們都消失了。

讓我告訴你一個「鵝在外面」的故事。它是關於你的頭腦和你「如是」的品質的故事。

有一位師父要弟子在「鵝在外面」這個公案上靜心：

一隻小鵝被放進一個瓶子裡餵養。這隻鵝長得越來越大，越來越大，塞滿了整個瓶子。現在鵝太大了，而瓶口太小，鵝沒辦法從瓶口出來。這個公案要讓弟子靜心一件事：你必須把鵝拿出來，但不能打破瓶子，也不能把鵝弄死。這實在很難。你能怎麼辦？鵝太大了；除非你把瓶子打破，不然你沒辦法讓牠出來，但是不能這樣。或者你可以殺了牠再把牠拿出來，但是這樣也不可以。

日復一日，弟子靜心苦思，各種方法都想過了，仍然找不出方法——事實上根本沒有辦法。就在弟子精疲力盡、疲倦不堪的某一刻，突然他靈光一閃……他懂了，師父感興趣的並不是瓶子和鵝；而是代表它們的別的東西。瓶子就是頭腦，你就是鵝。只要觀照，就有可能。你並不在頭腦裡面，但因為你太認同頭腦了，於是你開始覺得你就在頭腦裡面！弟子想通了，跑去對師父說，鵝就在外面。師父說：「你懂了。現在繼續讓它待在外頭。牠從來沒有在裡面過。」

如果你還繼續為瓶子和鵝傷腦筋，你就沒辦法解決它。你只要明白它代表別的東西。否則它還能是什麼？師父和徒弟之間，所有要做的事，都是關於頭腦和覺知。

覺知就是那隻鵝——它不在頭腦這個瓶子裡面，但你相信它在，所以你去問每個人該怎麼把它放出來。有一些白痴會幫你，告訴你一些放它出來的技巧。我稱他們為白痴，是因為他們對這件事一無所知：鵝在外面，牠從來都不在裡面，所以根本來就沒有如何放牠出來這個問題。

頭腦只是一列經過你大腦螢幕前的思想。你是一個觀察者。但你開始認同美的事物；那些是賄賂。一旦你被美好的事物逮住了，你也會被醜陋的事物逮住，因為頭腦沒辦法沒有二元性而存在。

覺知無法與二元性並存，而頭腦無法沒有二元性獨自存在。

覺知是非二元性、「不二」(nondual)，而頭腦是二元性的。只要去觀照。我不會教你很多解決之道，我只教你這個解決之道：只要後退一點，然後觀照。在你和你的頭腦之間創造出一點距離。無論它好不好，美不美，香不香，無論它是不是你想好好享受的東西，還是它很醜——離它盡可能遠一點，像你看電影一樣看著它。但人們甚至會認同電影……

我看到人們看電影時淚流滿面——但什麼事也沒發生！幸好電影院裡一片漆黑，可以免得他們尷尬。我以前常問我父親：「你看到沒？你旁邊那個傢伙在哭。」

他會說：「全電影院的人都在哭。這一幕真是太……」

但那只是一場戲。沒有人被殺，沒有悲劇發生——只是在放映一部電影而已，只是螢幕上的一些影像而已。但人們又哭又笑，在三個小時內，幾乎完全迷失。他們成了電影的一部分，他們認同了某些角色。

我父親對我說：「如果你質疑人們的反應，就無法享受看電影的樂趣了。」

我說：「我可以享受看電影，但我不會哭；我看不出來哭有什麼好享受的。我可以把它當成電影來看，但我不想成為它的一部分。這些人都成了它的一部分。」

我的外祖父有一個年紀很大的理髮師朋友，他有鴉片癮。五分鐘就能做好的事，他要花上兩個小時，而且他會一直講個不停。他們從小就是朋友。我現在仍然可以看到我外祖父坐在那個老理髮師的椅子上……他是個十分令人愉快的演說家。那些抽鴉片的癮君子們有一種特質，他們非常擅於說話，講他們自己的故事，那些日復一日發生的事；這是真的。我外祖父只會說：「是，對，那很好……」

有一天，我跟他說：「你對每一件事都不斷的說：『是，對，那很好。』有時候他根本胡說八道，牛頭不對馬嘴。」

他說：「那你想怎麼樣呢？那個人有鴉片癮啊！」那個理髮師用一把刮鬍刀在幫我外祖父修臉。「你希望我怎麼說？——那個人手裡拿著一把很利的刀，就架在我的喉嚨上。對他說不……他會殺了我！他也很清楚。有時候他會跟我說：『你從來都不說不。你總是說是，你總是說很好。』我告訴他：『你應該很清楚，你總是剛抽完鴉片。根本不可能和你講話，和你討論事情，或者是反駁你。你在我的喉嚨上架了一把刀，你想要我對你的話說不？』」

我問我的外祖父：「你為什麼不換個理髮師？村裡還有很多其他的理髮師，這個人要花兩個小時做一件五分鐘就可以搞定的事。有時候你的鬍子剃到一半，他說：『我馬上回來。』你坐在那裡，他消失了一個小時，因為他和某人爭辯半天，完全忘了客人還坐在他的椅子上。等到他回來的時候，他會說：『我的老天啊！你還坐在這裡？』」

我的外祖父說：「我能怎麼辦？我總不能臉刮一半就回家。」他會問那個理髮師跑到哪裡去了，理髮師會說：「我和人家痛快的辯論了一場，完全把你給忘了。好在那個人得走了，不然你得在這裡坐上一整天。」

有時候，他晚上甚至連店也沒關。他會直接跑回家，忘了順便把店關好。有時候，客人還坐在椅子上等他，他卻跑回家去睡覺。得有人去跟那個客人說：「你可以走了，那個理髮師不到明天早上不會出現。他忘了關店，也把你忘了。他已經在家裡呼呼大睡了。」

如果那個人生氣了……有時候他的店裡會有新客人，對他大發脾氣。他會說：「冷靜一下。頂多你不用付我錢。我已經刮了一半的鬍子；你走吧。我不想和你爭。你不必付錢，我連一半的錢也不跟你要。」

但是沒有人可以鬍子刮一半就離開——或者是頭剃到一半！你會要求他把鬍子刮完，他則開始剃你的頭。等你發現的時候，他已經動手了。所以他會問你：「現在你想怎麼辦？我已經剃了將近四分之一。要是你想讓它這個樣子，我可以留著它；不然的話，我可以把它做完。不過我不會收錢，因為你說你並沒有要我剪頭髮，所以這是我的錯，我活該。我不會收你錢。」

那個人是危險的！但我外祖父常說：「他很危險，但他很可愛，我已經認定他了，我無法想像萬一他比我早死，我還要去找別的理髮師。我無法想像……這輩子他一直都是我的理髮師。我對他的認同這麼深，所以我也許不再刮鬍子，因為我沒辦法再換一個理髮師。」

所幸，我外祖父比那個有鴉片癮的理髮師死得早。

你會認同任何東西。人們會認同某些人，然後為自己製造痛苦。他們會認同某些東西，然後當那些東西不見了，他們就陷入愁雲慘霧當中。

認同是你不幸的根源。而所有的認同都是在認同頭腦。

只要讓開，讓頭腦通過。

很快你就會明白，什麼問題也沒有：鵝在外面。你不必打破瓶子，也不必殺了那隻鵝。

問題 有時候，我懷疑我是不是真的想放下自己的問題，接受它們，而不是和它們抗爭。我感覺自己有某些部分非常認同這場抗爭，因此將它們丟棄的想法，感覺有點令人害怕。

這是真的；人們緊抓著他們的病痛不放，他們緊抓著他們的抱怨，他們緊抓著所有讓他們疼痛的一切不放。他們一直說：「這些都是傷口，我們想治好這些傷口。」但他們還是一直在心裡深處製造傷口，因為他們擔心，要是所有的傷口都痊癒了，他們怕自己就不存在了。

只要去觀察人們，你會發現，他們緊抓著病痛不放。他們談論著病痛，好像那些病痛值得一談。人們談論病痛，談論他們的負向情緒，遠甚於談論其他的事。傾聽他們，你將發現，他們樂於談論這些事。每天晚上，人們來找我，我必須傾聽——許多年來，我傾聽著，觀察他們的臉。他們在享受！他們是慢性病患……他們的病痛，他們的憤怒，他們的憎恨，這個問題和那個問題，他們的貪婪和野心。當你觀察的時候，你會發現這整件事都很瘋狂——他們要求要擺脫那些事物，但當你注視他們的臉，你會看到他們在享受。如果這些問題真的不見了，他們接下來要享受什麼？如果他們所有的病痛都消失了，如果他們變得完全健康，那他們就沒什麼可談的了。

人們去找精神科醫生，然後他們一直談論他的各式各樣精神問題——他們看了這個醫生和那個醫生，他們找過這個老師和那個老師。他們真的很享受的說：「所有的人，他們每一個人都敗給我了。我還是一樣，沒有人能改變得了我。」就好像他們成功了，因為他們證明每個精神科醫生都失敗了！

我聽說有一個得了憂鬱症的人，一直在談他的病。沒有人相信他，因為他做了所有的檢查和測試，結果什麼問題也沒有。但是，他每天都跑去找醫生，說他的情況真的糟透了。

漸漸的，醫生注意到一個現象：無論那個人聽到什麼——如果電視播出的某種藥品廣告，或是談到某種疾病，他馬上就會得那種病；如果他在雜誌上讀到任何有關疾病的報導，他隔天就會立刻出現在醫生的辦公室；他病了，病得很厲害。而且他所有的症狀都有。於是醫生對他說：「不要老是來煩我，因為我也讀了你讀的同一本雜誌，我也看了你看的同一個電視節目，才隔一天，你就出現在這裡，說你得了那種病。」

那個人說：「你想怎麼樣呢？你以為城裡只有你一個醫生嗎？」

他不再去看這個醫生，但他不會停止這種生病的瘋狂行為。每個人都難免一死，他後來過世了。在他死前，他要他太太在他的墓碑上寫幾個字，它們到現在都還在那裡。那些字用大寫字體寫著：「現在你相信我了吧？」

人們對他們的不幸感到如此快樂。我有時也會懷疑：如果他們所有的不幸都消失的話，他們要怎麼辦？他們會無所事事，他們會乾脆自殺的。就我的觀察，如果你幫他們走出了某種不幸，他們明天會帶別的不幸回來。你幫他們脫離了那些東西，而他們又再準備了別的，就像他們深深的眷戀著不幸似的。他們從中獲得某些東西；它是一項投資，而且它帶來收益。

那是什麼投資呢？那項投資就是，當鞋子不合你的腳，當它弄痛了你，你會更感覺到自己的存在。當鞋子完全合腳時，你會放鬆下來。如果鞋子完全合腳，不只是腳會被遺忘，連那個「我」也會消失。在喜樂的意識當中，不會有任何「我」的存在——這是不可能的！那個

「我」只能待在痛苦的頭腦裡；那個「我」不是別的，它就是你所有不幸的集合體。所以，如果你真的準備要放下那個「我」，唯有如此，你的痛苦才會消失。否則你會一直製造新的痛苦。沒有人幫得了你，因為你走在一條自我毀滅和自我挫敗的路上。

所以，下一次，當你帶著任何問題來找我的時候，先問問你的內在，你是不是真的想要解決它。因為你得要覺知到這一點：我可以提供一個解決之道。但你是真的有決心要解決嗎？還是你只是說說而已？談論你的痛苦會讓你覺得很好。

向內走，向內探索，你將會看到，你所有的不幸之所以能夠存在，是因為你支持它們。沒有你的支持，一切都無法存在。因為你給予它能量，所以它存在；如果你不給它能量，它就無法存在。

是誰在逼你給它能量呢？就算你感到悲傷，那也需要能量，因為沒有能量的話，你也沒辦法悲傷。要讓悲傷這個現象發生，你必須給予能量。那就是為什麼在悲傷過後，你會覺得虛脫，覺得筋疲力盡。這是怎麼回事？當你沮喪的時候，你什麼也沒做，你只是感到悲傷而已——為什麼你會覺得虛脫，覺得筋疲力盡呢？你以為你可以精神飽滿的走出悲傷，但結果並非如此。

記住，所有的負面情緒都需要能量；它們會把你榨乾。所有的正向情緒和態度是能量的發電機；它們會產生更多的能量，它們永遠不會損耗你的精力。如果你是快樂的，突然間，整個世界都會帶著能量流向你，整個世界都會和你一起笑。人們是對的，當他們說：「當你笑，整個世界都和你一起笑。當你哭，你只能獨自哭泣。」這是真的，完完全全是真的。當你是正向的，整個存在會繼續給你更多，因為當你快樂的時候，整個存在都和你一起快樂。你不是一個沉重的負擔，你是一朵花；你不是一塊石頭，你是一隻鳥。整個存在都為你感到快樂。

當你像一塊石頭，死氣沉沉的和你的悲傷在一起的時候，這時沒有人想要和你在一起。沒有人能夠和你在一起。你和生命之間產生了一道裂縫。於是無論你做什麼，都必須仰賴你自己一個人的能量。那將是非常費力的。你在浪費你的能量，你在被你自己的愚蠢行徑所耗損。

但是有一點要注意，當你悲傷負向的時候，你會更感覺到自我的存在。當你快樂、喜悅、陶醉的時候，你感覺不到自我。你快樂狂喜的時候，「我」並不存在。你與存在緊緊相繫，你沒有被拆散；你和存在是一體的。但當你悲傷、憤怒、貪婪的時候；當你一意孤行享受你的傷口、反覆欣賞它們、玩弄它們，試圖做一個博取別人同情的人的時候，你和存在之間就有了裂縫。這時你被孤單的留下來，這時你將會感覺到那個「我」的存在。而當你感覺到這個「我」的時候，這個「我」會覺得整個存在好像都對你有敵意。其實並不是存在真的對你有敵意；它只是看起來是這樣。而當你覺得所有的人都是敵人時，你就會用某種方式讓每個人都不得不變成你的敵人。

當你接受自然，並融入其中，你的行為與它將是一致的。整體的歌就是你的歌，整體的舞就是你的舞。你與它不再分離。你不會覺得「我在」（I am）——你只會感覺到「整體存在」（The whole is）。「我」只是一個波浪，來了又去，到了又走，存在後又不存在。「我」會來來去去，整體則一直都在這裡。我因為整體而存在，整體也因為而我存在，存在與我融合成了一體。

有時候它是有形的，有時候它又變成無形的——兩者都很美。有時候它出現在一具身體裡面，有時候它又從身體裡面消失。它必須如此，因為生命是一種韻律。有時候你必須具有某種形式，而後你又必須放掉形式。有時候你必須活躍行動，像波浪一樣，有時候你要深入休息，動也不動。生命就是一種韻律。

死亡不是敵人。它只是改變了那個韻律，向另一邊前進。很快的，你將會看到你再次誕生——充滿活力、年輕而清新。死亡是必要的。你不會在死亡當中死去；你只是洗去堆積在你周圍的灰塵。那是唯一的回復青春之道。不只耶穌死而復生，萬物也在存在當中再次復甦。

剛才，我房間外面的杏樹掉光了所有舊的葉子，現在，新的葉子取代了舊的。事情就是這樣！如果樹緊抓著舊的葉子不放，它永遠都無法更新，最後它就會腐爛。為什麼要製造衝突呢？舊的消失只是為了要讓新的到來。它騰出了空間，讓新的進來。而新的將會一直到來，舊的則會一直離去。

你不會死。只有舊的葉子會掉下來，只是要為新的騰出空間。你在這裡死去，然後在別處誕生；你在這裡消失，然後在別處出現。從有形到無形，從無形到有形；從有身體到沒有身體，從沒有身體到有身體；行動，休息；休息，行動——這就是那個韻律。如果你看著這個韻律，你就什麼也不會擔心。你會信任。

・・

憤怒，悲傷，與憂鬱——萬殊一本

在正常的情況下，憤怒並不是件壞事。憤怒是生命中自然的一部分；它會出現，也會消失，它來了又去。但是如果你壓抑它，它就變成一個問題。這樣的話，你會一直不斷的累積它。它便不再來來去去，它會變成你整個人的核心。這麼一來，你就不是偶爾發發脾氣而已，你會一直生氣，你會一直暴跳如雷，你只是在等待某個人來挑起你的怒火。就算只有一點點小事惹到你，你也會火冒三丈，你會加以反擊，事後你會說：「我實在忍不住那麼做。」

分析一下這句話：「我忍不住」。你怎麼會忍不住非要做什麼事不可呢？但這句話是完全正確的。被壓抑的憤怒已經成了一種暫時性的瘋狂。那是某種你無法掌控的事。如果你辦得到，你一定會控制它，然而它突然爆發了。突然之間，它駕馭了你，你束手無策，你感到無助——它就這樣冒出來了。這樣的一個人或許不會發脾氣，但他時時刻刻的一言一行全都帶著憤怒。

如果你注意觀察人們的臉……只要站在路邊看，你會發現，全人類已經分成了兩種人。一種是悲傷的，他們看起來很難過，既沉悶又乏味。另一種是憤怒的，他們總是怒氣沖沖，一找到藉口就隨時爆發。

憤怒是積極的悲傷；悲傷是消極的憤怒。它們是同一件事。

觀察你自己的行為。你什麼時候發現自己是悲傷的？只有在你無法生氣的情況下，才會發現自己是悲傷的。老闆在辦公室裡說了一些話，你不能生氣，不然你可能會丟了工作。你不能發火，你得繼續微笑。然後你變得悲哀。那股能量變成消極的。

等到你下班回家的時候，你會找一個小小的理由、不相干的事，藉故和太太發脾氣。人們享受生氣；他們熱愛發火，因為起碼他們覺得自己做了一些事。當你悲傷的時候，你會覺得那些事都是衝著你來的。你處於被動的立場，只能逆來順受。那些事是衝著你來的，而你無能為力，你不能反擊，你不能報復，你不能回應。生氣可以讓你覺得好過一點。大發一頓脾氣之後，你會覺得放鬆一點，舒服一點。至少證明你還活著！你也可以做些什麼！你當然不能對老闆這麼做，但你可以對你的太太這樣做。

然後太太會等孩子回家——因為和先生生氣太不明智了，他可能會和她離婚。他是老大，太太要依賴他，對他發火的風險太大了。孩子放學回家之後，她就可以罵他們，處罰他們——都是為了他們好。那孩子要怎麼辦？他們會回房間，丟他們的書，把書撕爛，打他們的玩偶，打他們的狗或是虐待他們的貓。他們得做點什麼。每個人都得做點什麼，不然就會難受。

你在街上看到那些悲傷的人，長久的悲傷使他們的臉像是一個模子印出來的。這些人無能為力，他們的地位太低，以致於他們找不到可以發脾氣的對象；這些都是悲傷的人。那些地位較高的人，你會發現他們是憤怒的人。地位越高，你會發現他們越憤怒。地位越低，你會發現他們越悲傷。

在印度，你可以看到那些賤民，最卑微的一群，他們是悲傷的。然後再看看那些婆羅門，他們是憤怒的。一個婆羅門總是在生氣，他會為雞毛蒜皮的小事暴跳如雷。一個賤民則只能傷心難過，因為沒有人的地位比他們更低，沒有人可以當他們的出氣筒。

憤怒和悲傷是同一股能量的兩面，它們都是受到壓抑的。

＊＊＊

平常的憤怒沒有什麼不對。事實上那些能夠發脾氣，下一刻就全部忘記的人，他們都是好人。你會發現他們總是很友善、充滿活力、充滿愛心、充滿慈悲。但是那些總是在壓抑情緒，不斷控制的人，則不是好人。他們總是表現出一副比你更神聖的樣子，但你卻可以從他們的眼中看到憤怒。你可以從他們的臉上看到憤怒，你可以從他們的一舉一動看到憤怒——他們走路的樣子，他們說話的樣子，他們和別人接觸的樣子，你可以看到憤怒一直在那裡沸騰。他們無時無刻都準備要爆發。這些人是殺人兇手、是罪犯；這些人是真正做壞事的人。

憤怒是人性的，它沒什麼不對。它只是一個情境；你被惹毛了，而你是一個活生生的人，所以你對它有反應。它在說，你不能讓步；它在說，這是一個你不能接受的狀況；它在說，這是一個你必須說不的狀況。它是一個抗議，它沒有什麼不對。

看看一個孩子對你發脾氣的樣子。看看他的臉！他是這麼生氣，這麼火大，以致於他想要殺了你。他說：「我再也不要跟你講話了。我們絕交！」下一刻，他又坐在你的大腿上，開心的說著話。他已經忘了那回事。無論他在氣頭上說了什麼，他並沒有放在心裡。它沒有變成他頭腦上的一個包袱。沒錯，在氣頭上他火很大，他說了一些話，但現在那股火已經過去了，他那時說的話也過去了。他並沒有氣你一輩子，那只是一個瞬間的怒火，一個水上的漣漪。他並沒有被凍在裡面，他是一個流動的現象。漣漪曾經在那裡，波浪曾經被掀起，但它們現在都不在了。他沒有一直抓著不放。要是你提醒他的話，他會笑。他會說：「哪有！」他會說：「我真的說過這句話嗎？不可能啦！」那只是一時的憤怒。

要了解這一點。一個活在當下的人有時候會生氣，有時候會快樂，有時候會悲傷。但是，你可以確定他不會永遠攜帶著這些情緒。一個極度控制、不許自己有任何情緒的人是危險的。如果你侮辱他，他不會生氣，他會忍氣吞聲。慢慢的，他累積了太多的憤怒，他將會做出非常激烈的事。

一時的憤怒並沒有什麼不對——從某個角度來說，它甚至是優美的。它表示你還活著。那一瞬間的怒火表示你不是死的，你對事情還有反應，而且是出自真心的反應。當你覺得需要對那個情況生氣，你就會生氣。當你覺得需要對那個情況高興，你就會高興。你會順應當時的情況，你沒有偏見，也不抗拒。你對事情本身沒有既定的成見或意識形態。

我不反對憤怒，我反對的是累積的憤怒。我不反對性，我反對的是累積的性欲。任何當下發生的事情都是好的，任何來自過去的包袱都是不健康的，是病態的。

問題

憂鬱症在已開發國家幾乎很普遍。關於憂鬱症的解釋很多，從化學上的到心理學的解釋都有，但無論是哪一種，受它所苦的人似乎越來越多。憂鬱症是什麼？它是不是一種對消沉世界的反應，一種在這個「蕭條之冬」（註：語出莎士比亞《理查三世》）中的冬眠現象？

人類一直都活在希望當中，活在未來、活在遙遠的天堂裡。他從來不曾活在當下，他的黃金歲月總是即將到來。這讓他充滿熱情，因為更偉大的事將會發生，他渴望的一切都將得到滿足。巨大的喜悅可以被預期。

就算此刻正在受苦，就算此刻是不幸的；但在「明天一切都會得到滿足」的夢想中，他完全忘了這些痛苦。明天總是會給予更豐富的生命。

然而，過去的情況並不怎麼理想，因為明天——他期待的夢想實現——從來沒有成真。他渴求希望。甚至到死，他都還把希望寄託在來生，他從來沒有真正經驗過任何喜悅，他的生命沒有任何意義。

這在過去是可以忍受的。只要撐過今天：今天過去，明天一定會來。先知、彌賽亞、救世主，都保證過天堂裡有各種歡樂。政治領袖、社會意識形態學者、烏托邦夢想家也保證過同樣的事——不是在天堂，而是在這個世界上，在某個遙遠的未來，只要社會經過一場徹底的革命之後，就不再有貧困，不再有政府，人們將完全自由，並且擁有他所想要的需求。

這兩者基本上都是在滿足同樣的心理需求。對物質主義者來說，他們會受到那些意識形態、政治、社會夢想家的吸引。對不太崇尚物質主義的人來說，他們會受到宗教領袖的吸引。但兩者訴求的目標都一樣：你所能想像的一切，所能夢想的一切，所渴求的一切，都絕對會實現。有了這些夢想做後盾，當下的不幸似乎非常渺小。整個世界都充滿熱忱，人們不會憂鬱。

憂鬱症是一種當代現象，它的出現是由於人們不再有明天了。所有的政治意識形態都失敗了。人類永遠也不可能平等，永遠也不可能沒有政府，你所有的夢想都不可能實現了。這令人非常震驚。在同時，人們也變得更成熟了。他或許會上教堂，去清真寺，去猶太教堂，去廟宇，但他們只是遵從一種社會習俗。他不想在這麼陰暗蕭條的時刻被孤伶伶的留下來；他想待在人群中。但基本上，他知道沒有天堂，他知道沒有救世主會來。

印度教徒等克里希那回來等了五千年。他曾經保證過，他不只會回來一次，他保證他隨時都會回來。只要世界上有不幸和苦難，只要邪惡勝過了良善，只要純潔天真的好人受到奸人和偽善者剝削——只要有這種事發生，他就會回來。他說：「在任何一個年代，我都會以真實的形象到來。」然而，五千年過去了，完全沒有看到他現身的跡象。

耶穌保證他會回來，當他被問到：「什麼時候？」他說：「很快。」我可以把「很快」的期限延長一點，但可不是兩千年；這實在太久了。

我們的不幸、傷痛、苦惱將會被帶走的想法，再也吸引不了人了。神在看顧我們的想法，似乎只是個笑話。看看這個世界，它看起來一點也不像有人關心的樣子。

人們一直活在貧困中是個事實。貧困有一個好處：它從來不會破壞你的希望，它從來不會反對你的夢想，它總是對明天懷抱熱忱。一個人充滿希望，就相信事情會更好：「這段黑暗期已經過去了，光明即將來臨。」但是，情況變了。要記住，憂鬱症的問題在未開發國家並不普遍。在那些貧窮的國家裡，人們仍然充滿希望——憂鬱症只發生在已開發國家，那裡的人已經擁有他們夢寐以求的一切。這麼一來，天堂沒用了，無產階級社會也派不上用場。再沒有一個更完美的國度了。

他們達成了目標，這個成就正是造成憂鬱症的原因。現在沒有希望了。明天是黑暗的，後天甚至更黑暗。

他們夢想的這些事都非常美，但他們從來沒有注意過它們隱藏的意涵。現在他們得到了一切，也得到它們隱藏的意涵。一個人窮的時候，他的胃口很好。有錢人沒有胃口，沒有食欲。當個胃口好的窮人，比當個沒有胃口的有錢人好。你要所有的黃金、白銀和鈔票做什麼？你又不能把它們吃了。

你擁有一切，但你沒有食欲了；一直以來，渴求和希望鞭策你奮鬥不懈。你成功了——我一再的說，沒有什麼比成功更失敗的事。你得到了你一直想要的身分地位，但你不知道它還有副作用。你擁有一百萬現金，但是你睡不著覺。

亞歷山大(Alexander)在印度時，他在沙漠裡遇到一個光著身體的神祕家。他公然宣稱：「我是亞歷山大大帝(Alexander the Great)。」

神祕家說：「你不可能是。」

亞歷山大說：「你在胡說些什麼！我說我是，我就是，你沒看見到處都是我的軍隊。」

神祕家說：「我是看到了你的軍隊，但是，一個聲稱自己是「大帝」的人，還沒有達到偉大的境界——偉大會讓一個人謙卑。因為偉大是一個大失敗，一個徹底的失敗。」

亞歷山大是亞里斯多德的弟子，他受過亞里斯多德精湛的邏輯訓練。他無法接受這個神祕家的無稽之談。他說：「我不相信你說的這些話。我已經征服了全世界。」

神祕家問他：「如果你在這片沙漠裡口渴了，附近幾哩之內都沒有水，而我可以給你一杯水，為了這杯水，你能夠付我多少代價？」

亞歷山大說：「我會給你半個帝國。」

神祕家說：「不，我不會為了半個帝國把它賣給你。你只能在你的帝國和這杯水之間二選一。你口渴了，你快死了，沒有任何地方能夠找到水——你要怎麼辦？」

亞歷山大說：「那麼，我當然會把整個帝國都給你。」

神祕家笑了，他說：「這就是你整個帝國的價值——只值一杯水！所以，你還以為你征服了全世界嗎？從今天起，你應該說，你已經征服了一整杯水。」

一個人達到他所企及的目標之後，他會發覺，這個目標周圍還有很多其他的事。舉例來說，你一輩子都在努力賺錢，你以為等你哪天有錢之後，你就可以過著輕鬆愜意的生活。但在你努力賺錢的這段時間裡，你的整個生活都很緊張，你已經把自己鍛鍊得很緊繃——當生命接近尾聲時，你賺到了一直想要的金錢，但你卻放鬆不了。你一輩子都在緊張、苦惱、擔憂，你不讓自己放鬆。你不是贏家，你是個失敗者。你失去你的好胃口，你毀了你的健康，你毀了你的感覺、你的感受，你也毀了你的美感；因為你沒有時間可以花在這些不能賺錢的事情上。

你忙著追逐金錢——誰有時間去看玫瑰？誰有時間看鳥兒飛翔？誰有時間去看人類的美？你把這些事往後延，你想等到有一天，你擁有一切之後，你才要放鬆下來好好享受。但等到你擁有一切的時候，你已經成了一個訓練有素的人——你被訓練得看不見玫瑰，看不見美，無法享受音樂，無法了解舞蹈，不懂詩意，只懂鈔票。而這些鈔票卻滿足不了你。

這是造成憂鬱症的原因。這是為什麼憂鬱症只在已開發國家中普遍流行，只發生在這些國家富有的階級裡。已開發國家也有窮人，他們並沒有受憂鬱症之苦。你再也沒辦法提供有錢人任何希望來改善他的憂鬱症，因為他什麼都有了，他擁有的比你能夠承諾的更多。他的處境真的很可憐。他從來沒想到那些隱藏的意涵，他從來沒想到那些副作用，他從來沒想到用他的一生追逐金錢，會讓他失去些什麼。他從來沒想到他會失去一切讓他快樂的東西——這只是因為他一直把這些東西全都推到一邊。他沒有時間，競爭是冷酷的，他也必須冷酷。最後，他發現他的心死了，他的生命毫無意義。他看不出未來有什麼改變的可能性，他還有什麼可能呢？

享受生命這件事是需要被培養的。它是一種訓練，一種藝術——如何享受。要能享受生命中美好的事物需要花一點時間。那些追逐金錢的人，他們繞過了所有能夠通往神性之門的事物，等到他領悟到自己失去什麼的時候，他已經走到路的盡頭，他的前面除了死亡之外，已經沒有別的了。

他的一生都是悲慘的。他一心期盼事情會好轉，因此忍受不幸，忽視痛苦。現在，他不能再視而不見，他不能再期盼事情會改變，因為明天除了死亡之外什麼也沒有。他過去忽視的不幸，他忽視的痛苦，他累積一輩子的不幸，都在他的存在中爆發了。

某種程度上，那些有錢人其實是世界上最匱乏的人。要成為富裕而不匱乏的人，是一種偉大的藝術。這項藝術的另一面，就是貧乏而富裕。你會發現有些窮人非常富足。他們一無所有，但他們是富裕的。他們擁有的財富不是物質上的，而是本質上的，以及他們多元的人生閱歷。有些有錢人擁有一切，但卻完全貧乏，他們感到空虛、生活沒有意義。他們的內在深處是一座墳場。

這和社會不景氣無關，因為如果是這樣，窮人也應該受到影響。它只是一項自然的法則，人們現在得要學習它。在此之前還沒有這個需要，因為還沒有那麼多人來到這個點上——他們擁有一切，但內在完全黑暗與無知。

生命的首要之務就是要找到當下這一刻的意義。你整個人的基調應該是愛，是喜悅，是慶祝。那麼，你能夠做所有的事；那麼，金錢就無法催毀掉它。但現在你不但沒有這麼做，反而把一切都擱置一旁，你追逐金錢，以為錢能夠買到一切。有一天，你會發現錢無法買到一切，而那時你已經把整個人生都奉獻給金錢了。

這就是造成憂鬱症的原因。

特別是在西方，憂鬱症的情形將會更嚴重。東方也有富人，但他們還有某些其他的可能性。當通往富裕的路走到盡頭，他們不會繼續卡在那裡；他們會轉移到一個新的領域，新的方向。那個新的領域一直在那裡，長久以來，它一直在那裡等待人們走向它。

在東方，窮人學會知足，所以他們並不費心去追逐名利。富人則了解，有一天你得拋棄這一切，去追尋真理，追尋意義。在西方，路的盡頭就是終點。你可以回頭，但是回頭對你的憂鬱沒有什麼用。你需要一個新的方向。

佛陀、馬哈維亞，還有許多其他東方的神祕家都曾經到達富足的頂點，之後他們看出這是一個負擔。在死亡帶走你之前，必須找到一些別的什麼——他們夠勇敢，可以拋下一切。這個拋下一切的行為被誤解了。他們拋下一切，是因為他們不想再多浪費一秒鐘為金錢、權力傷腦筋，他們已經爬上梯子的最頂端，那裡什麼也沒有。他們爬上了梯子的最頂端，發現哪裡也去不了；它只是一個哪裡也去不了的梯子。你還在梯子中間或更低的地方時，你有一個希望——你還有更高的一階可以爬。但是，當你來到梯子的最頂層，你會來到一個點，在那裡，你不是自殺就是發瘋——你或許可以偽裝，繼續微笑，直到死亡了結你。但在內心深處，你知道你浪擲了你的一生。

在東方，憂鬱症從來不是個大問題。窮人學會享受他們僅有的，富人深知就算全世界在他腳下也算不了什麼：你必須去追尋意義，不是金錢。他們有先例可循；他們知道幾千年來有許多人追尋真理，並且找到真理。不用絕望，不用沮喪；你只需要朝一個未知的領域前進。他們或許從來不曾探索過，一旦他們開始探索這個新領域——那意味著一場內在的旅程、一場通往他們自身的旅程開始了——他們所失去的一切都將回歸。

西方急需一場靜心運動；否則這種憂鬱症將會害死很多人。這些人都是才華洋溢的人，因為他們得到了權力，他們得到了金錢，他們得到了他們想要的一切。但他們將感到絕望。這是危險的，因為最有才華的人對生命不再有熱忱，那些沒有才華的人儘管對生命有熱忱，但他們連取得權力、金錢、教育、體面的能力都沒有。他們沒有才能，所以他們不好受，覺得自己有缺陷。他們成了恐怖份子；基於報復的心理，他們轉向不必要的暴力，因為他們做不了別的事，但他們可以搞破壞。而那些有錢人卻準備隨時把自己吊死在哪棵樹上，因為他們沒有活下去的理由。他們的心早已不再跳動了。他們只是行屍走肉——打扮得體，備受尊崇，卻極度空虛而缺乏目標。

西方的情況實在要比東方糟得多，雖然在那些什麼都不懂的人眼中，西方的情況要比東方好，因為東方是貧窮的。但是貧窮的問題並不像富有的失敗那麼嚴重，因為那麼一來，一個人就真的是貧窮的了。一個普通的窮人起碼還有夢想，有希望。但是富人什麼也沒有。

西方需要一場擴及所有人的大型靜心運動。

在西方，這些憂鬱的人會去找心理分析家、治療師，以及各種假裝內行的騙子，這些人自己很憂鬱，比他們的病人更憂鬱——這也難怪，因為他們一整天都在聽別人的沮喪、絕望、沒有意義的話。看過這麼多才華洋溢的人處境這麼糟之後，他們自己也開始失去熱情與力量。他們無計可施，他們連自己都需要幫助。

如果他們能夠看到一些不憂鬱的人——一些極度喜悅的人——或許他們的內在也能升起希望。他們可以擁有一切，不需要擔心。

我不是要教你拋棄財富或其他的一切。我只是要告訴你，讓一切都維持它本來的樣子。只要在你的生命添加一件事——靜心。到目前為止，你已經為生命加入各種事物。現在，在你的本質裡加點東西——那會創造出音樂，創造出奇蹟，為你帶來神奇的力量。它會創造出一種新的激動，一種新的青春，一種新的生氣。

全人類的憂鬱症不是無法解決的。問題雖然很大，解決之道卻非常簡單。

問題　我並不富有，我也並未擁有我所需要的一切。但我仍然感到孤單、混亂和憂鬱。當這種憂鬱的感覺出現的時候，我能怎麼做？

如果你是憂鬱的，就儘管憂鬱，什麼也別「做」。你能做什麼呢？不管你做什麼，都是出於憂鬱，所以它會造成更多的混亂。你可以向神祈禱，但因為你的祈禱也是這樣的憂鬱，以至於連神也因為你的祈禱而意氣消沉！不要褻瀆可憐的神。你的祈禱將會是一種消沉的祈禱。因為你是憂鬱的，所以無論你做什麼，憂鬱都會如影隨形。這會造成更多的混亂，更多的挫敗，因為你不會成功的。當你無法成功的時候，你會覺得更沮喪，而這個惡性循環將會永無止盡的兜下去。

待在第一圈的憂鬱比製造出第二、第三圈憂鬱好。繼續待在第一圈，原始的東西是美的。第二圈是假的。第三圈是更遙遠的回音。不要製造這些。原始的東西是美的。你憂鬱，這是存在在這個片刻發生在你身上的方式。你憂鬱，就繼續和它在一起。只要等待，只要觀照。你不會憂鬱太久，這個世界上沒有什麼是永恆的。世事多變。世界不會為你改變它的基本法則，它不會讓你永遠保持憂鬱。這個世界沒有什麼是永遠的；一切事物都在變動。存在是一條河；它無法為你停下，它不會讓你永遠保持憂鬱。它在流動——它已經流過去了。如果你看著你的憂鬱，你會覺得你的憂鬱甚至不會跟下一刻相同；它是不同的，它正在變化。看著它，和它在一起，什麼也別做。蛻變就是透過無為而發生的。

感受憂鬱，深刻體驗它，活在其中，它是你的命運——然後，突然間你會覺得它消失了，因為一個能接受憂鬱的人，是不會憂鬱的。一個能接受憂鬱的頭腦無法繼續憂鬱下去！憂鬱需要一個沒有接受性的頭腦：「這樣不好，那樣不好；不應該這樣，不應該那樣。」一切都被排斥、否定、不接受。「不」是它的基本態度；這樣的頭腦連快樂都一併拒絕。這樣的頭腦在快樂中也會找點事情來否決快樂。你會對它感到懷疑。你會覺得一定有什麼不對勁。你是快樂的，所以你覺得哪裡不太對勁：「只不過靜心了幾天，我就變快樂了嗎？這不可能。」

一個沒有接受性的頭腦它「不接受」一切。但是如果你可以接受你的孤單、你的憂鬱、你的混亂、你的悲傷，你就超越了。接受就是超越。你移除了憂鬱最根本的基礎，憂鬱就無法立足。

試試這個：

無論你的頭腦處於什麼狀態，接受它，並且等待那個狀態自己改變。你不做任何改變，當你頭腦的狀態自己產生變化時，你會感覺到它的美。你會知道，它就像是太陽在早晨升起，在黃昏落下。然後它再次升起，再次落下；它會一直持續下去。你不用對它做什麼。如果你可以感受到你頭腦的狀態自己在變化，你就可以保持中立。你可以和頭腦保持一段遙遠的距離，就好像頭腦去了別的地方。日出，日落；憂鬱來了，快樂來了，走了，但你並不涉入。它自己來了，自己走了；各種狀況發生了，改變了，然後消失了。對於一個混亂的頭腦，最好是等待，不要做任何事，如此那個混亂就會消失。它會消失的；世事無常。你只需要一點耐心。不要著急。

我要告訴你一個我常講的故事。佛陀曾在一次出遊時，行經一片森林。那天天氣很熱——日正當中——他口渴了，所以對他的弟子阿南達（Ananda）說：「我們剛才渡過了一條小溪。你回去幫我取點水來。」

阿南達回去了，但那條小溪很小，而且貨車又剛經過。溪水被攪得很渾濁。沉在河底的爛泥都浮上來，水已經不能喝了。於是阿南達想：「我得兩手空空回去了。」他回去對佛陀說：「溪水完全濁掉了，根本不能喝。請讓我往前走。我知道幾哩外有一條河，我會去那裡汲水。」

佛陀說：「不！你回剛剛那條小溪去。」佛陀這麼說，阿南達只好照著做，但他有點不情願。他知道那些水是沒辦法喝的，根本不需要浪費時間，但他的口也很渴。佛陀這麼說，他不得不去。然而他返回那條小溪後又折回來。他說：「你為什麼這麼堅持呢？那條溪裡的水不能喝。」

佛陀說：「你再去一次。」佛陀這麼說，阿南達只得遵從。

當他第三次來到那條小溪時，溪水就像過去一樣清澈。泥沙都流走了，枯葉不見了，水又再度變得清澈純淨。阿南達笑了。他把水瓶裝滿，跳著舞回去。他跪在佛陀腳下說：「您的教誨真是太不可思議了。您教了我重要的一課——世事無常，只是需要一點耐心而已。」

這是佛陀最基本的教誨：沒有什麼是永恆的，每件事都轉瞬即逝，所以為什麼要煩惱呢？回到原來那條溪流去。現在一切應該都改變了。沒有什麼是一樣的。只要有一點耐心，再去一次，一次再一次。只是幾個片刻，葉子就不見了，污泥就沉澱了，溪水再度清澈純淨。

阿南達第二次回來的時候，也問過佛陀：「你堅持要我去，我能不能做些什麼，讓溪水清澈一點？」

佛陀說：「什麼都不要做；否則，你只會讓它更混濁。還有，別踏進溪裡。在岸上等著就好。要是你踏進溪裡，會弄得更糟。溪水自己會流動，讓它自己流動就好了。」

沒有什麼是永恆的；世事無常。赫拉克利特（Heraclitus，古希臘哲學家）說過，你無法踏進同一條河兩次。你不可能踏進同一條河兩次，因為河水一直在流動；所有的事都改變了。不只是河水一直在流動，你也已經改變了。你不同了；你也是一條流動的河。

要在所有事物中看到這種暫時性。不要急；不要試圖做些什麼。只要等待！全然無為的等待。如果你能夠等，蛻變就在那裡。等待本身就是一種蛻變。

問題

當我開始發現自己無法持續覺知，不懂得感激生命的美好，容易嫉妒、生氣，做盡各種蠢事的時候，總會讓我感到沮喪。好像我越是覺知到自己的這些行為，就會越憂鬱！你可以談談自我譴責嗎？它是什麼？它是怎麼來的？

它是一種讓你保持原狀的方法，它是一種頭腦的詭計；它的能量開始轉向譴責，而不是了解。改變是透過了解，不是透過譴責。所以頭腦非常狡猾——在你開始看到一些真相的時候，頭腦就跳出來插手，開始指責。現在，所有的能量就轉而投入譴責。如此了解就被遺忘了，它被丟在一旁，你的能量開始轉向譴責——但譴責一點也幫不上忙。它會讓你憂鬱，它會讓你憤怒，但憂鬱和憤怒永遠不會為你帶來任何改變。你還是老樣子，而你將一次又一次掉進同樣的惡性循環中。

了解就是解放。當你看到了某個事實，不需要譴責它，不需要擔心它。你唯一要做的是深入的洞察它、了解它。如果我說了什麼對你造成打擊——這就是我唯一的目的，它應該會打擊到你——那麼，你就得去看看它為什麼會打擊你，它打擊到什麼，問題在哪裡；你必須去洞察它。

深入研究它，從每一個角度觀察它……如果你譴責自己，你就無法觀察，你就無法從所有的角度探究它。你已經認定它是壞的；你完全不給它任何機會就做了評斷。

傾聽那個事實，深入它，反覆覺察它——你越能夠覺察它，你就越能夠擺脫它。了解它的能力與擺脫它的能力是一樣的，這二者只是同一個現象的兩個名詞。

如果我了解某件事，我就有能力擺脫它、超越它。如果我不了解某件事，我就無法擺脫它。

所以頭腦會不斷對每一個人都這麼做；不是只有你而已。你經常為某件事責怪自己，你說：「這樣不對，我不應該這樣。我沒有價值，這個不對，那個不對。」你變得有罪惡感。於是，所有的能量都轉向了罪惡感。

我的工作是盡可能讓你沒有罪惡感。無論你看到什麼，不要將它個人化。它並不是特別針對你，它只是頭腦的運作。如果有嫉妒，如果有佔有欲，如果有憤怒，那就是頭腦的運作——每個人的頭腦或多或少都會這樣；唯一的差別只是程度不同而已。

頭腦還有另一個機制，那就是它想要得到讚美或指責。它從來不懂中庸之道。因為讚美，你會變得很特別，你的自我得到了滿足；因為指責，你也會變得很特別，你的自我會被凸顯出來。看看這個詭計！這兩種方法都可以讓你變得特別——你要不就是個聖人，一個非常偉大的聖人；要不就是一個十惡不赦的罪人；無論是哪一種，都會讓你的自我得到滿足。無論是哪一種，你都是在說同一件事——你是特別的。

頭腦不想知道自己是平凡無奇的——嫉妒，憤怒，關係的問題，存在的問題，都很普通，每個人都有。這些就和頭髮一樣普通。也許有人多一點，有人少一點，有人是黑的，有人是紅的，但都沒什麼太大的差別。它們是普通的；所有的問題都很普通。所有的罪惡都很普通，所有的美德也很普通，但是自我想要與眾不同。它要不就說你是最棒的，要不就說你是最糟的。

你對自己說：「你不該憂鬱。這不是你，這和你的形象不符，這是你的一個缺陷——你是個這麼美麗的女孩！你為什麼要憂鬱呢？」你批判，你譴責，卻不試著去了解。

憂鬱意味著，出於某些原因，你內在的憤怒處在一個消極的階段。憂鬱是一種消極的憤怒。這個字是很有含義的——它指的是某些東西受到壓迫（press），那就是憂鬱（depress）的意含。你把某些東西往裡面壓，憤怒壓抑過度，就變成了悲傷、憂鬱。悲傷是一種消極的憤怒，女性化的憤怒。如果你解除壓力，它就會變成憤怒。你一定一直在生氣某件事，或許從小時候就開始了，但你沒有把它們表達出來；因此產生了憂鬱。試著去了解它！

麻煩的是，憂鬱是無解的，因為它不是真正的問題所在。真正的問題是憤怒——而你一直在譴責憂鬱，所以你是在和影子戰鬥。

首先，先看看你為什麼憂鬱：深入洞察它，你將會找到憤怒。一股巨大的憤怒在你的裡面——或許是針對母親，針對父親，針對世界，針對你自己，那都不是重點。你的內在非常憤怒，但你從小就故作微笑，不生氣，因為生氣不好。你被教導這麼做，你學得很好。所以，你表面上看起來很快樂，你表面上看起來在微笑——但那些微笑全都是假的。在你的內心深處，熊熊怒火正在燃燒。現在，你不能表現出你的憤怒，你只好壓抑它——那就變成了憂鬱；你也因此一直處在憂鬱當中。

讓它流動，讓憤怒發作。一旦憤怒發作過了，你的憂鬱就會消失。你沒有注意到，當一個人真的大發一場脾氣以後，他會感覺非常好，充滿活力。

每天都做一次憤怒靜心……一天二十分鐘（參見頁三〇八—三一〇的靜心說明）。做完三天之後，你會非常享受這個練習，甚至開始期待去做它。它為你帶來如此強烈的釋放……你將看到自己的憂鬱開始消失了。你將第一次真正的笑。因為，你無法懷著憂鬱微笑，你只能假裝在笑。

一個人不笑就活不下去，所以他必須假裝——但是裝出來的笑很痛。它無法使你快樂；它只是提醒你，你有多不快樂。

現在，當你已經覺知到你的憂鬱、你的痛苦，它是好的。無論懷著什麼樣的傷痛，它都是有幫助的。它會觸及某處的傷口。但它是好的。

問題　在憤怒中真的可能保持覺知嗎？這種感覺如此強烈，當它出現的時候，總是像數千匹野馬奔騰一樣。我真的覺得很厭煩！你能幫助我嗎？

你有一個最簡單的困擾：你把它形容得太誇張了。「數千匹野馬奔騰」——這麼大的憤怒會燒死你的！你是從哪裡找來這數千匹野馬的？

我聽說，目拉那斯魯丁（Mulla Nasruddin）去應徵一份船上的工作，有三個高級主管在場面試。一個高級主管問他：「有一個強烈颶風來襲，發生大海嘯，船快沉了，這時你要怎麼辦？」

目拉說：「那有什麼問題，我會按照正確的程序做：我會把船停下來，下錨。」

另一個主管說：「但是另一波海嘯又來了，船就快沉了。你要怎麼辦？」

目拉說：「一樣。我會下另一個錨；每一艘船上都有錨。」

第三個主管說：「不過又有一波海嘯……」

目拉說：「你不必浪費我的時間。我還是會做同樣的事——再下一個錨來穩住船身，抵擋海嘯的侵襲。」

第一個主管問：「你是從哪裡找來這些錨的？」

目拉說：「好奇怪的問題。你是從哪裡找來這些海嘯的？來源不是都一樣！如果你可以想像有那些海嘯，為什麼我不能想像有那些錨？你愛再找多少海嘯來都隨你高興，我就是憤怒是一件非常小的事。如果你能夠等待和覺察，你就不會找來「數千匹野馬」。你要能找到一隻小驢子，就算很了不起了！只要覺察它，它就會慢慢消失。它會從一邊進來，從另一邊出去。你只需要一點點耐心，不要騎上去。

憤怒、嫉妒、羨慕、貪婪、較勁……我們所有的麻煩都是小麻煩，但我們的自我會去誇大它們，把它們盡可能放大。自我不得不這麼做；它的憤怒一定也得是巨大的。伴隨它巨大的憤怒，巨大的不幸，巨大的貪婪，巨大的野心，自我也變得很巨大。

但你不是自我，你只是一個觀照者。只要站在旁邊，讓數千匹野馬通過——「我們來看看，牠們會花多少時間才跑得完。」不需要擔心。就像牠們跑來一樣——牠們是野生的、無法駕馭的——牠們也會走。

然而，我們連騎上一隻小驢子的機會都不放過；我們立刻就跳上去了！你不需要數千匹野馬，一件小事就可以點燃你滿腔的怒火。你事後會覺得好笑，你會笑自己當時有多傻。

只要觀照，不要讓自己投入，把它當成電影或電視螢幕上的畫面……把它看成是某種正在消逝的事，只要看著它就好。你不該做任何事阻止它、壓抑它、摧毀它、拔劍砍它，因為你要從哪裡找來這把劍？它的源頭和憤怒是一樣的。它們全都是你想像出來的。

只是看著它，什麼也別做，不要贊同，也不要反對，然後你會很驚訝：那個看起來很巨大的東西變得非常渺小。我們都有誇大的習慣。

一個還不到三歲的小男孩，一路跑回家，對他媽媽說：「媽，有一隻好大的獅子，牠一邊吼一邊追了我好幾哩！可是我想辦法逃走了。牠好幾次離我好近。當我開始跑得更快的時候，牠差點要對我進行更可怕的攻擊了。」

他媽媽看看窗外，只看到那裡有一隻小狗在搖尾巴。她看著小男孩說：「湯米，我不是跟你說過幾百遍了，不要這麼誇張！」

「幾百遍」——我們的頭腦非常擅於誇大。你有點小問題，如果你能夠停止誇大，只是看著它，就會發現一隻可憐的小狗站在門外。根本不用跑幾哩路，你並沒有生命危險。

當憤怒被激起的時候，它不會要了你的命。它以前也在你身上發生過很多次，你一直都活得好好的。它和你之前經歷過的憤怒是一樣的。只要做一件新的事，一件你從來沒有做過的事——以前你每次都會被捲進去，和它抗爭，這一次，你只要看著它，就像它並不屬於你，就像它是別人的憤怒一樣。而你將感到非常意外：它將在幾秒鐘內就消失了。當憤怒毫不費力就消失的時候，它會留下一種極度的美、寧靜和愛的品質。

同樣的能量也可以用來對抗留在你內在的憤怒。純粹的能量就是喜悅。就是能量本身而已，沒有任何名稱，沒有任何形容詞。但你從來不讓能量保持純粹。它不是憤怒，就是恨，是愛，是貪婪，是欲望。它總是和某些東西牽扯不清，你從來不讓它保持它的純淨。

每當你的內在有事情發生，都是一個絕佳的機會，去體驗你內在純淨的能量。只要看著，那隻驢子就走了。它或許會揚起一點塵埃，但塵埃也會自己落定；你不必去沉澱它們。你只要等就好。等待與覺察，不要動，你很快會發現，自己被一種純淨的能量所包圍，一股從沒有被用來對抗、壓抑或憤怒的能量。能量就是喜悅。一旦你了解了喜悅的祕密，你將會享受每一種情緒。

你內在浮現的每一種情緒，都是一個絕佳的機會。只要觀照，無比的喜悅就會進入你的內在。慢慢，慢慢的，所有的情緒都消失了；它們再也不會出現——它們不會不請自來。覺察，警覺，覺知，意識，這些都是觀照的別名。這些就是最主要的關鍵字。

強生太太是英文老師，她說：「今天我們來下定義。當你要為某事或某物下定義的時候，你就說出它是什麼。來，魏斯理，你可以定義一下『不覺知』(unaware)嗎？」

魏斯理回答：「那是我晚上最後脫掉的東西！」

(註：魏斯理把不覺知〔unaware〕聽成了內褲〔underwear〕。)

我們都是活在這種情況下！沒有人有意識；沒有人在聽別人說什麼。

這是個多麼不可思議的世界。如果你是覺知的，奇蹟就無所不在。但是你看不到奇蹟，因為你很少覺知，極少極少。你大多數的時候都睜著眼睛，你大多數的時候都沒在打鼾，但那並不表示你醒著。那只是表示你假裝你是清醒的，而你內在深處充滿了許多念頭、許多混亂、許多野馬……你怎麼看得見任何東西？你怎麼聽得見任何事？即使你的眼睛睜著，它們仍然是看不見的。即使你打開你的耳朵，你仍然是聽不見的。

有一個很奇怪的現象，大自然創造眼睛和耳朵的方式不太一樣。你不能閉上耳朵，你卻可以閉上眼睛。你有眼皮可以開闔，但你的耳朵怎麼辦？大自然從來沒想到要創造出給耳朵一對小小的「耳皮」，因為它知道你太沉溺於頭腦，你不需要。你的耳朵一直是聾的；你沒在聽——或者你只聽你想聽的。

我聽說，某個教會在週日禮拜結束後，牧師叫住一個人，因為他在佈道的時候，這個人鼾聲如雷。牧師叫住他，對他說：「我在佈道的時候，你鼾聲大作。這樣是不對的！」

那個人說：「真抱歉，下次我會小心點。」

牧師說：「你一定得小心一點，因為很多人在睡覺，你吵到他們了。我不在乎你有沒有在聽我講道，我擔心的是其他那些睡著的教友。你的鼾聲太大了，可能會把他們全都吵醒。我每個星期天講道，都是重複一樣的內容，要是你把他們吵醒了，就表示我的工作量將會增加。我得一遍又一遍的準備新的講道內容，這麼做很乏味又沒有必要。我一直都在用同樣的講稿，沒人表示異議，因為根本沒有人在聽。」

你去任何一個教堂，都會發現人們很快就睡著了；那是個睡覺的地方，人們可以暫時擺脫世俗的一切和緊張，稍稍休息片刻。然而，就靈性的角度來看，人們二十四小時都在睡覺。你在睡覺的時候，看到了憤怒和貪婪，它們被放得這麼大，讓你很容易掉入它們的天羅地網中。

當一個人學會了觀照的藝術，他就有了一把金鑰。那麼，不管是憤怒、貪婪、逸樂、色欲，或是一時迷戀，這些全都無所謂。不管什麼病都無所謂：它們都可以用同一種藥治癒。只要看著，你就能夠從中解脫。看著它，慢慢的，隨著頭腦變得越來越空，有一天它自己就消失了。它無法單獨存在，它不能沒有憤怒、恐懼、愛、恨——這些都是讓頭腦存在所不可或缺的。

透過觀照，你不只擺脫了憤怒，你也擺脫了頭腦的作用。有一天，你會突然醒來，發現根本沒有頭腦存在。你只是一個觀照者，一個山頂上的觀照者。那是最美的一刻。從那一刻起，你真正的生命才算開始。

・・・

了解嫉妒的根源

是什麼使你產生嫉妒？是佔有欲。嫉妒本身並不是根源。你愛一個女人，你愛一個男人，而你想佔有那個人，你害怕他們明天會去找別人。你對明天的恐懼毀了你的今天，這是一個惡性循環。如果你的每一天都被明天的恐懼所摧毀，那麼你的愛人遲早會移情別戀，因為你將會變得令人討厭。當那個男人開始去找別的女人，或是那個女人開始去找別的男人時，你會認為，這證明了你的嫉妒是有道理的。事實上，是你的嫉妒造成了這樣的結果。

所以，你要記住的第一件事情是：不要為明天煩惱。今天就足夠了！某人愛你，就讓這一天變成最美好的日子，最值得慶祝的日子。就在今天，你是如此全然的獻身給愛，你的全心全意和你的愛就足以讓這個人不會想要離開你。而你的嫉妒將會將他推開；唯有你的愛才能留住他或她。同樣的，對方的嫉妒也只會將你推開；唯有他們的愛才能留住你。

不要去想明天。當你想著明天的時候，今天的你就只是個半吊子。只要活在今天；忘掉明天，明天會自己照顧它自己。同時要記住一件事，明天是今天的顯現。如果今天是一個如此美好的經驗，它讓人如此喜悅，為什麼還要去煩惱明天呢？

你所愛的男人或你所愛的女人，也許有一天會去找別人，那是很正常的。因為追求快樂是人類的天性——只不過你的女人現在覺得和別人在一起才會快樂。她和你在一起感到快樂，還是和別人在一起感到快樂，都沒有什麼差別——重點是她快樂。如果你愛她，又怎麼會想毀掉她的快樂呢？

真正的愛是，即使伴侶和別人在一起很開心，你也會覺得開心。這種情況下——當你的女人和別人在一起時，你也能快樂地對你的女人充滿感激，你會說：「妳有絕對的自由讓自己快樂；儘管讓自己快樂，這樣我也會快樂。妳和誰在一起並不重要，重要的是妳要開心。」如此，她將不會離開你太久，她會再回來。誰捨得離開這樣的男人呢？

然而現在，你的嫉妒摧毀了一切，你的佔有欲摧毀了一切。你必須了解你這麼做得到了什麼。你只得到一肚子火，你越嫉妒，越生氣，越憤恨，你就把對方推得愈遠。這只是一種算計，一點用也沒有；你正在毀掉你想保護的一切。這樣很蠢。

試著了解這個簡單的事實：人就是人。如果老是跟同一個人在一起，任何人都會厭倦。要實際一點，不要活在虛幻的故事裡。每個人都偶爾會感到厭倦；那並不表示你們的愛結束了，你們只是需要一點改變。這樣有益於你的健康，也有益於你的伴侶的健康。你們雙方都需要和對方分開一些時間。何不有意識的這麼做？「我們陷入膠著了，何不放彼此一個星期的假？我愛你，你也愛我；這一點是非常確定的，所以沒有什麼好怕的。」

我的觀察是，就算只放一天假，你們將在一個更高、更深的層次愛上對方，因為你們現在明白你們對彼此的愛有多深。你們甚至看不見你們共同生活時必然會產生的悲哀。

不要佔有彼此。保持完整的自由，不要干涉彼此的私人空間，要顧及對方的尊嚴。一旦經歷這樣的經驗，你們就可以偶爾分開一陣子，放個假，然後再回來，沒有什麼好擔心的。你會很訝異——你的女人和別的男人共處了七天，再回到你身邊；你和別的女人共處了七天，再回到你的女人身邊——你們都學到了一些新的東西。你們又度了一次蜜月。你煥然一新，充滿活力，還學會一些新的技巧。有新鮮、豐富的體驗總是好的。

你只需要對人性有一些了解和領悟，嫉妒就會消失。

＊＊＊

嫉妒是你在心理上對於自己、其他人、特別是親密關係，最無知的領域之一。人們認為他們知道愛是什麼，但實際上他們什麼都不知道。他們對愛的誤解產生了嫉妒。他們以為

「愛」某人意味著完全控制、完全佔有。他們沒有了解到一個生命的殘酷現實：當你佔有一個活生生的人的那一刻，你就已經殺了那個人。

生命無法被佔有，你無法將它握在手裡不放。如果你想擁有它，就必須打開你的手。

可是，長久以來，事情一直不斷往錯誤的方向發展，我們的內在已根深柢固到無法將愛與嫉妒分開來，它們幾乎成了同一種能量。

舉例來說，當你的愛人去找別的女人時，你會嫉妒，你深受其苦。但是我告訴你，如果你不嫉妒的話，你的麻煩就更大了——這麼一來，你會以為你不愛他。因為，要是你愛他的話，你應該嫉妒才對。嫉妒和愛變得如此混淆不清。

事實上，它們是完全不同的。一個嫉妒的心，是無法去愛的；反之亦然，一顆愛的心，是不會嫉妒的。

是什麼引起這種不安的？你必須看著它，就好像它不是你的問題，這樣你才能置身事外，觀察整件事情的脈絡。

嫉妒是婚姻的副產品。

在動物的世界裡，是沒有嫉妒這件事的。有時候，牠們會為了愛慕的對象打架，但是打一架遠比嫉妒要好得多，打一架遠比你嫉妒得不可自拔，親手燒傷自己的心要自然得多。

婚姻是一種經過設計的制度，它是違反自然的。自然並沒有提供你一個適應婚姻制度的頭腦。但是，社會發現愛人之間應該需要某種法定的契約來約束對方，因為愛是如此夢幻不可靠；它這一刻在這裡，下一刻就走了。

你希望下一刻是讓你安心的，你希望整個未來是讓你安心的。你現在還年輕，但你很快會變老。你希望當你年老、生病時，你的太太或先生仍然與你在一起。如此一來，你們必須做一些妥協，但每當你妥協的時候，麻煩就來了。

婚姻總能引起猜忌。先生總是懷疑他們生的孩子是不是自己的。麻煩在於，父親無法判斷孩子是不是自己的。只有母親知道。因為父親沒辦法肯定，於是他就在女人周圍豎起層層高牆——這是唯一的可能，唯一的選擇——把她和人群隔離開，不讓她接受教育。因為教育給予人們翅膀，人們接受教育後，就會有想法，有想法就可能會造反。所以，女人不能受教育。女人不能接受宗教教育，因為宗教創造出聖人，社會長久以來都是男性在主導，男人無法想像一個女人的地位比他更高更神聖。

男人開始斬除女人成長的一切可能。她變成只是一個製造孩子的工廠。在過去，世界上沒有任何一個文化承認女人與男人是平等的。全世界的女人都一直受到壓迫。她越被壓迫，就越提不起勁。她完全沒有自由，男人卻擁有所有的自由，她所有受到壓抑的情緒、感覺、想法——她所有的個體性——全都轉變成嫉妒。她一直害怕她的先生會離開她，去找別的女人。他或許會拋棄她，而她沒有受過教育，她在經濟上無法獨立。她從小被教導，她是無法獨立在世界上立足的；從出生以來，人們就告訴她，說她是軟弱的。

印度教經典說，孩提時代，父親應該保護女兒；青年時代，先生應該保護女孩；老年時代，兒子應該保護女人。她從童年開始一直到進入墳墓，都必須受到保護。她無法反抗這個男性沙文主義的社會；她唯一能做的就是不斷挑毛病，而她一定挑得到。大部分時候她都沒有錯；她都是對的。

每當一個男人愛上了別的女人，在他內在，某些和第一個女人有關的東西就改變了。現在他們再度變成了陌生人，他們彼此之間的連結不見了。她先是被奴役，現在她又被拋棄了。她的一生飽受煎熬，這種痛苦導致了嫉妒。

嫉妒是弱者的憤怒——它屬於那些什麼也不能做，卻有滿腔怒火的人；這些人想放火燒掉全世界，但她們除了哭泣、尖叫、亂發脾氣之外，什麼也做不了。這種情形將一直持續，直到婚姻變成一件過氣的古董為止。

現在婚姻已經沒有必要了。或許它在過去很有用；或許它在過去沒有用，但它都是一個奴役女人的藉口。現在，事情應該要有所改變，回到過去完全沒有意義。不管對或錯，過去它是好的——現在它不再是了！

對於現在和未來來說，婚姻制度根本不合時宜；它和人類進化、和所有我們熱愛的價值——自由，愛，喜悅——全都互相矛盾。

男人為了要徹底監禁女人，寫出了那些宗教經典，讓她對地獄產生恐懼。如果她乖乖聽話，就可以上天堂。那些規定是為了女人制訂的，和男人一點關係也沒有。但很明顯的，一直讓女人待在嫉妒這種惡劣的狀態裡，對她們的心理健康很不利。女人的心理健康影響到全人類的心理健康。因此，女人必須成為一個獨立的個體。

婚姻制度的瓦解將是全世界的一大盛事，再也沒有人會阻攔你。如果你愛你的太太或先生，你們儘管在一起一輩子，沒有人阻攔你。廢除婚姻制度是把你的個體性交還給你。現在沒有人佔有你了。你不再因為這個男人是你的先生，就有權利要求你跟他做愛。在我看來，一個女人和一個男人做愛，如果是不得不的話，那就是賣淫——不是兼職的，而是全職的。

兼職的好一點，你還有機會改變。這種全職賣淫的婚姻是危險的，你連換人的機會也沒有。特別是你結第一次婚，你應該被給予一些機會，因為你還是個生手。多結幾次婚能讓你變得更成熟；你日後也許會找到適合的伴侶。我所謂適合的伴侶，不是指一個「天造地設」的伴侶。

沒有哪個女人是特別為哪個男人而生的，也沒有哪個男人是特別為哪個女人而生的。我所謂適合的伴侶是指，你多了解幾段關係、多經歷過幾段關係後，你就會知道哪些事會對你和伴侶造成痛苦，哪些事會幫助你們創造充滿愛、和睦和快樂的生活。就愛情來說，想要一個健全美滿的生活，和不同的人生活是一個絕對必要的經驗。

你應該先從幾段親密關係中畢業。從學生時代，就應該經歷幾段關係。你不該急著做決定——沒有必要，世界很大，每個人都有一些獨特的品質與美好之處。

當你經歷過這些關係後，你會察覺到，哪一種女人，哪一種男人，可以成為你的朋友——不是主人，也不是奴隸。友誼不需要婚姻，因為友誼比婚姻更高。

你會嫉妒是因為你從過去繼承了嫉妒這個遺產。你必須改變一些事情，不是因為我要你去改變它們你才去做，而是你自己要很清楚這場激烈的變革是有必要的。

舉例來說，如果先生偶爾去找別的女人，太太去找別的男人，你們會認為這樣會毀了你們的婚姻——全世界的人都這麼想。其實正好相反，如果所有的婚姻在週末都能放個假，各自過想過的生活，這樣反而會使你們的關係更穩固；因為你的婚姻並沒有妨礙你的自由，你的伴侶也理解這種想換換花樣的需求。這是人性自然的需求。

教士、道德家和清教徒制訂了一個完美的典範。他們創造出美好的理想，他們想把這些理想強加在你身上。他們要你們全都變成理想主義者。幾千年來，我們一直活在理想主義黑暗陰鬱的影子底下。我是個現實主義者。我沒有任何理想典範。在我看來，對每個聰明的男人和女人來說，了解真相，活在現實世界裡，才是唯一正確的途徑。

我的理解是，婚姻如果不是一件如此死板僵化的事，如果它有點彈性，如果它只是一段友誼……一個女人可以對你說，她遇到了一個很帥的年輕人，她準備與他共度週末——「如果你好奇，我可以帶他回來；你也會喜歡這個人的。」如果先生可以這麼說——不虛偽、真心誠意的——「妳的喜悅、妳的幸福，就是我的幸福。妳好好享受，我知道不管妳什麼時候回來，享受清新的愛情將會使妳容光煥發。一段新的愛情將會為妳注入青春活力。妳這個星期去，我下個星期也許有自己的活動。」

這是友誼。他們回家以後，可以聊她遇到一個什麼樣的男人，他怎麼跟她做愛，事情沒有那麼好。他可以告訴她，他遇到的那個新的女人……家是你們的避風港。你偶爾可以在天空裡自由狂野的翱翔，然後回家，你的伴侶總是在那裡等著你，不是等著跟你吵架，而是分享你的冒險。

只需要一點點理解。這和道德沒有關係，只是一種比較明智的做法。

你很清楚，不管一個男人或女人有多美，他們遲早會變成你精神的重擔。同樣的地形，同樣的景觀……人類的頭腦不是為了千篇一律的事物而創造的，同樣也不是為了一夫一妻制而創造的。要求一點改變，是絕對合乎自然的，這和你的愛並不衝突。事實上，你越了解別的女人，你將越能欣賞自己的女人。你的了解會更深入，你的經驗會更豐富。你認識越多的男人，你就越能夠了解自己的男人。如此一來，嫉妒的想法將會消失——你們雙方都是自由的，你們將不會隱瞞任何事。

我們應該和朋友分享一切，特別是那些美好的時刻——愛的時刻，詩意的時刻，音樂般的時刻。這些都是應該與人共同分享的事。如此一來，你的生命將會變得越來越豐富。你們或許因此更了解彼此，想一輩子都在一起，但不是出於婚姻的牽絆。

只要婚姻還是社會的基礎，嫉妒就會一直存在。

用你全部的心，給予對方絕對的自由。告訴他，他不需要隱瞞任何事情：「隱瞞是一種侮辱，表示你不信任我。」男人也一樣，他可以對太太說：「你和我一樣是獨立的個體。我們在一起是為了快樂，我們在一起是為了讓更多的喜悅和幸福成長。我們為彼此做所有的事，但我們不要變成彼此的獄卒。」

給予自由是一種喜悅，擁有自由也是一種喜悅。你可以享有這麼大的喜悅，但你卻把所有的能量投入痛苦，投入嫉妒，投入爭執，不斷控制對方。

事情很簡單：如果你了解你自己，你也會了解你的伴侶。你曾夢到對方嗎？事實上，你很少在夢中看到自己的先生或太太。人們從來不會在夢中看到和他們結婚的伴侶；他們已經看夠了！現在，難道他們連在夢裡，都無法擁有一點自由嗎？

你的夢裡只會出現鄰居的妻子和鄰居的丈夫。你應該了解，在某種程度上，我們創造了一個不健全的社會，一個不合乎人類天性的社會。想換個花樣的渴望，是每一個聰明人必有的素質。你越聰明，就希望能有越多元的選擇——多元和聰明才智有關。牛吃同一種草就滿足了；牠一輩子都不會去碰別的草。牠沒有那樣的聰明才智去改變，去認識新事物，探索新領域，去新世界冒險。

詩人、畫家、舞者、音樂家、作家——你會發現這些人有比較多的愛，他們的愛不會集中在一個人身上。他們更有愛，他們見一個愛一個。他們是聰明的人，他們展現我們創意的那個部分。愚蠢的人什麼都不想改變。他們害怕改變，任何改變對他們來說，是不得不去學習一些事。愚蠢的人一件事只想學一次，終身受用就好。學操作一台機器，學當一個太太，學當一個先生，都無所謂。你認識一個女人，你熟悉她的嘮叨，你已經習以為常。有時候你不只習慣，你還對它上了癮。你的女人哪天突然不對你嘮叨，你那天晚上就睡不著覺——這是怎麼回事？到底那裡不對勁了？

我有個朋友一直對我抱怨他的太太：「她老是不開心，擺張臭臉，每次我要走進那間屋子，都覺得很苦惱。我試著到每一家夜總會去消磨時間，最後還是得回家，但她還是在那裡。」

我跟他說：「你只要做一件事就好，就當是個實驗。她太嚴肅了，又愛嘮叨，我想你回家的時候一定沒辦法笑。」

他說：「你想我笑得出來嗎？我一看到她，心裡就有什麼東西凍住了，哪笑得出來？」

我說：「做一個實驗，你今天就試試看：帶一束美麗的玫瑰和城裡最好吃的冰淇淋回家。進門的時候要面帶微笑，哼一首歌！」

他說：「我可以試著這麼做，但我不覺得會有什麼不同。」

我說：「我會跟在你後面，看看會不會有什麼不同。」

可憐的傢伙非常認真。他在回家的途中，有好幾次笑了出來。我問他：「你在笑什麼？」

他說：「我在笑我做的事！我希望你叫我和她離婚，但你建議我做的，就像是我要去度蜜月一樣。」

我說：「就想像你是在度蜜月……盡你所能。」

他打開門，他的太太站在那裡。他微笑，然後他因為這個微笑而笑自己……他太太像石頭一樣站在那裡。他將花和冰淇淋送給她，接著，我走了進去。

女人簡直不敢相信發生了什麼事。趁男人去浴室的時候，她問我：「怎麼回事？他從來不帶任何東西回家，他從來不笑，他從來不帶我出去，他從來不曾讓我感受到我有被愛、被尊重的感覺。究竟是什麼神奇的力量讓這件事發生了？」

我說：「沒什麼；只不過你們兩個人都做得不對。現在呢，等他從浴室出來的時候，妳要好好抱他一下。」

她說：「抱他一下？」

我說：「給他一個擁抱！妳給了他那麼多東西，現在給他一個好好的擁抱。他是你的先生，你們決定要在一起。不是快快樂樂的一起生活，就是快快樂樂的說再見。不為任何理由……人生苦短，何必浪費兩個人的生命？」

就在那個時候，男人從浴室出來了。女人猶豫了一下，但我催促她，所以她就去擁抱男人，男人非常震驚，他跌在地上！他從來沒有想過她會擁抱他。

我把他扶起來。我說：「怎麼回事？」

他說：「我從來沒有想到這個女人會擁抱和親吻——但她會！而且，她笑起來真美。」

兩個為了愛在一起的人，應該下定決心讓他們的關係不斷成長，在每個季節綻放更多的花朵，創造更多的喜悅。就算只是靜靜坐在一起，這樣也夠了。但是，唯有當我們拋棄婚姻這種古老的觀念，這一切才有可能發生。婚姻一旦被法庭蓋了章，它就被那個戳記扼殺了。你不能把愛置於法律的條文之下。

愛是最高的法則。你只要去探索它的美，它的寶藏。你不必像鸚鵡一樣不斷複誦它所有偉大的價值，說它是人類在地球上最高的意識表達。你應該在你的關係裡體驗它。

這是我的觀察，如果伴侶之中有人開始走上正確的途徑，另一個人遲早也會跟上。因為他們雙方都渴望愛，卻不知道要怎麼接近它。

沒有一所大學教你愛是一種藝術，也沒有大學教你，你的生命還沒有交到你自己的手上，你必須從頭學起。這是好的，我們必須用自己的雙手探索隱藏在生命中的寶藏。愛是存在中最偉大的寶藏之一。

然而，人們並沒有成為追尋愛、美與真理的旅伴，反而浪費他們的時間在吵架和嫉妒上。

要變得警覺一點，從你這一邊開始改變；不要期待從另一邊開始。另一邊也會開始的。微笑不用付出代價，愛不用付出代價，和你所愛的人分享你的快樂幸福，也不用付出任何的代價。

問題　對我來說，嫉妒似乎不只發生在男女關係上，也發生在所有的人際互動中。或許用「羨慕」這個字眼會更恰當，它意味著，當某人擁有某樣我想要但我沒有的東西時，我會懷恨在心。可以請你談談這樣的嫉妒嗎？

我們被教導、被制約成凡事總是要作比較。某人的房子比較好，某人的身材比較美，某人比較有錢，某人「比較」有魅力。你不斷和你遇到的每一個人比較，結果因此產生了嚴重的嫉妒。嫉妒就是比較這個制約製造出來的副產品。

當你停止和別人比較，嫉妒就消失了。那麼，你會清楚的知道你就是你，你不是別人，也不必成為別人。還好你沒去跟樹比，否則你一定會非常嫉妒：你為什麼不是綠的？存在為什麼對你這麼苛刻，不讓你有開花的能力？還好你沒有去跟鳥比，跟河流比，跟山比；否則，你會非常痛苦。你只會跟人類比，因為你受到的制約是跟人類作比較。你不會去跟孔雀比，跟鸚鵡比。否則，你會越來越嫉妒；你會被嫉妒壓得活不下去。

比較是一種非常愚蠢的態度，每個人都是獨特的，無從比較起。一旦你了解到這一點，嫉妒就會消失。每個人都是獨一無二的——你就是你自己；過去沒有人像你，未來也不會有人像你。你不需要像任何人。存在只會造出原創的作品，它不相信副本。

院子裡有一群雞，一個足球飛越籬笆，剛好掉在雞群中間。一隻公雞踱了過去，研究一番，然後說：「女孩們，不是我要抱怨，但隔壁看起來真不賴。」

隔壁有好事發生。草比較綠，玫瑰比較紅，每一個人看起來都很快樂——除了你以外。你一直在比較。別人也一樣，他們也在比較。說不定他們覺得你的草皮比較綠——草地隔著一段距離看，總是更綠一點——你的太太比較漂亮。你已經厭倦她了，你無法想像當初你怎麼會被這個女人迷住，你不知道該怎麼甩了她——但你的鄰居說不定在嫉妒你有一個這麼美麗的太太！你可能也在為了同樣的理由嫉妒他，而他對他太太的感覺或許跟你一樣。

每個人都在嫉妒別人。出於嫉妒，我們創造了一個地獄，我們變得非常卑劣。

一個老農夫對洪水造成的災情感到悶悶不樂。「希朗！」一個鄰居大喊。「你的豬都被沖走了。」

「湯普森的豬呢？」農夫問。

「也都沒了。」

「還有拉森的呢？」

「也是。」

「哼！」農夫咕噥一聲，心情好了起來。「事情沒我想得那麼糟嘛！」

如果其他人都很慘，你就感覺好多了；如果其他每個人都有損失，你就感覺好多了；如果其他每個人都快樂而成功，你就覺得苦悶。然而，這個「其他人」一開始為什麼會跑進你的腦袋裡？讓我再提醒你一次：這是因為你不讓自己的能量流動。

你不讓自己的喜悅成長，你不讓自己的本質開花；因此，你覺得內在空虛。你從每個人的外在去看他們，因為只有外在是看得見的，每個人都覺得別人的外在比自己好。你知道你自己的內在是空虛的，你只看到別人外在的光鮮——因此產生了嫉妒。同樣的，別人也只看到你的外在，也知道他們自己內在的空虛——因此就產生了嫉妒。

別人不知道你的內在，於是你覺得自己一無是處，毫無價值。別人外表看起來那麼快樂，他們的笑容或許是假的，你又怎麼知道他們是不是裝出來的？你知道你的笑容是假的，因為你的心完全沒有在笑；它說不定正在哭泣。

你知道你自己的內心世界——只有你知道，別人是不會懂的。你知道其他所有人的外在世界，人們一向把外表打扮得光鮮亮麗，就像你所做的一樣。外表是展示品，它們是用來迷惑你的。

有一個蘇菲的老故事：

有一個人正被他遭受的痛苦所苦惱。他每天都對神祈禱：「為什麼是我？每個人看起來都這麼快樂，為什麼只有我這麼痛苦？」有一天，他徹底絕望了，他向神祈禱：「你可以把任何一個人的痛苦給我，我已經準備好接受。但是，請帶走我的痛苦，我再也受不了了。」

那天晚上他做了一個美夢——非常美、非常具有啟示的夢。他夢到神出現在天上，祂對每一個人說：「把你們的痛苦帶到廟裡來。」每個人都受夠了自己的痛苦；事實上，每個人都祈求過：「我已經準備好接受任何人的痛苦，但是請帶走我的；這太痛苦，太難以承受了。」

所以，每個人都把自己的痛苦打包好，準備到廟裡去，他們看起來都很高興。那一天來臨了，他們的祈禱被聽見了！這個人也急忙趕去廟裡。

然後，神說：「把你們的袋子放在牆邊。」所有的袋子都放在牆邊。然後，神宣布說：「現在你們可以選擇，每個人都可以隨便拿走一個袋子。」

最讓人意外的是——每天祈禱的這個人，卻在其他人選到他的袋子之前，急忙把他的袋子拿走了！而且，讓他更訝異的是，每個人也都忙著取回自己的袋子，大家都很高興地重新選擇了它。

為什麼會這樣？因為這是第一次，每個人都看到別人的不幸，別人的痛苦——別人的袋子都和自己的一樣大，甚至更大！

第二個原因是，每個人都習慣了自己的痛苦。要是選了別人的袋子，誰知道裡頭會是什麼樣的痛苦？何必自找麻煩？你至少對自己的痛苦很熟悉，你已經習慣它們了。它們還算可以忍受；你忍受了它們這麼多年，何必去選擇一個未知的痛苦呢？

每個人都快快樂樂的回家了。一切都沒有改變，他們帶著同樣的痛苦回去，但每個人都快樂的笑著，為了拿回自己的袋子而高興。

到了早上，那個人對神祈禱說：「謝謝祢讓我做了這個夢；我再也不要求了。無論祢給我什麼，對我都是好的，它一定對我有好處；那就是祢給我的理由。」

因為嫉妒，你一直不斷在受苦，你變得對別人很惡劣。因為嫉妒，你開始虛偽，開始假裝。你開始假裝擁有一些你沒有的東西，你開始假裝擁有一些你無法擁有的東西，那些東西對你來說是不自然的。你變得越來越矯揉造作。除了模仿別人，和別人較勁，你還能做什麼呢？如果某人擁有一些你沒有的東西，而你一輩子也不可能擁有它，唯一的辦法就是去擁有廉價的代替品。

今年夏天，吉姆和南西・史密斯在歐洲度過了一段美好時光；他們遊歷各地，什麼事都做過了。巴黎、羅馬……你說得出來的，他們都看過、做過了。但他們返國通關的時候，真的糗大了。你知道，海關人員會檢查你所有的私人物品。他們打開一個袋子，拿出三頂假髮、絲質內衣、香水、染髮劑……真的太糗了。而這還只是吉姆的袋子！

看看你的袋子裡，你會找到許多人造的、假冒的、偽裝的東西——為了什麼？為什麼你不能夠保持你的本性，保持你的自然天性？一切都是因為嫉妒。

嫉妒的人生活在地獄裡。停止比較，嫉妒就會消失，卑劣就會消失，虛偽就會消失。

唯有你自己內在的寶藏開始成長時，你才會停止比較；沒有別的方法。成長，成為一個越來越真實的個體。無論存在將你創造成什麼樣子，愛你自己，尊重自己；那麼，天堂的門將會立刻為你而開。它們一直開著，你只是從來沒有看見它們。

問題　我一直在懷疑我的太太，雖然我知道她是清白的，但我還是會懷疑她。我該怎麼停止這樣的猜忌？

在你的內在，一定有某些你真正懷疑的事。除非你信任你自己，否則你不可能信任你的太太或別人。如果你不信任自己，你將會不斷投射你的猜忌到你周圍的人身上。小偷總會認為每個人都是小偷。這很正常，因為他只了解他自己，這是他唯一了解別人的方式。

你對別人的想法，基本上代表了你對自己的想法。你知道你太太要是沒有盯緊你的話，你會做出什麼事。你會開始和某個女人調情——你知道的！所以你害怕：「要是我待在辦公室裡，誰知道會發生什麼事，搞不好我太太正在和鄰居打情罵俏。」你很清楚你正在和你的祕書做什麼；這就是問題產生的原因。

那就是為什麼你說：「雖然我知道我太太是清白的，但我還是會懷疑她。」你會繼續懷疑下去，直到你丟棄內在的某些事情。這個問題和你太太無關；所有問題的出現，其實都與你自己有關。

有一個旅人不斷從事短途的旅行，但是他一直都沒回家。每隔幾個星期，他會拍一封電報給太太說：「無法回家，還在採購。」每封電報的內容都一樣。這樣持續了三、四個月，太太最後終於發了一封電報給他：「最好回家，我在賣你採購的東西！」

這就是現實生活中經常在發生的事。

一對宿醉的夫妻在討論他們昨晚的狂歡派對。「親愛的，這有點尷尬，」先生說：「不過，昨晚和我在圖書室做愛的人是你嗎？」他的妻子看著他，想了一下，然後問：「大概是什麼時候？」

你最不信任的一定是你自己。你懷疑你自己：或許是你太壓抑了。每當一個人壓抑了什麼，就會開始將它投射在別人身上。事情一向是如此，一個預謀殺人的人總是害怕別人想謀殺他；他會變成一個偏執狂。一個充滿暴力的人總是一直在害怕：「別人是如此暴力，我必須隨時保持戒備。」

人們不信任自己，因此他們也不信任其他人——太太、朋友、父親、母親、兒子、女兒。人們長期活在猜疑當中。而這一切最根本的原因是，你一直無法接受自己真實的樣子。無論你是什麼樣子，都要接受你自己。如果你能夠接受自己，你也會接受其他人。而且，沒錯，這是有可能的——如果你偶爾對別的女人感興趣，沒有什麼是不可能的；你的太太或許也會對別的男人感興趣。但如果你了解自己，接受自己，你也將能夠接受你的太太。

如果你能夠接受這一點，接受「我偶爾會被其他女人所吸引」，這沒有什麼不對。那麼，你的太太也可能會受其他的男人吸引。但如果你拒絕接受這是你自己的本性，如果你譴責自己的本性，你也會譴責其他人的本性。

我對於聖人的標準是：能原諒所有人事物的人，因為他了解自己。但你的聖人是不會諒解和寬容你的，你的聖人以日臻完美的技術，不斷創造出地獄。為什麼？因為他們連自己都無法接受。

有一個關於一個年輕而英俊的律師的故事：他聲稱世界上沒有他追不到的女人。有一天，辦公室雇用了一位非常漂亮的女祕書。幾個星期以來，每個男人都在追求她，但他們全都失敗了。

年輕的律師誇口說，只要大家下的賭注夠大，他一定能追到她。他們問他要怎麼證明，他說他會把錄音機藏在床底下，錄下全部的過程。

等大家下完注，他開始和她約會。那天晚上，她不但進了他的公寓，而且終於上了他的床——因此，他探手到床下打開錄音機。

過了一會兒，他證實了他的確名不虛傳，祕書陷入激情，到了高潮的時刻，她尖叫：「繼續親它，甜心，繼續親它！」

律師以他最優良的法庭禮儀傾身到床底下，對錄音機口述：「根據記錄，這位女士指的是她的左側乳房。」

律師的頭腦，總是會不斷的懷疑和揣測最壞的情況。他一定是在擔心：「繼續親它，甜心，繼續親它！」繼續親什麼？他擔心這段錄音沒有透露確實內容，別人或許會懷疑。

每個人的頭腦都是這個樣子。頭腦是狡猾的，算計的，多疑的。頭腦總是一直處於不信任與懷疑的狀態。頭腦的整個氛圍就是懷疑。

問題不在於如何信任你的太太，問題是在於要如何信任。頭腦總是沉浸在懷疑的氣氛當中，懷疑是它的糧食。除非你知道該怎麼把頭腦放一邊，來到你的心，否則你是無法了解該如何信任的。

心總是充滿信任。頭腦無法信任；頭腦對信任無能為力，我們全都被卡在頭腦裡面。因此，儘管我們說我們信任，我們還是不信任。我們堅稱我們信任，但過度的堅持更顯示出我們的不信任。我們想要信任，但我們假裝信任，我們想要別人相信我們信任，但我們其實並不信任。一旦說到信任，頭腦就完全無能為力。頭腦是為懷疑而設置的；頭腦一直都在製造問號。

你需要知道該如何來到你的心，社會忽略了這一點。社會不教你心的方法，它只教你頭腦的方法。它教你數學和邏輯，它教你科學和其他種種——它們全都在培養懷疑、不信任。科學是透過懷疑而產生的；就科學而言，懷疑是一項祝福。但隨著科學越來越發達，人卻退縮了。人性消失了，愛幾乎成了一個神話。在這個世界上，愛不再有真實性。它怎麼會有真實性呢？連心都已經停止了跳動。

就算當你愛的時候，你也只是想著你在愛；它是從頭腦來的。但頭腦並沒有愛的機制。開始靜心。開始擺脫喋喋不休的頭腦。慢慢的，頭腦會安靜下來。做一些不需要頭腦的事——比方說，跳舞。跳舞，拋開一切盡情的跳舞。跳舞不需要頭腦，當你跳舞的時候你會忘掉自己。當你在舞蹈中忘了自己，你的心才能重新開始運作。

讓自己沉浸在音樂裡。慢慢的，你會看到你的心有一個全然不同的世界。心一直都有信任的存在。心不懂懷疑，就好像頭腦不懂信任一樣。

從恐懼到愛

看看人們的問題有多麼可笑：要如何愛？要如何跳舞？要如何靜心？要如何生活？多麼可笑的問題！……這一切都顯示出人們內在的貧乏。人們拖延每一件事，慢慢，慢慢的，就什麼都忘了。

每個孩子都知道如何愛，每個孩子都知道如何跳舞，每個孩子都知道如何生活。每個孩子誕生的時候都完美無缺，一切俱足。人們必須開始去好好生活。

你曾注意過嗎？當你哭泣的時候，如果一個小孩看到了，他會走到你身邊。他還不太會講話，無法說些什麼安慰你，但他會把他的手放在你的手上。而你有感覺到那個連結嗎？永遠不會再有人那樣觸碰你，像一個孩子一樣的觸碰你——他知道要怎麼和你連結。不久之後，孩子慢慢長大，慢慢失去了那個可以連結的天性，人們開始變得冷漠無情。他們雖然有觸碰，但他們的手沒有流出任何東西。當一個孩子觸碰你的時候——那種親切，那種柔軟，那種傳達的訊息——是人們成長後無法有的；孩子傾注他所有的一切在其中。

每個人生來就具備生活所需的一切。你活得越久，就越有生活的能力。這是它的報酬。你越不認真過活，就越缺乏生活的能力。這是它的懲罰。

所有你必須去追尋的就在你的內在。你必須隨時觀照你的生活，丟棄那些短暫片段的一切。它或許讓你覺得興奮刺激，但最後都只是曇花一現。丟棄它！深入洞察那些可能不怎麼興奮刺激的時刻。永恆不會太刺激，因為它必須是永遠的，它必須非常寧靜詳和。當然，它是喜樂的，但不刺激。它是一種深度的喜樂，但周遭沒有噪音。它比較像是一種寧靜，不是聲音。你要在覺知中成長，才能辨識得出它。

＊＊＊

恐懼是你聰明才智的一部分，它沒有什麼不對。恐懼讓人了解死亡的存在，了解人類的生命只是短短的幾個片刻。恐懼讓我們知道，我們不會永遠在這裡，我們不是不朽的，再過幾天，你或許就消失了。

事實上，正因為恐懼，人類才會努力追尋宗教的意義；否則，這麼做根本沒有意義。沒有動物信仰宗教，因為動物不會害怕。動物沒有宗教性，因為動物察覺不到死亡。人類察覺得到死亡。死亡無時無刻都在那裡，從四面八方緊緊包圍著你——你隨時都會死。這讓你發抖。何必為了發抖而難為情，就發抖吧！只不過，自我又會說：「不——你會怕嗎？不，你不會的，膽小鬼才會害怕。你是個勇敢的人。」

害怕不是膽小鬼的專利，承認它：承認恐懼。只要了解一件事，當你承認你的恐懼，讓自己發抖的時候，看著它，享受它。觀照它，就能超越它。你會看到身體在顫抖，你會看到頭腦在顫抖，但你會開始感覺到，你的內在有一個點，一個核心深處，它保持不受影響。當暴風雨經過，你的內在深處有一個中心，一個颱風眼，它並未受到波及。

承認恐懼，不要對抗它。持續觀察正在發生的事。不斷看著它。當你觀照的時候，你的眼睛會更有洞察力，更熱切；身體會發抖，頭腦會發抖，但你的內在深處有一種意識，它是一種覺知，它只是在觀照。就像水中的蓮花，出污泥而不染。唯有當你做到了這一點，你才能夠無所懼怕。

無懼並不是不恐懼，無懼並不是勇敢。無懼是一種領悟，你知道你是二：一半的你會死，一半的你是不朽的。即將死的那一半會繼續恐懼；不死的那一半是永恆不朽的，對它來說，恐懼毫無意義。如此一來，一種深層的和諧會發生。你可以利用恐懼來靜心。利用你擁有的一切來靜心，你就可以超越。

問題　我最強烈的情緒就是痛恨死亡。我想一勞永逸的了結它！

痛恨死亡就是痛恨生命。它們無法分開。死亡與生命並存，沒有任何方法能夠分開它們。分開它們只是頭腦的妄想，完全不切實際。生包含死，死包含生。它們是相反的兩極，但又彼此相輔相成。

死亡是生命的頂點。如果你痛恨死亡，你如何熱愛生命？這是一個非常嚴重的誤解：那些熱愛生命的人總是痛恨死亡，痛恨死亡卻又讓他們無法好好活著。唯有當你準備好死亡，準備好在最顛峰時死去，你才有活著的能力，你才能夠淋漓盡致的活著。它們是成正比的。如果你半吊子的過日子，你也會半吊子的死去。你活得愈認真、徹底、危險，你將會在強烈的高潮中死去。死亡是一個漸強的符號；生命在死亡的時候，才來到它的最顛峰。做愛的高潮與死亡所帶來的高潮根本無法相提並論。與死亡所帶來的喜悅相比，生命的喜悅相形見絀。

死亡究竟是什麼？死亡是你內在一個虛假的存在消失了。死亡也發生在愛裡，它以一種片面的方式，佔了一個小小的比例；因此，愛才有它的美。有一個片刻，你死了；有一個片刻，你消失了。有一個片刻，你不存在，整體佔據了你。你個別的部分消失了，你融入了整體的韻律。你不再是海裡的一個漣漪，你就是海洋。

那就是為什麼，所有高潮的經驗都像大海一樣，是一種廣闊無垠的經驗。同樣的情形也發生在你沉睡的時候：自我消失了，頭腦不再運作，你回到最初的喜悅。但是，這些經驗都無法和死亡相比。這些經驗都只是片面的事件。睡眠是一種短暫的死亡；你每天早上都會再度醒過來。如果你之前睡得很沉的話，喜悅會延續一整天，一種寧靜詳和的品質將繼續深入你的內心。如果你睡得很香甜，那麼那天你會過得很不一樣。如果你睡得不好，那麼那天你就會心煩意亂，沒來由的生氣、煩躁，一點小事就會把你搞得天翻地覆。你會很想生氣——不特別針對誰，你就是想發火。你的能量不在家，它混亂不集中。你覺得自己沒有根。

死亡是一種很深很巨大的休息。生命一切的騷動……七十、八十或九十年的騷動，生命中所有的痛苦，所有的興奮，所有的焦躁不安，所有的焦慮，全都消失了，再也跟你沒有關係了。你回歸存在最初的整體。你成為大地的一部分。你的身體消失在大地裡，你的呼吸消失在空氣裡，你的火消失在陽光裡，你的水消失在海洋裡，你內在的天空與外在的天空交會了。這就是死亡。一個人怎麼能痛恨死亡呢？

你一定懷著某種誤解。你一定抱持這樣的想法，認為死亡是你的敵人。死亡不是敵人，死亡是最好的朋友。死亡必須受到款待，死亡必須用一顆愛的心去等候。你認為死亡是敵人，你討論接受你將會死這件事——每個人都會死，你的想法不會造成任何差別——但你將會死在極度的痛苦中，因為你會抗拒，你會爭鬥。在抗拒、爭鬥中，你將會毀了唯有死亡才能賜予你的喜悅。死亡原本可以是一種很棒的狂喜，現在卻變成是極度的痛苦。

一個人在極度痛苦的時候，會陷入無意識。他能忍耐的程度是有限的，人能承受的就那麼多。因此，百分之九十九的人都在無意識的狀態中死去。他們抗拒，直到死前還在奮戰。當他們無力反抗死亡的時候——他們將所有能量全部投注到最後關頭——但他們陷入了昏迷狀態。最後他們死於一種無意識的死亡。

無意識的死亡是很大的不幸，因為你不記得發生了什麼事。你不記得死亡是一道通往神性的門。你被抬進了那道門，但你躺在擔架上，毫無意識。你再次錯過了一個偉大的機會。

那就是為什麼我們會不斷忘記我們的前世。如果你是有意識的死去，你就不會忘記，因為那個過程沒有任何空隙，它是一個連續的過程。你會想起你的前世——想起前世是很重要的。如果你記得你的前世，你就不會再犯同樣的錯誤。否則，你將會一直在惡性循環裡打滾：同樣的循環，同樣的輪子一轉再轉。你再次懷著同樣的野心，你再次犯下同樣的蠢行，你以為你是第一次這麼做，但事實上這些事情你已經做過幾百萬次。你每次死的時候都曾出現一段空隙，因為你是無意識的，你和你的過去之間不是連結的，於是，生命又得重頭開始。

那就是為什麼你們無法進化成一個佛。進化需要對過去持續不斷的覺知，同樣的錯誤才不會再次發生。慢慢的，錯誤會消失。慢慢的，你會覺知到那個惡性循環；慢慢的，你就有能力脫離它。

每次你都無意識的死去，你也將再次無意識的誕生；因為死亡在門的這一邊，誕生在同一道門的另一邊。這道門的一邊是死亡，另一邊是誕生。它是入口，它也是出口——它們是同一道門。

那就是為什麼你一出生，就不記得那個過程了。你不記得你在子宮裡的那九個月，你不記得你通過產道，你不記得你所經歷過的瀕死的痛苦，你不記得出生的創傷。然而出生的創傷一直影響著你，你的整個人生一直受到出生的創傷的影響。

你必須去了解那個創傷，而了解它唯一的辦法就是去想起它。要怎麼去想起它？你這麼害怕死亡，你這麼害怕誕生，這種恐懼將會阻止你深入其中。

你說，「我最強烈的情緒就是痛恨死亡。」這是出於你對生命的恨意。去愛生命，那麼，一種對死亡的自然之愛也會出現，因為生命帶來死亡。死亡與生命並不相違背，死亡是花朵的綻放，生命是含在它裡面的種子。死亡不是來自天上，它在你的裡面成長，它是你內在花朵的綻放，它是你開出來的花。

你曾看過一個真實的人死去嗎？目睹一個真實的人死去是很難得的，如果你看過，你會覺得不可思議，死亡使那個人變得很美。他從不曾這麼美過——他童年時不曾如此美過，因為那時他是無知的；他青年時期也不曾如此美過，因為那時他的情欲過於熾熱。但當死亡來臨時，一切都放鬆了。童年的愚昧無知不在了，青年的激情瘋狂也不見了。年老的不幸，年老的疾病和缺陷也都消失了。一個人從身體中解放出來。一種極大的喜悅從他內在核心的最深處湧出，散播開來。

在那個垂死的人眼中，你將會看到一種不屬於這個世界的火焰。在他的臉上，你會看到一種來自彼岸的莊嚴。你能感覺得到那份寧靜，一種不掙扎、不抗拒的寧靜，他只是慢慢、慢慢的進入死亡……對於生命賜予他的一切，對於存在的慷慨，他都懷著一種深切的感激和接受。此時會有一種感激之情包圍著他。

你將會發現有一種全然不同的氣氛在他的周圍。一個人應該死的時候，他就會死。然後，他會釋放出極大的自由，讓他身邊那些人陶醉其中，讓他們感到欣喜若狂。

在東方，死亡一直是一件大事：如果有一位大師過世，就會有成千上萬、甚至數百萬人，聚集在一起目睹這莊嚴宏偉的事件。只是待在附近，只是靠近那裡，看著那個人釋放最後的芬芳，看著他唱最後一首歌，看著他的身體與靈魂分離時所綻放的光。它是如此燦爛耀眼；它是一個偉大的啟發。

科學家現在完全知道，如果你分裂原子，將會釋放出龐大的能量。而當身體和靈魂分離的時候，會釋放出更大的能量。它們無數世以來都是一體的，此時此刻它們突然要分開了。在這個分離的過程中，會釋放出龐大的能量。這個能量的釋放會變成一個大海嘯，那些想衝浪的人，將會體驗到極度的狂喜。

不要恨死亡。我知道，不是僅有發問的人恨死亡，幾乎每個人都恨死亡，因為我們被灌輸了一種錯誤的哲學。我們被告知死亡與生命是相對的；但它不是。我們被告知死亡摧毀了生命；這完全是胡說八道。是死亡的來臨，完整了生命。

如果你的生活是美的，死亡會使它更美，美到極致。如果你的生活已經充滿了愛，那麼，死亡會賜予你愛最極致的經驗。如果你已經過著靜心的生活，死亡會帶你來到最終的意識。死亡只是強化一切——當然，如果你的生命已經偏離正途，死亡也將更強化它。死亡是一個巨大的放大鏡。如果你只活在憤怒中，你死的時候只會看到你內在的地獄和火焰。如果你活在仇恨中，死亡會放大仇恨。死亡能做什麼呢？死亡只能放大一切，它反映出真相——而你將是那個被審判的對象。死亡只是一個反映真實的現象。

不要恨死亡。否則你會錯過死亡，你也會錯過生命。

你說：「我最強烈的情緒就是痛恨死亡。」你無謂的浪費了你最強烈的情緒。愛生命。永遠不要否定，否定無濟於事。不要恨黑暗，去愛光明。將你全部的能量投入愛中，你會很意外，你會大吃一驚。如果你愛光明，有一天，你將會突然領悟到，黑暗不是別的，它是光明的另一面，它是光明正在休息的一個階段。

不要恨世界，不要理會過去那些你所謂的聖人反覆告訴你的話。熱愛生命，熱愛這個世界，當你的愛完全達到飽和，你立刻就會發現你的神性。它藏了起來。它藏在樹裡，藏在山裡，藏在河裡，藏在人類身上——在你的太太身上，在你的先生身上，在你的孩子身上。如果你恨生命，如果你恨這個世界，你逃避它，你就離開了神性。

肯定生命，讓你的能量集中在積極的事物上。否定不是生命之道；人無法一直活在否定當中。在否定當中，人們只有自殺一途。所有的否定都是在自我毀滅。只有肯定，全然的肯定，可以帶領你來到實相。

你說：「我最強烈的情緒就是痛恨死亡。我想一勞永逸的了結它！」

你辦不到的。沒有人辦得到，這是不可能的。從你出生的那一天起，死亡就成為一件必然會發生的事。現在，它已經不可避免了。唯有當你終結生命的時候，你才能終結死亡。你已經死過了！在你出生的那一天，你就死了——因為你從一出生，就註定要死。如果你真的不想再死一次，那你得做些事，那麼你就不用再度出生。

這就是整個東方解決問題的方法：如何不要再度出生。有一些方法可以讓你不要再度出生。如果欲望消失了，你就不會再來一次。是欲望把你帶進這個身體；欲望是把你和你的身體黏在一起的強力膠。一個身體消失了，欲望又創造出另一個身體；這樣的情況一直不斷發生。只要結束欲望，你就不需要再出生了。生消失了，死也會自然消失。然後，生命永恆：不生，不滅。

不生不滅，就是最偉大的靈藥。這是整個東方的途徑，東方的領悟，東方的洞見。要記住，你對抗不了死亡。你可以終結生命，然後死亡也會被終結。過去的情況是，我們熱愛出生，我們熱愛生命，因為這個熱愛，反而變成我們痛恨死亡的理由。現在，你鑽進了死胡同，你把自己搞瘋了。

你說：「我想了結它！」如果你真的想了結死亡，就接受它。完全接受它——在接受中，死亡消失了。你從未真的死過，死的只是你的自我。如果你完全接受死亡，你就和你的自我斷絕關係。死亡就沒事可做了；你已經做完了它的工作。死亡能從你那裡奪走什麼？它能奪走你的錢，奪走你的太太、你的先生；它會奪走你和他人的關係，奪走你的世界……。不要執著於這些——死亡還能從你那裡奪走什麼？它只會奪走你的自我，你的自我認同。

你可以終結它。靜心要做的就是這件事。它是一種有意識的、有自覺的決定：「我要終結這個自我，我不再緊抓著它不放。」當你再不依附這個自我，你還剩下什麼？你已經死了。唯有那些已經死去的人才能征服死亡，獲得生命的豐盛。

問題

每當我強烈被某人吸引，我覺得我可能真的愛上對方了，這時恐懼就會冒出來。就算對方也真的被我吸引了，也是這樣。所以我想，這不是害怕被拒絕，它更像是某種奇怪的、存在性的恐懼。你可以幫助我了解它是什麼嗎？

愛總是讓人緊張，它會讓人緊張是有原因的。愛來自於無意識，而你所有的能力都在意識的層面；你所有的技能，所有的知識，都在意識的層面。愛來自於無意識，你不知道該如何去應付，不知道該拿它怎麼辦，而它又那麼重要。

無意識比意識大了九倍，所以，任何來自無意識的都有壓倒性的優勢。那就是為什麼人們害怕情緒和感覺。他們壓抑情緒、感受，他們怕它們會製造混亂——它們會這樣，但混亂是美的！

秩序是有必要的，混亂也是有必要的。需要秩序的時候，就用秩序，用有意識的頭腦；需要混亂的時候，就用無意識，讓混亂發生。一個完整的，一個全然的人，是一個有能力運用兩者的人——他不會讓意識干擾無意識，也不讓無意識干擾意識。有一些事情你只能有意識的做。比如說，你做算術，只能用意識去做。愛不是這樣，詩也不是這樣；它們源自無意識。所以你得把意識放在一旁。

想要掌握這一切的是你的意識，因為它害怕即將到來的某種東西這麼巨大，就像海嘯一樣；它還活得下來嗎？它試圖躲避，它試圖逃離；它想要逃開，躲在某個地方。但那是不對的，那就是為什麼人們變得遲鈍呆板、死氣沉沉的原因。生命的泉源是在無意識。意識是功利主義的，它實用，但它不是生命的喜悅，它不是慶祝。如果你考慮的是生計，意識是好的；但生命則不是如此。生命來自於無意識，來自於未知，而未知一向令人驚慌。允許它發生。我在這裡所有的工作，就是要幫助你讓自己的無意識發生。一旦你開始享受它，緊張就會消失。沒有必要去控制它；一個人沒有必要二十四小時全副武裝。

曾經有個中國皇帝去見一位偉大的禪師。禪師笑得在地上打滾，他的弟子們也在笑；他一定是講了笑話之類的。那個皇帝覺得很難堪，他不相信他看到的，這些禪師的行為實在是太沒禮貌了。他忍不住要說點什麼。他對禪師說：「你這樣成何體統！你這種身分的人不應該這樣；你應該端莊嚴肅一點。結果你竟然在地上打滾，笑得跟瘋子一樣。」

禪師看著皇帝。皇帝揹了一把弓；在過去的年代，皇帝都是戰士，他們會揹著弓箭。禪師說：「告訴我一件事：你會一直把弓拉得緊緊的，還是也會鬆開它？」

皇帝說：「如果我一直拉緊弓，它會失去彈性就沒用了。我會讓它保持放鬆的狀態，這樣一來，當我們需要用它的時候，它才會有彈性。」禪師說：「那就是我正在做的。」

有時候，人們應該好好放鬆一下，狂野一點，隨性一點。愛就是放鬆。一個人不需要二十四小時都全副武裝。工作的時候，使用有意識的頭腦好好工作；要警覺，要慎重。要聰明，要有技巧，要有效率。但那只是生命實用性的部分。離開辦公室以後，放輕鬆一點，讓無意識接管一切；讓它佔有你，讓它帶領你瘋狂。

否則的話，它將是一個惡性循環。你會覺得緊張，是因為你壓抑了能量。你在壓抑能量的同時，那些被壓抑的能量在你的內在製造出許多顫抖，所以你就更緊張了。你越緊張，你就越壓抑；你越壓抑，你就越緊張，就這樣沒完沒了繼續下去。你必須打破這個惡性循環。只要跳開就對了。

問題　能不能請你談談罪惡感與恐懼的關係？我發現有時候這兩者很難區別。

恐懼是自然的；罪惡感是教士創造出來的。罪惡感是人創的，恐懼是內建的，它是必要的。沒有恐懼的話，你根本不可能活到現在。恐懼是正常的。因為恐懼，你不會把你的手放進火裡。因為恐懼，無論那個國家的法律怎麼規定，你會知道該靠左走還是靠右走。因為恐懼，你會避開有毒的東西。因為恐懼，卡車司機按喇叭的時候，你會閃到一邊。

如果一個孩子天不怕地不怕，他不可能活下來。恐懼是一項保障生命的措施。這個自我保護的天性並沒有什麼不對，你有保護自己的權利。你有一個非常寶貴的生命要保護，恐懼在協助你。恐懼是一種聰明才智。只有白痴不害怕，只有傻瓜不害怕。因此，你得保護這些人，不然他們會燒傷自己，跳樓，或明明不會游泳還往海裡跳——他們什麼事都做得出來。

恐懼是你的聰明才智；當你看到一條蛇穿過馬路，你會跳到路邊去。這不是膽小，這是一種聰明才智。但這個自然現象有兩種可能性。恐懼可以變得不正常，它可以變成病態。那麼，你會害怕一些不必害怕的事，你總會為你那不正常的恐懼找到辯解的理由。

舉例來說，有人不敢進入一間房子。從邏輯上來說，你無法證明他是錯的。他說：「有什麼可以保證房子不會倒？」大家都知道有的房子會倒塌，所以這棟房子也有可能倒塌。有人曾被倒下的房子壓傷。沒有人能保證這棟房子絕對不會倒；也可能會發生地震，什麼事都可能發生。有人不敢去旅行，他怕火車發生意外。有人不敢搭乘汽車，他怕發生車禍。有人怕搭飛機……。你害怕的這些事是不明智的。照這樣說的話，你也應該怕你的床，有將近百分之九十七的人都死在床上——所以床是最危險的地方！從邏輯上來說，你應該盡量離床遠一點，永遠別靠近它。但這樣你根本沒辦法生活。

恐懼如果變得不正常，它就會是一種病。因為有這種可能性，所以傳教士利用它，政客也利用它，所有的迫害者都利用它。他們讓恐懼變成是病態的，然後要剝削你就更容易了。看看那些宗教的經典，他們是多麼開心、多麼津津樂道的描述那些酷刑！希特勒一定讀過這些經典；他一定是在這些描述地獄的經典中找到靈感的。他本身沒什麼想像力，他沒有天才到發明得出集中營和種種殘酷的暴行。他一定是在宗教經典中找到的——它們本來就在那裡，教士們早就完成了這個工作。希特勒只是在實踐教士們宣揚的教義，他真的是一個非常虔誠的人。教士只不過談到你死後等著你的地獄。希特勒卻說：「為什麼要等那麼久？我現在就可以在這裡製造一個地獄，讓你來體驗一下。」

教士從很早就察覺到，人類恐懼的本能是可以善加利用的。人們會嚇得跌在教士腳前乞求：「救救我們！能救我們的只有你了。」只要他們追隨他，教士就同意救他們。如果他們遵循教士訂的規矩，他就會救他們。由於恐懼，人們一直在遵循各種蠢事和盲目的迷信。

政客也發現他們可以製造恐懼讓人們害怕。你讓人們害怕，你就可以支配他們。國家的存在正是基於恐懼。印度人怕巴基斯坦人，巴基斯坦人怕印度人，全世界都是這樣。這實在很蠢！我們害怕彼此，而且由於我們的這種恐懼，政客的地位變得更重要了。政客說，他在這裡，他在這個世界裡拯救你；教士說，他在另一個世界裡拯救你。他們都串通好了。

恐懼引起了罪惡感，但罪惡感不是恐懼造成的。是教士和政客的行徑，讓恐懼產生罪惡感。教士和政客在你的內在製造了一種病，一種會發抖的病。如此脆弱、敏感的人類自然開始害怕起來。這麼一來，他們就可以使喚你做任何事，儘管你很清楚這是件傻事，儘管你內心深處很清楚這些事都沒有意義，但你會去做——誰知道呢？由於恐懼，一個人會為了救自己被迫做任何事。在你的內在製造出來的病是不自然的，你自然的天性會反抗它。你有時會做一些合乎自然天性的事，這些事會抗拒這個不自然的恐懼，於是罪惡感就出現了。

罪惡感意味著你的頭腦對於生命應該怎麼樣，應該怎麼做，有一個不合乎自然的想法。

有一天，你發現自己依循天性，你做了一些自然的事，你抗拒你背負的意識形態。你在對抗這個意識形態的同時，罪惡感出現了，於是你感到羞愧。你覺得低人一等，你覺得可恥。

灌輸人們不自然的理念，是無法讓他們轉變的。教士能夠利用人們，卻無法轉變人們。他們對於轉變你也沒有太大的興趣；他們一心只想永遠奴役你。他們在你的內在創造了一個道德良知。你的道德良知並不真的是「你的」，它是你的宗教製造出來的。他們說：「這是錯的。」或許在你內在深處，在你存在核心的最深處，看起來好像沒什麼不對，但他們說那是錯的，他們從你很小的時候就一直催眠你。那個催眠很深，深深滲入你的內在，幾乎成了你本質的一部分。它壓抑了你。

他們告訴你，性是錯的，性是這麼自然的現象，你被它吸引住了。被一個女人或被一個男人吸引沒什麼不對。它只是自然的一部分。但你的道德良知說：「這是錯的。」於是你開始壓抑自己。半個你走向別人，半個你又把自己拉回來。你做不了決定，你總是四分五裂，支離破碎。如果你決定和一個女人或男人在一起，你的道德良知會折磨你：「你有罪。」如果你不去，你的天性又會折磨你：「你害我性飢渴！」你進退兩難，無論怎麼做都會受苦。你越苦，就越想尋求教士的忠告。你越受苦，你就越想尋求救贖。

羅素是對的，他認為一個人如果完全被賦予與生俱來的自由，脫離所謂的道德良知和道德倫理；如果幫助一個人成為一個完整自然的存在，讓他發揮他的聰明才智和領悟力，讓他依循自己的光，不用遵循別人的忠告生活。那麼，人們所謂的宗教將會在這個世界上消失。

我完全同意他的話。所謂的宗教有可能在這個世界上消失。如果人們不再受苦，他們將不再尋求救贖。然而，羅素又說，宗教本身也將會從地球上消失。這一點我不同意。當人們所謂的宗教消失了——就是因為它消失了，真正的宗教性才第一次有機會在這個世界上出現。當世界上不再有基督徒，不再有印度教徒，不再有回教徒：唯有如此，一種新的宗教性才會遍及全世界。人們根據自己的意識生活。不用內疚，不用懺悔；內疚或懺悔這些從來不曾改變人們。人們還是一樣；他們只是不斷改變他們外表的穿著和造型。就本質來說，透過罪惡感、恐懼、天堂、地獄，改變不了任何事。這些概念都徹底失敗了。我們活在一個錯得離譜的世界；我們創造出一種錯誤的情境。人們只是一直在改變表相：印度教徒變基督徒，基督徒變印度教徒，但其實什麼都沒變，一切仍然維持原狀。

星期六的晚上，一個改過自新的妓女站在救世慈善機構的街角做見證，她敲打一個大銅鼓，為她的演說作造勢。

「我過去是個罪人！」她大聲說（碰！）「我過去是個壞女人！（碰！）我過去愛喝酒！（碰！）愛賭博！（碰！）我賣淫！（碰！碰！）我每個星期六晚上出去找麻煩！（碰！碰！碰！）現在我週六晚上都做什麼？我站在這個街角，敲著這個他媽的鼓！」

第3部

觀照——蛻變金鑰

不認同你的想法比不認同你的感覺容易一點，因為想法比較膚淺。不認同感覺比較難，因為它們比較深奧，它們在你的生物性、你的化學作用、你的荷爾蒙裡根深柢固。想法只是浮雲。它們並沒有在你的化學作用、你的生物性、你的生理機能、你的荷爾蒙內扎根；它們是無根的浮雲。但是，感覺是有根的，所以把它們連根拔起比較困難。

觀察相對於你之外的現象是容易的；但觀察你的憤怒、你的愛、你的貪婪、你的野心是困難的。理由在於，它們已經深深在你的身體裡扎根。觀照是一把銳利的劍：劍一揮，就能斬斷思緒、情緒。你更深入靜心的時候，你的經驗會讓你了解，身體被遠遠拋在後頭，還有情緒、思緒……。只有觀照還在。那就是你真實的本性。

・創造一點距離

如果你能夠靜心，如果你能夠在你的頭腦和你的本質之間創造出一點距離，如果你能夠看到、感覺到並體驗到你不是你的頭腦，你的內在就會發生一場驚人的革命。如果你不是你的頭腦，你就不會是你的嫉妒，你就不會是你的悲傷，你就不會是你的憤怒。

那麼，它們就只是在那裡，和你一點關係也沒有；你不提供它們任何能量。它們只是靠你的血液維生的寄生蟲，因為你過去一直認同你的頭腦。靜心意味著不認同頭腦。

這是一個簡單的方法，這不是某種難到僅有少數人能做到的方法。無論在任何地方，任何時候，只要靜靜坐著，然後觀察。閉上你的眼睛，注視正在發生的事。只要成為一個觀照者。不要評斷什麼是好的，什麼是壞的，這個不應該，那個應該……

沒有批判，你只是一個觀照者。

要花一點時間才能成為純粹的觀照者。當你成為一個純粹的觀照者時，你會很訝異，頭腦消失了。

這兩者之間有一個比例存在：如果你有百分之一是觀照者，那麼你就會有百分之九十九是頭腦。如果你有百分之十是觀照者，那麼你就會有百分之九十是頭腦。如果你有百分之九十是觀照者，那你就只剩下百分之十是頭腦。

如果你百分之百是個觀照者，你就沒有頭腦——沒有悲傷，沒有憤怒，沒有嫉妒——只有一種清明，一種寧靜，一種祝福。

＊＊＊

一個人必須開始觀照自己的身體：走路，坐著，睡覺，吃飯……任何時候。一個人應該從最平常的部分開始，這樣比較容易，然後再慢慢進行更精微的體驗。你應該從觀照想法開始，等你精於觀照想法之後，你也可以開始觀照感覺。當你覺得能夠觀照自己的感覺以後，再去觀照你的心情，它甚至比你的感覺來得更微妙，也更難以捉摸。

觀照的神奇之處在於，當你觀照身體的時候，你的觀照者會變強；當你觀照想法的時候，你的觀照者也會變強；當你觀照感覺的時候，你的觀照者甚至會變得更有力量。當你觀照心情的時候，這個觀照者已經如此有力，所以它能夠把持住自己——它可以觀照自己，就像黑夜中的蠟燭，不但照亮它周遭的一切，也照亮了自己。

在那個純粹的觀照中找到那個觀照者，是靈性上最了不起的成就，你內在的觀照者就是你的靈魂；你內在的觀照者就是不朽。但你千萬不能想說：「我辦到了。」因為當你想的那一刻，你就錯過了。

觀照是一個永無止盡的過程；你繼續不斷的深入，但你永遠也抵達不了一個讓你可以說「我辦到了」的終點。事實上，你越深入，就越覺察到你進入了一個永無止盡的過程，沒有起點，沒有終點。

然而，人們只會注意別人；他們從來不費心去看自己。每個人都在注意別人做什麼，別人穿什麼，別人看起來怎麼樣——這是最膚淺的觀照。每個人都在觀察；這不是什麼必須引進你的生活裡的新鮮事。它只是需要更深入，把焦點從別人身上移回來，將箭頭指向你自己內在的感覺、想法、心情——最後，來到觀照者本身。

在火車上，一個猶太人坐在一個傳教士對面。「告訴我，閣下，」那個猶太人問：「你為什麼要把領子反過來穿？」

「因為我是一個神父（father）。」教士回答。

「我也是一個父親（father），我可沒有把我的領子反過來穿。」猶太人說。

「噢，」教士回答：「但我是幾千個人的父親。」

「既然如此，」猶太人回答，「也許你應該把褲子反過來穿。」

人們總是都在注意別人。你很輕易會去嘲笑別人可笑的行為，但你有沒有嘲笑過自己？你曾經逮到自己做了某些可笑的事嗎？不，你完全沒有注意到自己；你所有的觀察力都放在別人身上，那一點用處也沒有。

用這個觀照的能量去轉化你的本質。它會為你帶來更多你不曾夢想過的喜樂和祝福。這是一個簡單的方法，一旦你開始運用在自己身上，它就變成了一個靜心。

任何事都可以變成靜心。任何讓你轉向自己的事都是靜心。找到你自己的靜心非常重要，在找到它的那一刻，你也會找到極大的喜悅。由於它是你自己的發現，不是外力強加在你身上的規定，你將會更樂於深入它。你越深入，你就越快樂——更詳和，更寧靜，更穩定，更有尊嚴，更優雅。

你們都知道如何觀察，不需要去學。問題在於要改變你觀察的對象。更貼近一點。觀照你的身體，你會很訝異。我可以不去注意我的手而移動它，我也可以一邊注意我的手一邊移動它。你還沒有領悟到這兩者的差異，但我感覺得到它們的不同。當我一邊注意我的手一邊移動它時，這個動作裡有了一種優雅和美感，一種平和，一種寧靜。你可以一邊散步，一邊看著你踏出的每一步；那麼，散步將會帶給你所有的好處，這個簡單美好的靜心將會帶給你極大的喜悅。

菩提伽耶（Bodhgaya）是佛陀成道的地方，人們在那裡蓋了一間廟，是為了紀念兩樣東西：其中一樣是菩提樹，佛陀過去常坐在那棵樹下。樹旁有許多小石頭，人可以踩在上面散步。佛陀曾坐在那裡靜心。當他覺得自己坐太久了，身體需要一點運動，他就會起來在那些石頭上走一走。那是他的走路靜心。

我在菩提伽耶辦靜心營的時候，去了那間廟，看到很多來自西藏、日本、中國的佛教僧侶。所有的人都對那棵樹致敬，但我沒看到有人對佛陀走過無數次的石頭路致敬。我對他們說：「這就不對了。你們不該忽略這些石頭。它們曾被佛陀的腳觸碰過無數次。」我知道那些人為什麼對石頭毫不在意，因為那些人完全忘了佛陀曾經強調，你應該觀照身體的每一個行動：行，住，坐，臥。你不該無意識的讓每一個片刻溜走。

觀照讓你的意識變得更敏銳。這是宗教性的精髓；其他都不過是空談。如果你能夠觀照，別的什麼都不需要了。

我的努力是盡可能讓這段旅程簡單一點。所有的宗教都反其道而行，它們把事情搞得非常複雜——複雜到人們連試都不想試。比方說，佛教經典記載了佛教僧侶應該遵守的三萬三千條戒律；光是要記得它們都辦不到！光聽到三萬三千這個數字就能讓你抓狂了：「我完了！我這一輩子全都亂了，毀了。」只要找出一條適合你的戒律，與你契合的戒律，那就夠了。

問題

我經常發現自己處於一種非常戲劇化和痛苦的心情狀態，而且在某些片刻，我會看到自己垮著一張臭臉走來走去，滿腦子都是「我是個失敗者」的想法，然後突然間，我的內在會忽然升起一股想咯咯發笑的衝動，有時候它會大笑出聲，這種感覺讓我非常開心。這樣的感覺非常強烈，它讓我再也無法保持那種戲劇化的心情！這和你說的觀照者有關嗎？

觀照者與你內在升起的笑聲之間的確有一種關係。觀照者看到的不只是他人愚蠢的行為，也可以看到自己愚蠢的行為。

觀照者可以看到你戲劇化的心情。在觀照者進來之前，你會認同那個戲劇化的心情；你忘了那只是一種戲劇化的心情。

觀察人們。每個人都為自己扮演的角色戴了一張面具，人們總是事前會在心裡複誦某些對話，做好準備。如果他遲到了，要怎麼跟太太說……他很清楚，他這輩子沒有一次騙得了她，但他還是繼續做同樣的蠢事。

如果觀照者進來了，如果你突然察覺到了，你會開始笑自己怎麼這麼愚蠢。你每天都繼續掉進同一條水溝裡，你每天都決定再也不要掉進同一條水溝裡。但當你走近水溝，掉下去的吸引力這麼大，這麼誘人，你就完全忘了自己的決心。你的自我會安慰你說：「一次就好。從明天開始，我會信守對自己的承諾。」這種事已經發生太多次了。除非你允許觀照者看著你做的蠢事，不然你這一輩子仍然會這麼做。

它們之間的確有一種很密切的關係。當你觀照的時候，你會開始覺得好笑，你會嘲笑你自己，為什麼要擺著一張這麼嚴肅的臉，根本沒必要。事實上，根本沒有人在看你；你可以放鬆！就算他們在看你，嚴肅的臉一點也不美。一張喜悅的臉，一張充滿笑容、容光煥發的臉，或許還值得給別人看。如果你想繼續當演員，至少也要挑一個好角色！

每個人都選擇演這麼醜陋的角色；他們的臉晦暗悲傷，整個人形同一具屍體。儘管如此，他們還是要大家愛他們，尊敬他們。就算他們忍受得了，連狗都不想對他們叫；牠們連看都不想看，牠們會說：「讓他繼續沉溺在自己的不幸裡吧。」狗也有自己的基本信念；牠們會對穿制服的警察和郵差叫，牠們完全反對制服。牠們想必是非常叛逆的動物。如果有一整個軍隊的人經過，所有的人都穿著同樣的制服，狗忍不住會抗議。你垮著臉經過那裡，連狗都不想理你了。如果你看得到自己的話，你會開始笑自己：「為什麼要帶著一張這樣的臉？」如果你真的在觀察，你會感到很驚訝，連狗都在笑你。

也許你沒有注意到這個事實。下次當你開懷大笑的時候，試著去觀察一個很基本的事實：當你笑的時候，是最容易觀察的，因為笑不是一個嚴肅的行為，它是自然的。笑在你內在創造出一種寧靜的氣氛。如果你全然開懷大笑，頭腦就停止了：「讓這個傻瓜先笑好了。」這些時刻，你就能輕鬆的把觀照者帶進來。

保持你想咯咯發笑的衝動……笑的時候記得要觀照：

一年級學生聚在老師身邊，在玩猜動物的遊戲。老師拿出來的第一張圖是一隻貓。

「好了，小朋友們，」她輕快的說：「有沒有人可以告訴我這是什麼？」

「我知道！我知道！這是一隻貓。」一個小男孩大喊。

「很好，艾迪。那麼，誰知道這隻動物是什麼？」

「那是一隻狗。」同一個小男孩大叫。

「又對了。那這隻動物是什麼？」她拿出一張鹿的圖片問道。

全班一片安靜。一兩分鐘以後，老師說：「我給你們一點提示。孩子們，聽好了。你媽媽在家裡就是這樣叫你爸爸的。」

「我知道！我知道！」艾迪尖叫。「它是一隻發情的混蛋！」

（註：老師的意思是媽媽叫爸爸親愛的〔dear〕，和鹿〔deer〕同音。）

有個水手困在一個熱帶的荒島，他想辦法結交當地的土著而倖存了下來——水手和土著變成非常好的朋友。有一天，酋長願意讓他的女兒為他提供夜晚的餘興節目。夜裡他們做愛的時候，酋長女兒一直不斷的喊：「歐卡，布卡！歐卡，布卡！」狂妄自大的水手猜想，這一定是當地人對於非常棒的事表示激賞的方式。

幾天後，酋長邀請水手參加高爾夫球賽。酋長第一次揮桿，就一桿進洞。水手試著賣弄他新學的詞彙，他熱情十足的大喊：「歐卡，布卡！歐卡，布卡！」

酋長一臉困惑的回頭看著他，問：「你說『搞錯洞了』是什麼意思？」

問題

當你談到愛與熱情，強烈與誠實，我的內在感覺到一股溫暖的光輝，因為我認得出它——我感覺得到它的真實性，我高潮時偶爾會瞥見它。可是，當你談到不執著，超然，觀照的時候，我的內在感覺到冰冷的恐懼和死氣沉沉。我無法了解這種矛盾。我怎麼能愛上一個人，同時又保持超然？我怎麼能忘我的投入一片美麗的風景，而又不執著？

你談到在天堂與地獄、狂喜與絕望之間無助的擺蕩，我發現我的生命正是如此。我看到這樣的無奈令人不滿、痛苦。但如果另一種選擇是保持冷靜，不執著的超然，那我倒寧願待在我的天堂與地獄裡，待在我的喜悅與痛苦裡，不再去做所有的觀照。

你需要了解一件最重要的事就是，生命是矛盾的；生命就是透過自相矛盾而存在的。生命不是邏輯的，它是自相矛盾的。它存在於生與死之間，它存在於夜晚與白天之間，它存在於恨與愛之間，它存在於男人與女人之間。它存在於正電與負電之間，它存在於陰與陽之間。只要四處看看，往內看，往外看，你將會發現矛盾無處不在。

如果生命是邏輯的，就不會產生矛盾。但生命不是邏輯的，它也不可能如此！只要想想看，一個世界上只有愛沒有恨——愛就不可能會發生；愛會與恨一起消失。想想看，一個世界上只有黑暗沒有光，或是只有光沒有黑暗……那是不可能的。如果世界上只有生沒有死——就算這非常合乎邏輯，但它也會令人非常厭倦。

生命不是邏輯的。它是兩極之間的運動。這兩極並非真的相反，儘管它們看似相反；它們也是互補的。恨與愛並不是兩件事；「愛恨」實際上是一件事。「生死」是一件事；「日夜」是一件事；「男女」是一件事。就像喜馬拉雅山的山峰與山谷。山峰不能沒有山谷而存在，山谷也不能沒有山峰而存在——它們是一起的。這個矛盾出現在任何層面，任何地方。

現在，你說：「如果另一種選擇是保持冷靜，不執著的超然，那我倒寧願待在我的天堂與地獄裡，待在我的喜悅與痛苦裡，不再去做所有的觀照。」我不是說你必須選擇一種冷淡、抽離的生活。我是說，激情的愛與冷靜的超然相互矛盾。這種矛盾也同樣發生在生與死之間，愛與恨之間；它是同樣的矛盾。唯有熱情投入的人才知道冷靜的超然是什麼。你會很意外，因為你到目前為止所聽到的一切都是相反的。

人們告訴你，佛陀是冷靜的，不執著的，遙不可及的。世人洋溢著熱情，而聖人則節制情感；世人過著火熱的生活，而僧侶進入僧院過著冷靜的生活。到今天還是如此，兩者都各執一方。世人只知道兩極的一端，那是他的悲哀。他只知道熱度；他不知道一個佛撫慰人心的冷靜。僧侶只知道冷靜，他不知道幸福、狂喜、興奮的感覺，他不知道還有在激情中狂熱的慶祝。

希臘有個左巴，他知道熱情是什麼。我們對佛的看法，認為佛只知道冷靜——注意，我稱它是「我們對佛的看法」。是我們製造了分裂，由於這個分裂，導致世俗之人不富足，因為他只有一半。宗教人士也不完全，他缺乏整體性，他永遠不可能成為聖人，因為他只知道兩極的一端。這兩者都一樣悲哀。

走進市集裡看看，再走進僧院裡看看。你會發現僧院裡一片悲慘，無聊，死氣沉沉；你們會看到那些僧侶的眼中，除了呆板之外，沒有別的。當你只活在某一端的時候，你會失去敏銳，你會失去多元，你會失去豐富。

我看待事情的方式是，不要做選擇。保持無選擇（choiceless）的，你就會看到這兩極的遊戲。光譜的兩端都是你的，你兩端都得體驗。是的，你必須是深刻、強烈、真正的熱情——你也必須變得冷靜、沉著和寧靜。你必須去愛，你必須靜心。靜心和愛不應該分開，它們應該像山谷山峰一樣綿延不斷。山峰有它的美，烈陽照射和初雪覆蓋，早晨是金色的，滿月時是銀色的，空氣如此純淨，與滿天星斗如此接近——你幾乎可以對它們低語……。而山谷也是美的：它的黑暗與它天鵝絨般的質地，它的無垠，它的神祕，它充滿樹的陰影、流水聲的美……。兩者都是美的。

我教你不要做選擇，要兩者都一起接受，它們會幫助彼此變得越來越清晰。一邊是希臘左巴，另一邊是佛陀——我教導你佛陀左巴。那就是為什麼左巴反對我，因為他們無法想像佛陀。物質主義者反對我，他們問我為什麼要把宗教性帶進來。所謂的宗教人士反對我，他們問我為什麼把愛帶進一個虔誠教徒的生活裡，我竟然敢談論身體和它的歡愉。這兩邊都在生我的氣，因為我說那是從性到超意識的途徑。他們一方想停留在性就好，另一方完全不想談到性，只談超意識。但我接受生命的全部光譜，我接受生命完整的一切。

唯有當你接受完整的一切，你才能夠接受生命及存在的一切；如果你拒絕接受某件事，那表示你想要比生命及存在更有智慧。存在不會拒絕任何事物。你們的馬哈特瑪（mahatmas，印度精神領袖甘地）就是試圖要比生命更有智慧。

生命在對立的兩極之間生存，它存在得很美。如果你去愛，你會訝異你馬上就會產生一股想要獨處的強烈欲望——它來自於愛。所有的情侶都感覺得到它。如果你沒有感覺到它，表示你並沒有在愛，你的愛是冷淡的，沒有真正的熱情。如果它是熱情的，就會出現一股想要單獨的強烈欲望：你會想擁有自己的空間，想往內走，沉浸消失在自己的內在裡面。因為當愛太濃烈，會使你疲倦，使你筋疲力竭，會掏空你。偶爾讓自己放空是美的，之後，你會開始覺得自己需要再度被滋養。

你能從哪裡得到滋養？只要向內走，向內逃，對世界閉上眼睛，不去管其他所有的人……在那些內省的片刻，你的能量逐漸累積；你再度感覺到充滿。你會感覺太飽滿了，飽滿到要溢出來了；然後，你必須去尋找、追尋某個人，他已經準備好要分享你的能量，分享你的歌，與你共舞。你們會有一種想要結合的強烈欲望從單獨中再度升起。這就是那個韻律。

我不是要你變得冷淡；也不是要你選擇疏離與超然。我是在告訴你，它們是兩種面向。如果你想要活出生命多元的面向——物質的，靈性的，身體的，靈性的，愛與靜心，外在的探索與內在的旅程——如果你想要活出生命的完整，你並不需要只選擇吸氣或吐氣。你應該讓兩者自然運作，如果你選擇的話，你會死。

那就是為什麼你在市集和僧院裡，總可以找到死氣沉沉的人。有些人只選擇吐氣，有些人只選擇吸氣。但若你要呼吸，這兩者都要；當你深深的吐氣，由於這個吐氣，你就會深深的吸氣；而當你深深的吸氣，由於這個吸氣，你又會深深的吐氣；這時，呼吸成了一個完美的循環。

要記住：如果你吐的氣不夠多，你吸的氣就不可能多。如果你吸的氣很少，你吐的氣也會很少。它們是相互調節的。你氣吐得越多，你就吸得越多，反之亦然。

你並不需要擔心。你會擔心是因為當我教導「愛」的時候你感覺很棒……但是讓我告訴你，我坦白告訴你，那是因為你還不懂得愛。如果你懂得愛，你也會了解兩極的另外一端。從你自己的經驗中，你會了解到，愛會產生一種想要獨處的強烈需求，單獨會引發一種想要結合的強烈需求。這個真理必須讓所有人都知道。情侶們因為不懂這一點，所以在他們想獨處的時候會有罪惡感。一個人想要獨處，他的另一半就會覺得自己被拒絕了。這是個嚴重的誤解。如果先生說：「今晚讓我獨處。」太太覺得遭到拒絕，她會生氣，就好像她不再被需要了。不是這樣的；他們誤解了整件事。

如果哪天太太說：「讓我單獨一個人。」先生也會感到被傷害了；他覺得他的男性自我受損了。如果你對你的愛人或心愛的人說：「我想要單獨一個人待幾天。我想一個人去山裡幾個禮拜。」你的另一半一定無法了解，因為從來沒有人告訴他們這個根本的真相——愛會讓你產生想單獨的渴望。如果你不獨處，你的愛會變得很貧乏。它會慢慢變成一個虛假的東西，它將失去它所有的真實。

接受生命的完整性。陷入狂熱的激情是好的，沉浸於冷靜的慈悲也是好的。讓它們成為你的雙翼；不要切斷一邊翅膀，否則你永遠無法繼續永恆的飛行——從單獨到單獨的飛行。

那就是普羅汀（Plotinus，204-270，新柏拉圖學派最著名的哲學家，主張有神論）所說的：從個體到宇宙的靈魂飛行。你需要你的一對翅膀才能飛。

我教你愛，我教你靜心——此外，我教你一個兩者結合之後更棒的複合體。不是你去創造這個複合體。這個複合體是自然形成的，你只要不干擾它就可以了。持續觀察你自己的經驗，你會證明我說的沒錯，因為我在這裡談的不是理念，我談的是事實。

一個戰績輝煌的俄國英雄從芬蘭前線返國。他在前線的表現非常優異，他在嚴冬的山裡連續待了好幾個月。這是他第一次回國休假。

記者問他：「告訴我，伊凡・佩洛維奇上校，你和太太整整分別了一年，你回來後做的第二件事是什麼？」

伊凡毫不猶豫的回答：「第二件事？為什麼問這個？我做的第二件事是脫下我的滑雪板。」

你在山上待了這麼久，你的滑雪板一時怎麼脫得下來？

一艘船出海六個月之後回到港口。

鎮上所有的女人都湧進碼頭迎接她們的先生歸來。一個女人對著她站在船頭上的先生揮手，對他喊著：「E，F！E，F！」

他喊道：「F，F！F，F！」

「E，F！E，F！」

「F，F！F，F！」

旁邊有個人問那個女人：「E，F和F，F是什麼意思？」

她回答：「我在跟他說，我們應該先吃飯（Eat First）。」

‧‧

壓抑或蛻變——生而為人的自由

人類是唯一能夠壓抑或轉化能量的生物。沒有其他的生物能這麼做。壓抑和蛻變是一個現象的兩面，人可以對自己做一些事。

樹木存在，動物存在，鳥兒存在，但它們無法對自己的存在做什麼事；它們只是存在的一部分。它們無法從存在裡跳脫出來，它們無法成為一個「做者」(doer)。它們和自己的能量密不可分，它們無法抽離自己。

但人可以做一些事。他可以對自己做一些事。他可以隔一段距離觀察自己；他可以看著自己的能量，就像它們與他是分離的。那麼，他就能夠壓抑這些能量，或是轉化它們。

壓抑意味著試圖隱藏某些確實在那裡的能量，不允許它們有自己的本質；不允許它們有自己的展現。蛻變意味著改變這些能量，將它們轉化成新的向度。

人會有恐懼是因為你覺得自己快要失控了，而一旦失去控制，你就會束手無策。我教你一種新的控制方法——「觀照自己」的控制方法。它不是去「操縱頭腦」的控制，而是「覺察自己」的控制。這種控制是所有可能中層次最高的，這種控制自然到你永遠感覺不到你在控制。它是一種隨著覺知而不由自主產生的控制。

如果你順從你的壓抑，你會變成所謂一般的人類：假的，膚淺的，內在空洞的假人，不可靠，不實在。如果你不順從你的壓抑，隨心所欲，你會像動物一樣美，比所謂的文明人更美。但你還只是動物，你沒有警覺，沒有覺知，完全沒有意識到成長的可能性，沒有意識到你真正人類的潛能。

如果你能從你的能量中蛻變，你就成了神性。記住，當我說神性的時候，祂包含了這兩者——原始與文明。野生動物沒有被拒絕，被否定，反而因為牠比較警覺，所以顯得更高貴。野性原始的一切還有它的美，都包含在這個神性裡；而文明試圖強迫發展的一切，也都包含在神性裡。但這個文明發展是自發的，不是被迫的。一旦能量被轉化蛻變，自然與神性，都會在你的內在交會。

這就是聖賢的真正意涵。聖賢是自然與神性的交會，身體與靈魂的交會，下與上的交會，大地與天空的交會。

問題

你說，我們不該壓抑，也不該耽溺於憤怒這樣的情緒中；我們應該維持被動的警覺和靜心。但顯然，要避免壓抑或耽溺，仍需要某種內在的努力——這難道不也是一種壓抑嗎？

不是的！它是努力，但不是「一種壓抑」。不是所有的努力都是壓抑。

努力有三種不同的形式。一種是和表達有關的努力；你表達憤怒，這是一種努力。第二種努力是，你壓抑它。當你表達你的情緒的時候，你是將你的能量往外逼向他人，逼向客體。你把你的能量丟出來，對方是你的箭靶。將能量移向別人；這是你這一方的努力。當你壓抑時，你會把能量拉回源頭，拉回你自己。你努力不流露感情；這是一種努力，但方向不同。在表達中，它離開你；在壓抑中，它回到你身上。

第三種選擇——警覺，被動的警覺——也是一種努力，但是向度不同。這個能量是往上移動的。剛開始，它是一種努力。我說要被動的警覺，剛開始，連被動也必然是一種努力。慢慢的，唯有當你對它越來越熟悉，它才不再是一種努力。當它不是努力的時候，它甚至會更被動——它越被動，就越能產生磁性。它會將能量往上提升。

剛開始的時候，所有的事情都是一種努力，不要被文字騙了，文字會製造問題。神祕家一直在談論不努力；他們說不需要費力。但在剛開始的時候，這麼做也是一種努力。當我們說「不需要費力」，我們指的是不要勉強自己去努力。允許它透過覺知發生。如果你勉強它，你會變得很緊張。你一開始緊張，憤怒的能量就無法向上提升與轉化。緊張是橫向的；唯有不緊張的頭腦才能夠到達高處，像浮雲一樣在空中飄移。

看著浮雲瀟灑自如的飄移——你只要用同樣的方式，將你的觀照帶進來，像一片浮雲一樣。剛開始，這一定是一種努力，但記住，唯有如此，它才能變成不努力的。你會強化這個警覺性，並越來越允許它發生。

這並不容易，因為語言會造成障礙。如果我要你放鬆，你會怎麼做？你會努力去做。然後，我告訴你不要做任何努力，因為你所做的任何努力都會製造緊張，你又沒辦法放鬆了。我告訴你放鬆就好，你就開始一頭霧水，你一定會問：「你是什麼意思？如果我什麼努力都不做，那我應該做什麼？」

你什麼都不該做，「無為」(nondoing)在開始的時候看起來會像一種「做為」(doing)。所以我會說：「好吧！去做一點努力，但記得要把努力丟到後頭，把它當成開始時的啟動裝置就好。你不了解無為，你只了解做為。所以，就用「做為」的語言開始吧！但只要把努力當成一個啟動裝置。並且記住，你越快丟棄它越好。」

我聽說，目拉那斯魯丁年紀很老了，他深受失眠所苦。他睡不著。什麼方法都試過了——泡熱水澡，藥丸，鎮定劑，含藥糖漿——但都不管用。而且目拉自己睡不著覺，也不准家裡任何人睡覺，全家人都因此深受其擾。

他們拼命尋找能夠幫助目拉入睡的方法或藥物。最後，他們帶了一個催眠師回家。一家人很開心的告訴老目拉：「爸爸，現在你可以放心了，這個人很神奇。他在幾分鐘之內就可以創造出睡眠。他知道睡眠的魔法，所以別擔心。現在不用怕了，你可以睡覺了。」

催眠師拿出一只鏈錶給目拉看。他說：「只要一點點信心就可以創造奇蹟。你只需要對我有一點點信任。相信我，你就會睡得像嬰兒一樣香甜。現在，看著這個錶。」

他開始左右晃動那個錶。那斯魯丁看著它，催眠師說：「左——右，左——右。你的眼睛會變得很沉重，很沉重，很沉重。你睡著了，睡著了，睡著了，睡著了。」

每個人都高興極了。目拉的眼睛闔起來了，他的頭垂下了，看起來就像嬰兒一樣的睡著了。催眠師收了錢，一根手指壓在嘴唇上，暗示家人不用擔心，現在他們不會再困擾了。然後，他悄悄溜了出去。當他出門的那一刻，目拉張開一隻眼睛說：「那個傢伙！他走了嗎？」

目拉當時正在努力放鬆，他「像嬰兒般」的放鬆。他開始規律的呼吸，閉上他的眼睛，這些都是努力。他在幫助那個催眠師，他認為他在幫催眠師的忙，但那是他單方面的努力，所以什麼事都沒有發生。什麼事都沒有發生；他是清醒的。如果他可以保持被動，如果他能夠聽進那些話，盯著催眠師要他看的鍊錶，他就會睡著了。他自己根本不需要費力；只要被動接受就行了。對你來說，一開始還是需要一點努力，才能讓你的頭腦被動的接受。

不要怕努力。從努力開始，但要記住，你必須超越努力。唯有當你超越它的時候，你才能夠成為被動的，被動的覺知會帶來奇蹟。

當你具有被動的覺知時，頭腦就消失了。你存在的核心第一次被揭開。在這個世界上，任何事都需要努力。如果你想在外在世界裡做任何事，努力就有必要。然而，如果你想在內在做點事，努力就不必要。只要放鬆就好。無為是內在世界的藝術，做為是外在世界的藝術。

關鍵在於這個被動的警覺。不要被文字給迷惑。從努力開始。只要記住，你必須離開它，繼續遠離它。離開甚至也是一種努力；但是當一切都消失的時候，有一個片刻會出現。你在那裡，什麼也不做的在那裡——只是在那裡，只是在。「在（beingness）」指的就是成道；在那個狀態下，你發生的一切都值得，值得擁有，值得存在。

問題　你說過，不要理會頭腦裡那些負面的東西，不要給它們能量。但我發現要停留在一個緊要關頭，忽視它、不壓抑、不把東西丟回無意識裡，實在太難了。你能告訴我如何識別它們嗎？

你的問題裡提到「識別」的能力，表示你已經懂了。你很清楚知道，你什麼時候在忽視，什麼時候在壓抑。忽視表示不去注意它。有個東西在那裡；就讓它在那裡。你毫不在意，無論它去或留都一樣。你沒有批判。你只是接受它在那裡，至於它應不應該在那裡，都跟你沒有關係。

一旦壓抑，你就採取了主動，你在和那股能量抗爭，你將它逼入你的無意識。你想辦法在任何地方都不要看到它。你想知道它再也不存在。

舉例來說，憤怒在那裡；只要靜靜坐著，看著憤怒在那裡。讓它留下來。看它可以維持多久？你以為它是永恆不朽的嗎？就像它的出現一樣，它也會消失。你只要等待就好。不要對它做任何事，既不贊同，也不反對。如果你贊同，你就會表達，而當你表達它的時候，你會陷入一團亂，因為別人可能不是一個靜心者——他極有可能不是。他也會反抗，火氣比你更大。這麼一來，你就掉進了一個惡性循環。你生氣，你害別人也生氣，然後你們對彼此越來越氣。你的憤怒早晚會變成一塊憎恨和暴力的岩石。當你跟著這個惡性循環打轉，你會失去意識。你可能會做一些日後後悔的事。你可能會謀害別人，可能會殺人。但事過境遷之後，你可能會納悶：「我從來沒想過自己會想殺了誰！」但你創造出這個能量，能量無所不能。能量是中性的。它可以創造，它可以破壞；它可以照亮你的屋子，它也可以燒了你的房子。

忽視意味著你對它什麼事都不做。憤怒在那裡，看著它；憤怒在那裡，就像你看到外面有棵樹在那裡一樣。你一定要對它做什麼嗎？一朵雲在天上飄；你一定要對它做什麼嗎？憤怒也是一朵雲，它只是在你的頭腦銀幕上移動而已。只要看著它，讓它移動。

這不是處於什麼緊要關頭的問題。不要小題大作。這是件很小的事，做起來很容易；你只是必須接受它在那裡。不要試圖轉移它，不要試圖讓它發生什麼作用，不要為你的生氣感到難為情。如果你覺得難為情，你就會開始採取行動——你難道不能當一個無為的人嗎？

悲傷在那裡，憤怒在那裡。只要看著。準備好接受一個意外的驚喜；如果你能夠觀照，你的觀照是未受污染的，是純粹的——你真的什麼也沒做，只是觀察——憤怒將會慢慢過去。悲傷會消失，只有你和純淨的意識會一起留下。你過去沒有這麼純淨，因為憤怒在那裡，現在憤怒消失了，你純淨多了。你從前沒有這麼寧靜，這麼平和；你現在是了。悲傷耗掉了你一些能量；它不讓你感受深刻的快樂，它蒙蔽了你的意識。憤怒、悲傷，和所有負面情緒都在吃掉你的能量。它們都在那裡，因為你壓抑了它們，你不讓它們出來，它們就受到壓抑。你關上門，把它們塞在地下室裡；它們無處可逃。就算它們想逃，你也不讓它們出來，怕它們妨礙了你的一生。晚上，它們變成醜陋的惡夢。白天，它們影響了你的所有行為。

而且總是會有某些情緒因為太過強烈以致於失控。你壓抑，壓抑，再壓抑，那朵雲變得越來越巨大。到了某一點，你再也控制不了它，就出事了。全世界都知道你做了什麼，但那些真正了解的人知道，「你」其實什麼都沒做，你只是被一股強大的衝動所驅使。你的行為就像個機器人，你無能為力。

你謀殺了某人，你強暴了某人，你做了一些醜陋的事——但事實上「你」並沒有做。你收集了各種讓它變得強大的工具，現在它可以逼你去做一些事：一些你根本不想做的事，一些違背你本意的事。一些你自己做的時候，都知道這是不對的事。你知道：「我不該這麼做。我為什麼要做呢？」但你還是會去做。

世界上很多殺人犯都在法庭上坦誠的說他們並沒有殺人。法庭不相信，法律也不相信。但我相信，法庭和法律都還未開化，它們還不成熟，它們不是建立在心理學的基礎上。它們只是社會的報復，正如那個人做的事一樣，它們什麼也不是。他殺了人，現在社會要殺他。他只有孤伶伶的一個人；但社會有法律、法庭、警察、監獄，社會將透過漫長的程序來證明：「我們不是在殺那個人，我們只是在制止犯罪。」但這不是事實。

你們想要制止犯罪，你們的法律應該以心理學、精神分析、靜心為基準。那麼，你就會明白，沒有任何人做錯任何事，錯的是你們整個社會。社會錯了，因為它教人們壓抑，人們一旦壓抑到一個程度，他們壓抑的東西就會氾濫成災，他們也無可奈何。他們是受害者。你們的罪犯都是受害者，你們的法官、政客和教士才是犯罪者。但因為這樣的模式已經持續了好幾個世紀，所以就被人們接受了。

什麼也別做，不要管它……這並不難，它是一件很簡單的事。舉例來說，你房間裡有一把椅子。你不能不管它嗎？你一定要對它怎麼樣嗎？不用對它做任何事。只要隔一段距離來看看你頭腦裡裝的東西，只要一點距離，你就可以看到，「這是憤怒，這是悲傷，這是痛苦，這是焦慮，這是擔心」等等。讓它們在那裡。「我不在乎。我不會做任何事支持它或反對它。」只要這樣做，它們就會開始消失。

如果你可以學會這個簡單的方法，保持一段距離觀看，讓這些東西自己消失，你的意識就會變得非常澄淨：你看待事情的眼光會更清晰，你的洞察力會更透徹，這不僅會改變你的個體性，還會讓壓抑在無意識裡的東西浮上表面。當你學會不壓抑的時候，所有事情就開始浮現了。它們想到世界上來。沒有人想要待在你黑漆漆的地下室裡！如果你允許事情浮現，它們就不必等你晚上睡著時才冒出來。你將會看到它們從你本質的地下室裡冒出來，從你的意識裡冒出來。慢慢的，你的無意識就空了。

這就是奇蹟，這就是魔法：如果無意識是空的，意識與無意識之間的高牆就會倒塌。它們全部變成了意識。剛開始的時候，你只有十分之一的頭腦有意識；現在另外九分之一的你也將全部都有了意識。你多了十倍的意識。而且這個過程會繼續更深入；它會釋放集體的無意識。然後，再深入，它可以釋放全宇宙的無意識。如果你能夠淨化你意識底下所有的無意識，你將會有一種非常美的覺知，你會像鳥兒展翅飛翔一樣容易的進入超意識。

它是你打開的廣大天空。只不過因為你攜帶的負擔太沉重……重到你飛不起來。現在你的重量消失了，你變得如此輕盈，地心引力對你的頭腦不再產生作用；你可以飛向超意識，飛向集體意識，飛向宇宙意識。

神性垂手可得。但你得先釋放那些被你逼進無意識裡的惡魔。釋放了這些惡魔，神性就在你伸手可及之處。兩件事是可以一起發生的。當較低的那個部分被清理淨化後，你就可以觸及那個較高的世界。記住，我再說一次，這是一個簡單的程序。

問題　做自己的主人與控制之間有什麼關係？

它們是相反的。做自己的主人沒有「我」(self)的存在；它是全然的「無我」(selfness)。主權在那裡，但沒有「我」在掌控；沒有什麼在掌控或被掌控，有的只是純粹的意識。在那種純粹當中，你是整體的一部分，你就是神性，但沒有「我」。

當你說「做自己的主人」時，我們用的是不準確的語言。但是沒辦法，因為所有的語言都是不準確的；在那豐富滿盈的時刻，任何語言都不足以形容。控制有自我在裡面；控制的過程中，有更多的自我。不去控制的人就沒那麼多的「我」，沒那麼多的「自我」——他怎麼會有？他很清楚自己的弱點。

那就是為什麼你會看到一種奇怪的現象，你所謂的聖人比罪人更自我本位，更自私。罪人比較像人，比較謙卑。聖人幾乎不是人，因為他們總是在控制：他們認為他們是超人，他們能夠控制他們的本能，他們可以長期斷食，他們可以長期甚至一輩子處於性飢渴的狀態。他們可以連續好幾天保持清醒不睡覺。因為他們有這麼大的控制力去控制身體，控制頭腦，他們自然就產生出一個很大的自我。控制滿足了他們「我是個與眾不同的人」的想法，助長了他們的病。

罪人比較謙卑。他不得不這樣；他知道自己無法控制任何事。憤怒來了，他生氣。愛來了，他充滿愛。悲傷來了，他難過。他不去控制他的情緒。他餓的時候，他會做任何事來取得食物；就算用偷的，他還是會做。他會想盡辦法去做。

有一個著名的蘇菲故事：

> 目拉那斯魯丁和兩個聖人一起前往麥加（Mecca）朝聖。已經到了旅程最後的階段，他們經過一個村莊，他們的錢已經快用完了。他們買了一種叫做哈瓦（halva）的甜點，但這些

甜點不夠三個人吃，而他們餓壞了。怎麼辦？他們甚至不打算分著吃，因為這樣連一個人也餵不飽。於是大家都開始為自己爭取。第一個聖人說：「我對存在比較重要，所以一定得留下我的命。我這麼多年來一直斷食，一直祈禱；這裡沒有任何人比我更虔誠，比我更有神性。神希望得救的是我，所以哈瓦必須給我。」

第二個聖人說：「對啦，我知道，你是個刻苦修行的人，但我可是一個偉大的學者。我讀過所有的經典，我畢生都奉獻給了知識。這世界不需要會斷食的人。你能做得了什麼？你只是會斷食。你可以在天堂裡斷食！這世界需要的是知識。這世界太無知了，它還不能沒有我。這個哈瓦必須給我。」

目拉那斯魯丁說：「我不是苦行僧，所以我不能說自己有什麼自制的能力。我也不是非常有學問的人，所以也不能說自己很有知識。我只是個平凡的罪人，而我聽說神對罪人總是以慈悲為懷。所以這個哈瓦應該是屬於我的。」

他們因為無法達成協議。最後，三個人決定先不吃哈瓦，他們決定先去睡覺：「讓神來決定好了：看神託給誰最好的夢，到了早上，就由那個夢來決定。」

到了早上，聖人說：「沒有人可以跟我爭了，現在已經確定了。把哈瓦給我，因為我在夢裡吻了神的腳。那是一個人最大的期待——還有什麼比它更偉大的經驗？」

知識淵博的學者笑了，他說：「那不算什麼——神擁抱了我，還吻了我！你吻祂的腳？

他吻我，還擁抱我！哈瓦在哪裡？它是我的。」

他們看著那斯魯丁問：「你做了什麼夢？」

那斯魯丁說：「我是一個可憐的罪人，我的夢很平凡——太平凡了，根本不值一提。但你們堅持要聽，而且我們都協議好了，所以我願意告訴你們。我睡著的時候，神出現了，祂說：『你這個笨蛋！你在做什麼？把哈瓦吃掉！』我怎麼能違抗祂的命令？所以哈瓦沒了，我把它吃掉了。」

自我控制讓你產生一種極為微妙的自我。和任何事物相比，自我控制有更多的「我」在裡面。做自己的主人則是一個截然不同的現象；它裡面沒有我。控制是培養、練習出來的；你要盡很大的努力才辦得到。經過一段長期的抗爭，你才能夠達成。做自己的主人不是培養出來的，它不是靠練習就能做到的。做自己的主人只是一種領悟。它完全不是控制。

舉例來說，你可以控制憤怒，你可以壓抑它，你可以坐在上面。沒有人知道你做了什麼，你會因此被人稱頌，無論是誰在那種情況下都會生氣，而你卻還是這麼冷靜、沉著、鎮定。但你知道，這一切的冷靜和鎮定都只是表象，你的內心深處正在沸騰。你的內心深處有一把火在燒，而你把它壓到無意識裡去了，你把它逼進無意識的深處，你就像坐在一座火山上，你到現在還坐在那裡。

控制的人是壓抑的人。他不斷壓抑，因為他不斷的壓抑，他累積了所有的錯誤。他的整個人生變成了一座垃圾場。那座火山遲早會爆發，只是早晚的問題——因為你只能容納到某個程度。你壓抑憤怒，你壓抑性，你壓抑各種欲望和渴求——你還能繼續壓抑多久？你只能容納這麼多，有一天它會超出你能控制的程度，它就爆發了。

你們所謂的聖人，有自制力的人，很容易被挑釁。你只要稍微招惹他們一下，你會很訝異；他們的動物性馬上就跑出來了。他們的神性是那麼膚淺；他們的內在藏著許多他們想盡辦法控制的惡魔。他們這一生將是悲慘的一生，是一場持續不斷的鬥爭的惡夢。他們是神經病，他們已在瘋狂邊緣。任何小事都可能成為壓死那隻駱駝的最後一根稻草。就我對生命的看法，他們並不是修行的人。

真正修行的人什麼都不控制，什麼都不壓抑。如果你是真正修行的人，你會試著去領悟，而不是去控制。你會變得更靜心，你會觀照你的憤怒、你的性、你的貪婪、你的嫉妒、你的佔有欲。你會觀察所有這些將你團團圍住的毒素，只是看著，試著了解憤怒是什麼，在領悟中，你就超越了。你會成為一個觀照者，在觀照中，憤怒消融了，就像雪在陽光下開始溶化。

領悟會帶來一種溫暖；它是你內在的陽光，幫助你融化周圍的冰。它就像你內在的火焰，有了它，黑暗將開始消失。

有悟性和靜心的人都不是會控制的人——剛好相反。他們只是觀照者。如果你想要觀照，就必須完全沒有批判。控制的人是批判的，他們一直在指控：「這是錯的，這是對的。」一直在評斷：「這是善的，這是惡的，這會下地獄，這會上天堂。」他不斷批判，指控，讚美，選擇。控制的人活在選擇當中，有悟性的人活在無選擇當中。無選擇的覺知才會帶來真正的蛻變。沒有什麼被壓抑，也就沒有自我出現，沒有「我」出現。領悟是一種主觀的內在現象，沒有人知道。除了你以外，沒有人看得到它。自我來自於外在，來自於別人，他們講了你什麼。別人對你的意見創造出你的自我。他們說你很聰明，他們說你像聖人，他們說你很虔誠——你當然會自以為了不起！自我得自於外在，自我是別人給你的。當然，他們在你面前說一套，在你背後說另一套。

佛洛伊德常說，如果我們決定讓全世界所有的人都講真話，只要二十四小時，所有的友誼都會破裂，所有的戀情都將告吹，所有的婚姻都會失敗。如果人們下定決心，讓全人類練習說二十四小時的真話……有客人來敲你的門，你不會說：「請進，歡迎歡迎，我正在等你。好久沒看到你了啊！我難過了好久，你到哪裡去了？看到你，讓我的心又開心得跳了起來。」你不會再說出這樣的話，你會說出真實的感受，你會說：「這個王八蛋又來了！好吧，要怎麼打發這個混蛋？」這些才是你的真心話，這就是你克制住沒說出來的話，你會背著那個人去跟別人說。

觀察你自己，你在他們面前怎麼說，在他們背後又怎麼說。你背著別人講的話，比當他們面講的更真實，更符合你真正的感覺。但是，自我就是仰賴人們對你說的話存活，它非常脆弱——它脆弱到每個自我上面都寫著「小心輕放」。

彼拉基是波蘭人，歐淡是黑人，歐瓦列滋是墨西哥人。他們三個人住在一起，三個人都失業了。有一天晚上，彼拉基回家說他找到一份工作。「嘿！老弟們，明天早上六點叫我起床。」他說：「我六點半要上班！」

當彼拉基去睡覺的時候，歐淡對歐瓦列滋說：「他找得到工作，因為他是白人。我們找不到，因為我的皮膚是黑色的，你的皮膚是棕色的。」於是，他們連夜將黑鞋油倒在彼拉基身上，並說好要晚一點叫他，這樣他就沒有時間發現自己變黑了，他一定要匆忙的直接跑出去，才能準時上班。

第二天早上，彼拉基去上班，工頭問：「你是誰？」

「你昨天雇了我。」他回答。「你叫我六點半來。」

「我雇的是一個白人——你是黑人！」

「我不是！」

「是！你是！去照照鏡子！」

波蘭人衝去照鏡子，看著自己驚叫：「天啊！他們叫錯人了！」

你的自我相信鏡子。每一段關係的作用就像一面鏡子，你遇到的所有人也都具有鏡子的功能，這個自我一直在控制你。

為什麼自我需要控制呢？因為社會重視控制，你愈控制，社會就會賦予你更強的自我。如果你遵循社會的意見、它的道德觀、它的規矩、它的信念，它就會更讚賞你。會有越來越多人尊敬你；你的自我將越來越大，越來越大。

但是要記住，自我永遠無法讓你產生任何蛻變。自我是發生在你身上最無意識的現象；它會讓你越來越無意識。一個順從自我而活的人，他總是沉醉在其中，他已經神智不清了。

費南多結婚了，他舉辦了一場盛大的婚宴，賓客喝酒跟喝水一樣。婚禮進行得還算順利，直到費南多找不到他美麗的新娘。仔細搜查過賓客以後，他發現他的哥兒們，路易士也不見了。

費南多開始搜整間房子。他察看新娘房，發現路易士和他的新娘正在做愛。費南多輕輕關上門，躡手躡腳的走向樓下的賓客。

「怪！怪！（註：快！快！）大家來看！」他喊。

「路易士墜（註：醉）了，搭（註：他）以為搭（註：他）是我！」

自我讓你一直醉醺醺的。你不知道你是誰，因為你相信的是別人口中的你。你不知道別人是誰，因為你相信的是他人口中的他。我們活在一個偽裝、虛幻的世界裡。

清醒過來，變得更有意識。更有意識會讓你成為自己的主人。做自己的主人對於「我」一無所知，「我」也對做自己的主人一無所知，讓自己清楚這一點。

我的教導不是為了自我控制，不是為了自我規範。我的教導要你自我覺察，自我蛻變。我要你變得像天空一樣開闊——因為那是你真實的樣子。

• • •

思想、感覺、行動——了解你的「類型」

思想是一種先入為主的執迷現象。過於沉浸在思想中的人，會一直待在自己的世界裡。他們有自己的世界，充滿了各種想法、夢想、投射和欲望。他們一直匆忙的東奔西跑，但他們沒看到那些樹、綠色植物、花、鳥、人、孩子；他們什麼也看不到。

我聽過一個很老的笑話，但它很有意義：

米開朗基羅正在西斯汀教堂的天花板繪製他最傑出的作品。他花了七年的時間在天花板上工作，整天都躺在一座很高的鷹架上面。他注意到，有幾次，一位失明的老婦人會在下午教堂沒人的時候來祈禱。有人帶她進來，然後把她留在那裡，她就坐在那裡祈禱好幾個小時。

有一天，一個炎熱的午後，米開朗基羅沒有心情工作，就從鷹架上坐了起來，俯瞰下方。整間教堂空蕩蕩的，只有老婦人在那裡。她和平常一樣在祈禱，淚水從她眼裡流出來……米開朗基羅突然想開她一個玩笑。

他往下大聲說：「我是耶穌基督。你想要什麼？告訴我，我可以成全你。」他期待婦人說出她的願望。但是，失明的婦人卻抬起她的臉和失明的雙眼說：「你給我閉嘴！我不是在跟你說話，我正在跟你媽說話！」

這就是先入為主。誰在乎耶穌？當你沉浸在某個念頭或思考的過程裡，你就封閉起來了。那麼多的通道，你只讓一條保持開放。你走進那條通道，但它與現實完全無關。它只是你的想法，它只是你頭腦裡的一種情境。那就是為什麼人們會說，你如果太沉浸在自己想法裡，你將無法了解真理。

所有的靜心都強調一件事，那就是無念。就像你的腦中有思想，你的心中有情緒。你想要得到真知，你的想法必須消失；你想要你的心中有愛，你的多愁善感和你的情緒必須消失。

人們已經太過認同了：你的思想必須先消失，你的智性才會純淨。但是，他們還沒想到第二件事——唯有你的情緒和你所謂的感受也消失了，你的心才會真正純淨。思想不是智性，多愁善感也不是愛。

開悟的路只有兩條。所有的神祕家都談到這兩個途徑：「了解與智性之路」以及「感覺與愛之路」。如果你透過智性去追尋，你必須丟棄思想，好讓你智性的運作不會被妨礙。如果你透過愛去追尋，你必須丟棄情緒化與多愁善感，好讓你愛的運作不會被妨礙。你要嘛透過心、藉由心的鏡子看到真理，要嘛就是透過智性的鏡子看到真理。這兩者都很好；無論你選擇了什麼，無論你感覺到什麼，都是最適合你的。

心的途徑，是女性的道路；領悟、靜心、了解的途徑，是男性的道路。但記住一件事：你或許在生理上是男性，但心理上未必是男性。你或許在生理上是女性，但心理上未必是女性。你必須去深入覺察你的心理狀態。這不是取決於生理學，而是決取於心理學。有很多女人透過了解發現真理，也有很多男人透過愛而發現真理。

因此，不要因為生理上你有一個男性的身體，就把知識之路當作是你的途徑，不是的。一個男人既是男人也是女人，一個女人既是女人也是男人。這兩者在很多方面都會相遇，差別只在於重心不同。你在某方面是個男性，你的另一方面會以女性來互補。如果你在某方面是個女人，那麼在另一方面你就會以男性來互補，整體一定是完全平衡的。你所有女性與男性的面向——生物學的、生理學的、心理學的——都一定會結合成一個複合體，否則你沒辦法生存。它們一定是完全平衡的。

深入探究你自己，找到你是誰。是什麼給了你熱情、了解和愛？是什麼讓你狂喜、了解和愛？是什麼讓你的存在帶來歡唱？

愛因斯坦不會經歷愛的途徑；因為讓他感到喜悅的是他的才智。你能奉獻給存在的，除了你的喜悅沒有別的。那就是奉獻，最好的奉獻；你不能用樹上的花奉獻，你只能獻上你自己開的花。愛因斯坦已經綻放出極美的智性之花——那是他必須奉獻給存在的花朵。那是他的花；那是在他自己的樹上綻放的花朵。柴坦雅（Chaitanya）和耶穌是不同類型的人。他們的心是敞開的，他們在愛中綻放。他們可以奉獻他們的花朵。你只能奉獻你自己的花朵。為了要開花，你必須移除阻礙。

一個真正有智性的人，對任何想法都不會先入為主。所有偉大的科學家都說，每當他們發現了什麼，都不是在思考的時候，而是在停止思考的時候，當有一個空隙出現的時候，就在那個空隙之中，洞見靈光乍現。

停止思考的時候，你的思想是純淨的。這看起來自相矛盾。但我再重複一遍，停止思考的時候，你的思想是純淨的，你反映現實的能力是純粹的。情緒消失了，多愁善感消失了，你愛的能量就純淨了。

每個求道者都必須找到它，儘管它有時讓你感到困惑。有少數人他們可能具有百分之四十九的女性特質，百分之五十一的男性特質，或者正好相反；對他們來說，他們很難決定自己是誰。早上的比例是百分之四十九的男人，百分之五十一的女人；到了晚上，比例可能又變了。你是不斷改變的。早晨，你可能決定走愛的道路，到了晚上，你又決定要走了解的道路。

你的外表是一回事，你的內在又是另一回事，這種情況偶爾會發生。有時也會發生這種狀況：某個男人看起來很陽剛，但他內在深處卻有一顆非常柔軟的心。或許因為這顆心很柔軟，所以他才在自己周圍打造一個具侵略性的盔甲——他害怕自己的柔軟。他害怕柔軟使他脆弱，如果他打開心，他會被所有的人剝削、欺騙，他在這個競爭的世界裡將沒有容身之地。由於害怕他的柔軟，他封閉起來，用萬里長城將他的心圍住。他感覺自己有多軟弱，就會表現出同等比例的侵略性。因此，如果他對自己的看法來自於表面，他會以為自己是一個非常強悍的男人，一個戰士型的人，一個懂得算計的人。他可能會被自己的盔甲所誤導，他可能被他自欺欺人的詭計所矇騙。要了解一件事，如果你替別人挖了一個坑，你自己最後也會掉進去。

某人可能看起來非常、非常女性化——溫柔、優雅、雅緻——但內心深處，他可能是個非常危險的人，是一個希特勒，一個墨索里尼，一個成吉思汗。這也是可能的，這種情形也會發生。一個過於害怕自己的侵略性與暴力的人，他會在自己的周圍營造出一種溫和的氣氛，不然沒有人會想理他。因為害怕沒人理他，他會非常客氣，他熟知所有的禮節，他逢人點頭鞠躬，面帶微笑，沒有人看得出那個暴力就像他隨身攜帶的毒藥或匕首。如果你有一把匕首，你一定會把它藏起來；不然誰要理你？你不能公然帶著它，你得把它藏在某個地方。一旦你把它藏起來，慢慢的，連你自己也忘了它的存在。

師父的功能之一，是幫助你洞悉自己真正的潛能，那才是決定性的關鍵：不是你的盔甲，不是你的個性，不是你外表的樣子，而是你本質的核心。你是存在創造出來的，你不是社會或你自己創造出來的。唯有從這個點開始，一切才有可能成長。

當你開始努力探索自己時，要是你還穿著盔甲，那你就永遠成長不了，因為盔甲不能成長，它是死的東西。只有你的本質會成長。外在的結構不會成長，它們不是活的。唯有你內在的生命會成長：這個生命是自然的禮物。

靜心能夠藉由兩種方式發生。一種是所有的動作都消失——你像佛陀一樣坐著，動也不動，像一座雕像。當所有的動作都消失時，行動者也消失了，因為行動者沒有動作就無法存在。然後，靜心就發生了。

第二種是透過跳舞。你不斷舞著，舞著，舞著，一個極度狂喜、能量激烈活動的片刻出現了，在那樣的活動當中，如岩石般堅硬的自我是無法存在的。它變成了一個颶風。岩石不見了，只有舞蹈在那裡。行動在那裡，行動者不在了。靜心發生了。

選擇愛的道路的人，跳舞非常適合他們。選擇了解之路的人，像佛陀一樣動也不動的坐著是有幫助的。

問題　能不能請你多聊聊這些不同的類型？很多人似乎都在情緒與智性之間搖擺不定。所以，一個人要如何判斷自己屬於那個類型？

這是困難的。心理學家曾提出人有三種基本類型。第一種是智性的（intellectual）或認知的（cognitive）。第二種是情緒的。第三種是行動的。「智性的」意味著一個人最真正的渴望是「知」。他可以為了這個「知」賭上他的生命。研究毒藥的人會為了知道結果，而親自服毒求證。我們很難想像這種事。這看起來很愚蠢——因為他會死！你要是快死了，知道那件事又有什麼意義？你得到這個知識又怎麼樣？但智性型的人把知識看得比生命更重要。知是他的生，不知是他的死。知是他的愛，不知是他的無能。

一個蘇格拉底，一個佛陀，一個尼采，他們一直想知道存在的本質是什麼，我們又是什麼；對他們來說，這是最根本的事。蘇格拉底說：「一知半解的人生有什麼好活的。」如果你不知道生命是什麼，它就沒有意義。對我們來說，生命看起來沒什麼意義，他的話看起來一點意義也沒有，因為我們繼續過我們的日子，我們不覺得需要知道生命是什麼。但是，這類型的人活著就是為了知道。知就是他的愛。這類型的人發展出哲學。哲學的意思就是「知識之愛，求知。」

第二種類型是情緒的，感覺的。對這個類型的人來說，知識毫無意義，除非他們感覺得到它。對他們來說，唯有感覺得到的事物才有意義——一個人必須去感覺！感覺是透過更深的中心——透過心。知則是透過智性。詩人、畫家、舞者、音樂家就是感覺型的。他們認為光知道是不夠的。它是乾癟的，它沒有心，它是無情的。感覺是抽象的！智性型的人為了要知道花是什麼，他會去剖析一朵花；但詩人不會去剖析它，他會愛它，用愛怎麼能剖析一朵花？他會去感覺它，他很清楚，唯有透過感覺得到的，才是真知。

所以，科學家也許對花的了解比較多，但詩人從來不相信科學家懂得比較多。一個詩人知道他懂得更多，而且他懂得更深入。科學家不過是熟悉那朵花；詩人則是用他的心了解另一顆心，他與花有一場心對心的對談。他不去剖析它，他不知道它的化學成份。他可能連這朵花的名稱都不知道，更別說它的品種，但他說：「我了解它真實的靈魂。」

中國有一個皇帝命令懷海禪師（註：即百丈禪師）為他的宮殿畫一些花。懷海禪師說：「我得跟花朝夕相處。」

皇帝說：「沒這個必要。我的花園裡有各式各樣的花。你去畫就好了！」

懷海禪師說：「除非我感覺到那些花，不然我怎麼能畫？我一定要了解它們的靈魂。眼睛怎麼能看到靈魂？手怎麼能觸碰到靈魂？所以，我需要和它們親密的生活在一起。有時閉上眼睛，坐在它們旁邊，只是去感覺微風襲來，只是去感覺飄過的芬芳，我只能和它們在寧靜中交流。有時花還是個花苞，有時花已經盛開。有時花是年輕的，它們心境各有不同；有時花開始凋謝，死亡在附近流連。有時花是快樂的，慶祝的，有時候花是悲傷的。所以，我怎麼能直接動手畫？我得和花住在一起。每一朵綻放的花，有一天會死——我得了解它的整個生命史，我得和它住在一起，從它的生到它的死，我必須要感覺它的種種心境。

「我必須知道夜晚黑暗來臨的時候，它有什麼感覺；早晨太陽升起的時候，它有什麼感覺。鳥兒飛翔、唱歌的時候，它有什麼感覺；風暴來臨的時候，它有什麼感覺。萬籟俱寂的時候，它又有什麼感覺……我必須了解它存在的各種樣貌，就像一個朋友，一個參與者，一個觀照者，一個愛人那樣親密。我一定要和它相處！唯有這樣，我才能畫它。但我也不能保證是否因此我就能畫好它，因為花或許會證明它如此浩瀚，我可能沒有能力畫它。我無法保證，我只能試試看。」

六個月過去了，皇帝開始失去耐心。他說：「懷海在哪裡？他還在跟花交談嗎？」

園丁們說：「我們不能打擾他。他正在深入研究那個花園，有時我們經過附近，他完全感覺不到那裡有人——他已經變成了一棵樹！他一直在沉思。」

又過了六個月。皇帝去找懷海禪師，他說：「你在做什麼？你到底什麼時候才要畫？」

懷海禪師說：「別打擾我。如果我要畫，就必須完全忘掉關於繪畫這件事。所以不要讓我再想起這件事，別來煩我！如果我懷有某種企圖，我怎麼能和花親密的生活在一起？如果我只是像個畫師一樣的在這裡，只是為了繪畫而試圖親近它們，這樣的話，怎麼可能會產生親密感呢？真是荒唐！這裡是不可能有任何交易行為的——不要再來了。時機到的時候，我自己會去找你，但我無法保證。時機或許會來，或許不會。」

皇帝等了三年，懷海禪師終於來了。他走進宮庭，皇帝看著他。他說：「現在別畫了……因為你進來的樣子就像一朵花。我在你身上看到了所有我曾經看過的花！你的眼中，你的姿態中，你的舉手投足，你已經變成了一朵花。」

懷海說：「我來，就是要說我畫不出來了，因為那個在想著畫畫的人已經不見了。」

這是一個不同的模式，情緒型的人透過感覺才能知道。智性型的人就算要感覺，也必須先知道。他要先知道，然後才能夠感覺。他的感覺也是透過知識而來的。

第三種類型——行動型、創造型的人。他無法停留在認知或感覺，他必須創造。唯有透過創造，他才會知道。除非他創造出某些東西，否則他不會知道它。唯有成為一個創作者，他才能成為一個知者（knower）。

第三種類型的人活在行動中。我所說的「行動」是什麼意思？我的意思是，每件事情有有許多方法可行，但第三種類型的人永遠都是行動導向的。他不問生命是什麼，不問生命的意義是什麼。他只會問：「生命要做什麼？它是用來做什麼的？它要創造什麼？」他要創造才會自在。他的作品或許與眾不同。他或許會是人類的創造者，他或許會是社會的創造者，他或許會是一幅畫的創作者——無論如何，他是有創造力的。懷海禪師不是行動型的人，所以他讓自己完全融入感覺裡。如果他是行動型的人，他就會著手去畫。唯有透過畫畫，他才能夠滿足。所以，這些就是三種類型的作用。

很多事都必須被了解。

我說佛陀和尼采都是屬於第一種類型——智性型的人，但佛陀的方式是對的，尼采的方式是錯的。一個智性型的人如果真的朝正確的方向發展，他就會變成一個佛。如果他誤入歧途，他會因為失控而錯過那個點，他就會變成尼采，他會發瘋。只透過知，他不會成為一個開悟的靈魂（realized soul），他只會發瘋。只透過知，他無法深刻的信任，他會繼續製造更多的懷疑，最後陷入自己的懷疑裡，然後精神錯亂。佛陀和尼采屬於同一種類型，但他們是兩個極端。尼采可以變成一個佛，佛也可以變成尼采。如果一個佛誤入歧途，他會發瘋。如果一個尼采走上正途，他會成為一個開悟的靈魂。

印度的神祕家蜜拉（Meera）和薩德侯爵（Marquis de Sade）是屬於第二種類型——情感型

的人。蜜拉屬於對的情感型，薩德則走錯了方向。一個人的感覺如果走上正途，就會發展成一種具有神性的愛——但如果它走錯了路，誤入歧途，就會變成性變態。薩德侯爵和蜜拉都屬於同一種類型，但薩德的感覺能量走錯了路，他變成了一個扭曲的人，一個變態的瘋子。

感覺型的人走錯了路，就會變成性變態。智性型的人步入歧途，就會變成多疑的瘋子。

第三種類型是行動型：希特勒和甘地都屬於第三種類型。如果這類型的人正確的發展，他們會變成甘地。如果他們的發展方向錯了，就會變成希特勒。這兩者都屬於行動型。他們活著不能不做點什麼事。但「做為」也可能導至精神異常，希特勒就是一個精神異常的狂人。他做了一些事，但他的做為是毀滅性的。如果行動型的人往正確的方向發展，他會有創造力；如果錯了，他就會變成毀滅性的。

這是人類三個基本的理想類型。但是，沒有人是單一的類型；這就是麻煩之處。這三種類型只是大分類——但沒有人是單一的類型，每個人都是混合的，每個人都具備這三種類型。所以，問題不在於你是哪種類型的人；真正的問題是，哪種類型的特質在你的身上比較明顯。你的類型可以被區分，但沒有任何人是單一的類型，任何人都不可能，你身上三種類型都有。如果這三種類型保持平衡，你會有一種和諧；如果這三個類型失衡了，你將會失控、發瘋。這就是你在決定自己是哪種類型的過程中最困難的地方。所以，要看你是哪一種類型的特質最明顯，那就是你所屬的類型。

要怎麼決定哪一種是你的主要類型？或是那種類型對你來說比較重要，比較有意義？你兼具三種類型，但有兩個是次要的。記住兩個準則：一，如果你是智性型的人，你所有的經驗基本上都是從「知」開始，永遠不會是其他。舉例來說，一個智性型的人愛上某個人，他無法一見鍾情。他辦不到！這是不可能的。他得先認識，熟悉，這將是一個漫長的過程。他需要認識一段很長的時間才能做決定。那就是為什麼這類型的人總是錯失很多機會，因為在做決定的那一刻，這種類型的人無法當機立斷。這種類型的人從來不會採取行動。他辦不到；因為等到他能夠做決定的時候，時機已經過了。當他思考的時候，時機已經溜走。等到他達成結論的時候，結論已經沒有意義。該下決定的時候，他無法做到。所以，他無法主動積極。這是世界的一大災難：會思考的人不會做事，會做事的人不懂思考。這是一個根本的大災難，但事情就是這樣。

要記住：智性型的人很少。這一類型的人比例很低，最多只有百分之二到三。對這些人來說，一切都是從認知開始，然後才有感覺，之後才有行動。這一類型的先後次序是——認知，感覺，行動。他或許會錯失良機，但他也很無奈。他總是要先想一想。

第二件要記住的事情是，這種智性型的人永遠都要從「知」開始，除非先知道正反兩方的利弊得失，否則他永遠不會採取任何立場。這類型的人會成為科學家。這類型的人可以成為一個完全客觀的哲學家、科學家、觀察家。

在任何情況下，無論你有什麼反應或行動，找出它從哪裡開始的。那個起點會決定你是哪一種主要類型。情緒型的人會先開始感覺，才去搜集理由。推論是其次的。他先感覺。他見到你，心裡已經判定你是好還是壞。這個判定是根據他的感覺。他不了解你，但他第一眼看到你的時候就決定了。他會去感覺你是好還是壞，然後，無論他之前下了什麼定論，他會不斷去找理由。

感覺型的人是先做了決定以後，然後推論，最後合理化。因此，看看你自己，是不是一眼看到一個人就先下定論；你是不是先認定他是好是壞、是有愛的還是沒有愛的，然後才去找出理由，最後試圖說服自己相信自己的感覺：「沒錯，我是對的，他是好人，這些就是理由。我早就知道了，現在我發現我是對的。我和別人談過。現在我可以說他是個好人。」然而，「他是好人」的這個結論早就出現了。

因此，對於感覺型的人來說，邏輯的演繹必須逆向操作。先有結論，才有過程。對於智性型的人來說，結論永遠不會先出現。先有過程，最後才做結論。

繼續發現你自己。你用什麼方式做決定？對行動型的人來說，行動是當務之急。他在行動的當下做決定，然後開始感覺，最後才會找出理由。

我說過，甘地是一個行動型的人。他先下決定；那就是為什麼他會說：「這不是我的決定，是神在我裡面做了決定。」沒有過程，立刻行動，他怎麼能說「我決定了？」一個智性型的人總是會說：「我決定了。」一個情感型的人總是會說：「我覺得是那樣。」但一個行動型的人——一個穆罕默德，一個甘地——他們總是會說：「我既沒有去感覺，也沒有去思考。就冒出這個決定。」這個決定是從哪裡來的？不是從任何地方來的！它是自己冒出來的！如果他不相信神，那他會說：「這個決定是天外飛來的！它是自己冒出來的。我不知道它從哪裡來。」

如果他相信神，那麼他會說那是神決定的。是神開始了一切，甘地只是做他該做的。甘地會說：「我錯了，但決定不是我做的。」他會說：「我或許沒有正確的遵循神的指示，我對神的訊息的了解或許不對，祂要我做的或許沒有那麼多，但是神決定要做的。我只是順從祂，我只是臣服和追隨祂。」對穆罕默德，對甘地來說，這是他們的方式。

我說過，希特勒是錯誤的類型，但他也說過同樣的話。他也說：「這不是希特勒在說話，這是歷史的精神在說話。這是所有亞利安人的精神！這是一個種族的精神透過我在發言。」確實，很多聽過希特勒演講的人都會覺得，他演講的時候，根本不是希特勒。他當時就像是一個媒介，傳遞著一股更大的能量。

行動型的人一向如此。他的行動太直接，你不會說他決定了、他想好了、他感覺到了。不，他行動！他的行為完全是自發性的，你怎麼能夠想像它是哪裡來的？它不是來自於神，就是來自於魔鬼，但它是從別處來的。希特勒和甘地事後都會不斷說明理由；但他們會先決定。

所以，這些就是這三種類型。如果行動先發生，之後是感覺，再來是思想，你就可以確定你的主要特質。確定主要特質是很有益的，你接下來就可以直接運作，否則你的進展會一直顛簸曲折下去。當你不知道自己是哪種類型時，你會不斷在不適合自己的層面和方向上運作。當你知道你的類型時，你就會知道自己要處理的是哪些部分，該怎麼做，從哪裡開始。

首先，注意什麼是最主要的，什麼是次要的。次要的也許看起來很怪。比方說，對於行動型的人來說，做完全相反的事很容易；也就是說，他很容易放鬆。甘地的放鬆令人覺得不可思議，他在任何地方都可以放鬆。這看起來非常矛盾。人們以為行動型的人一定很緊繃，放鬆不了，其實不是。只有行動型的人才容易放鬆。思考型的人無法輕易放鬆，情感型的人甚至更難，但行動型的人很容易就可以放鬆。

第二個準則是，無論你屬於哪種類型，轉向對立的一方是很容易的。換句話說，如果你可以轉向一個相反的類型，這暗示那是你主要的類型。你很容易放鬆，你屬於行動型。你很容易不思考，無念，那你就屬於思考型。你很容易沒有感覺，你就屬於情感型。

這似乎太奇怪了，我們一般會認為：「一個感覺型的人，怎麼可能沒有感覺？一個思想型的人，怎麼可能不思考？一個行動型的人，怎麼可能不行動？」

然而，這只是表面上的矛盾，實際上並不矛盾。這是一個基本法則——對立的兩方彼此相屬，兩個極端是屬於彼此的。就像一個大時鐘的鐘擺，盪到最左邊，然後又盪到最右邊。它一到達右邊的最高點，又盪回左邊去。當它往右邊盪時，它在累積往左邊的動力。當它往左時，就準備好往右。因此，到對面是容易的。

記住，如果你很容易放鬆，你就屬於行動型。如果你很容易靜心，你就屬於思考型。那就是為什麼佛陀可以這麼容易進入靜心的狀態，那就是為什麼甘地可以這麼容易放鬆。甘地一找到時間就睡覺。睡覺對他來說非常容易。

一個佛可以很容易進入不思考的狀態，一個蘇格拉底可以很容易進入不思考的狀態。這看起來很奇怪。一個思考如此周密的人，怎麼可能使他的想法消失？他怎麼能夠進入無念的狀態？佛陀全部的教誨就是無念，但他是一個思考型的人。他的思想非常重要，他事實上仍屬於這個時代。二十五個世紀過去了，但佛陀仍然屬於當代的心智。沒有人像佛陀一樣，歷久不衰。就連當今的思想家，也不能說佛陀過氣了。他的思想如此深遠，超前了他的時代好幾個世紀，至今依舊具有感染力。對於各地的思想家來說，佛陀最吸引人的地方在於，他是最典型的思考型的人。然而，他的教誨是「進入無念」。那些思想深刻的人總是說要進入無念的狀態。

感覺型的人會進入無感覺的狀態。舉例來說，蜜拉是感覺型的；柴坦雅是感覺型的。因為他們的感覺過於強烈，所以他們無法只愛少數的人或少數的事物，他們必須去愛整個世界。這是他們的類型。他們無法滿足於有限的愛。愛必須是無邊無際的；愛必須擴展到無垠的時空。

有一天，柴坦雅去找一位師父。這位師父靠自己的能力成道而聞名孟加拉。柴坦雅去找這位吠陀（Vedanta）師父，他把他的頭放在師父腳上。師父嚇了一跳，因為他非常尊敬柴坦雅。他說：「你為什麼來找我？你想要什麼呢？你已經開悟了，我現在已經沒什麼東西可以教你了。」柴坦雅說：「我現在想要進入拜拉格亞（vairagya）不執著、沒有欲望的境界裡。我這一生都活在豐富的感覺當中，現在我想要進入無感的境界。所以，請協助我。」

一個感覺型的人會移向不執著，柴坦雅就是朝著那條路走去。拉瑪克里希那（Ramakrishna）是感覺型的人，他最後進入吠陀，他把他的整個人生都奉獻給了聖母卡莉（Mother Goddess Kali），最後成為吠陀師父圖塔普里（Totapuri）的弟子，他接受點化，進入無感的世界。許多人對圖塔普里說：「你怎麼能點化拉瑪克里希那？他是感覺型的人！對他來說，愛就是唯一。他祈禱，他崇敬，他跳舞，他進入狂喜之境。他不可能超越感覺，到達無感的境界。」

圖塔普里說：「這就是為什麼他到得了，而我會點化他的原因。你到達不了；他可以。」

因此，決定的第二個準則，是看你到不到得了對面。了解起點是什麼，看它是不是能到對面去。就是這兩件事。持續探索你的內在。持續留意這兩件事二十一天。首先，你對情況有什麼反應——起源是什麼？原因是什麼？起點是什麼？然後，你能輕易的走到哪一種類型的對面？無念？無感？無行動？二十一天內，你就會了解你的類型——當然，是你最主要的類型。

決定你的主要類型，另兩種類型將如影隨形，因為純粹單一的類型並不存在，它們無法存在。你包含三種類型，只是其中一種會比其他的更明顯。一旦你知道你是哪一種類型，你的道途就會輕鬆平順。你不會浪費你的能量。你不會把精力耗在不屬於你的途徑。

你還是可以繼續做原來的那些事，但你只會製造混淆，製造混亂。依循自己的天性是好的，就算失敗了也是好的，因為就算失敗了，也會使你更豐富。你會因此更成熟，你會因此知道更多，你會因此變得更豐富。一個人只要遵循自己的類型，就算失敗也是好的。

找出你的主要類型，根據這個類型去努力。那麼，你要做的事就會容易多了。

問題　能不能請你談談哪一種靜心技巧或方法最適合哪一種人？我覺得我比較屬於「心」或「感覺」型的，但我不確定。

心有一種完全不同的溝通方式。那是一種能量的溝通，據說，世界上有許多聖人都是用這種方式，其中以亞西西（Assisi，義大利的一個城市）的聖方濟（St. Francis，1182-1226，生於義大利，天主教教會以及自然環境的守護聖人）最著名。它現在已經變成一個科學的事實；全世界有許多研究人員都說，植物的敏感度很高，它們比人類還要敏感，因為人類的感受力受到智力的干擾，人類已經完全忘記該怎麼感覺；甚至當他們說「我覺得」的時候，其實他是在「想」他這麼覺得。

人們來找我，他們說：「我們戀愛了。」如果我再強調一次：「真的？你們戀愛了嗎？」他們會聳聳肩，然後說：「這個嘛，我們認為我們戀愛了。」這樣的感覺並不直接，它來自於頭腦。當感覺來自頭腦的時候，它會混淆。它並不是從心湧出的。

科學家已經知道，不只是鳥，還有植物，甚至連金屬都有敏感度。它們感覺得到——它們能夠非常強烈的感覺到。它們能夠傳遞你可能沒有能力接收的訊息，現在的科學家已經製造出儀器，能偵測到它們傳遞的訊息。如果它們恐懼，它們會開始發抖。你或許沒辦法看出那個顫抖；它非常細微。就算風沒有在吹，偵測器也能顯示出植物內部的顫抖。它們高興的時候，儀器能夠顯示出那些植物的欣喜若狂。它們疼痛，害怕，憤怒……，每一種感覺現在都能夠被偵測出來。

如果你和樹木，鳥兒，動物聊久一點——如果你不覺得這樣很蠢，因為頭腦會干涉你，說這麼做很可笑——如果你不聽頭腦的，你不理會它，你直接連結，你的內在將會釋放出一股強烈的感覺能量。你會成為一種全新的存在。你從來不知道這種方式是可能的。你將變得很敏感——對痛苦和歡樂都很敏感。

也因為如此，人類停止了感覺的功能：當你對歡樂敏感，你也會對痛苦敏感。你越能夠感到快樂，你也越能夠感到不快樂。

那個害怕不快樂的恐懼困住了你，它為人類的心智製造出藩籬，因此你的感覺就退化了。當你無法感覺，門就關上了。你沒辦法不快樂，而你也沒辦法快樂。

試著做做看；這是一種虔誠的行為，它是心對心的。先和人類一起試——和你的孩子靜靜的坐在一起就好，允許自己去感覺。別把頭腦帶進來。和你的太太坐在一起，或是你的朋友，或是你的先生，在黑暗的房間裡握住彼此的手，什麼也不做，試著感覺彼此。剛開始的時候有點難，慢慢的，你會有一種不同的機制在你內在運作，你會開始有感覺。

有些人很容易就能恢復心的感覺。當他們關注內在，心的感覺並沒有死。對於另外一些人來說，這可能非常困難。有些人是身體導向的，有些人是心導向的，有些人是頭腦導向的。那些心導向的人，很容易就能恢復這種感覺。

對那些頭腦導向的人來說，產生任何感覺都是困難的。他們是不祈禱的。佛陀，還有馬哈維亞，都是頭腦導向的人。那就是為什麼他們的教誨當中沒有祈禱。他們是聰明的人，受過良好的智力與邏輯訓練。他們發展靜心，但他們沒有談過祈禱。耆那教裡沒有祈禱這樣的東西存在；它不會存在。它存在於伊斯蘭教——穆罕默德，他是一個心導向的人，他有一種不同的品質。它存在於基督教——耶穌，他也是一個心導向的人。它存在於印度教，但不存在於佛教或耆那教。這兩種宗教都沒有祈禱這樣的東西。

有些人是身體導向的。他們是潛在的享樂主義者。對他們來說，沒有祈禱，沒有靜心——只有放縱身體。那是他們快樂的基本方式，他們存在的基本方式。

所以，如果你是一個心導向的人——如果你感覺到的比你思考的多，如果音樂深深激勵你，詩觸動你，如果你感覺得到圍繞在你身邊的美——那麼，祈禱比較適合你。你可以開始和鳥，和樹，和天空說話，這是有益的。但是，不要讓它變成一種頭腦的行為，讓它成為心對心的交流。保持連結。

那就是為什麼心導向的人，會把神當作父親，或把神當作最心愛的人。因為他們和某種能量建立了很深的連結。頭腦導向的人總是會笑：你胡說些什麼？神，父親？那母親在哪裡？他們總愛拿這個來開玩笑，因為他們無法了解。對他們來說，神是真理。對心導向的人來說，神是愛。對身體導向的人來說，世界就是神——他們的錢，他們的房子，他們的車子，他們的權力，他們的聲譽。

身體導向的人需要一種不同的方法。事實上，最近在西方，尤其是美國，出現了一種新的方式，適合身體導向的人，它是基於身體的敏感度發展出來的。一種新的靈性途徑誕生了。

在過去，靈性的途徑只有兩種：靜心導向和祈禱導向。從來沒有一種針對身體導向的方法幫助他們接近靈性。身體導向的人，他們總是說沒有宗教，他們拒絕祈禱，他們拒絕靜心。這些人是享樂主義者，是快樂主義者，是無神論者，他們說世界上沒有神，有的只是這個身體，這一生就是全部。他們從來沒有創立出一個宗教。

但現在有一種新的方法正在發展，它可以幫助身體導向的人進入生命內在的核心深處，它是美的，因為這些人需要一種不同的方法。他們需要一種方法讓他們的身體可以以修行的方式運作。譚崔（Tantra）對於這些人會很有幫助。祈禱和靜心對這些人是沒有用的。但一定有一種方法，能夠讓一個人從身體開始，接近他內在的核心深處。

如果你是身體導向的，不要灰心；有很多方法能讓你透過身體取得連結。如果你覺得你是心導向的，試試祈禱、藝術的表達方式。如果你覺得你是智性導向的，那麼就試試靜心。

問題　你為現代人設計了各種新的靜心方法——哪一種類型的人會發現你的靜心有幫助？

我的靜心就某方面來說是與眾不同的。我試著設計出三種類型的人都能夠使用的方法。

它需要高度使用身體，心以及智性。它將這三者結合在一起，在不同層面對不同的人產生作用。

身體導向的人會立刻愛上這些方法——但他愛的是動態的部分，他會來見我說：「太棒了，動態的部分棒極了，但是當我安靜站著的時候——就沒什麼感覺了。」透過這些靜心，他覺得非常健康，他覺得更加根植於身體。對一個心導向的人來說，發洩的部分比較重要；心得到釋放，卸下了重擔，開始以一種新的方式運作。至於當第三種類型、屬於智性型的人來時，最後一個部分會是他的最愛——當他只是靜靜坐著或站著的時候，當他變成靜心的時候。

身體，心，頭腦——我所有的靜心都以同樣的方式移動。它們從身體開始，經過心，來到頭腦，然後超越一切。

透過身體，你可以連結到宇宙性的存在。你可以去海邊，只是單純享受在海中游泳的時刻，你只是成為你的身體，不陷入感覺裡，不去思考，只是「身體」。你可以躺在沙灘上，讓身體感覺沙子，感覺它的涼爽和它的質地。

跑步——我剛才讀了一本很美的書，叫做《跑步禪》：這是為身體導向的人所寫的。那個作者發現，藉著跑步，就不需要靜心了，只要跑步，靜心就發生了。他絕對是個身體導向的人。沒有人想過，靜心可能會在跑步中發生——但我知道，我自己很愛跑步。它發生了。

你繼續跑，你跑得很快，思考就停止了，因為你不可能在跑得很快時繼續思考。想要思考的話，需要準備一張休閒椅；那就是為什麼我們稱思想家為「扶手椅上的哲學家」。他們坐在椅子上放鬆，身體全然放鬆，然後所有的能量都轉入頭腦。

如果你在跑步，所有的能量都會流進身體，頭腦就不可能思考。你跑得很快，深深吸氣，深深吐氣，你成為一個身體。當你只是身體而不是別的，一個片刻就出現了。在那個片刻裡，你與宇宙合而為一，因為你們沒有分別了。空氣流經你，你的身體和它是一體的。一種很深的韻律就出現了。

那就是為什麼人們與運動員會這麼喜歡競賽。那也是為什麼孩子這麼喜愛跳舞，奔跑，跳躍：他們是身體！他們的頭腦還沒開發。

如果你覺得自己是身體導向的，那麼跑步對你來說可能很美：每天跑個四、五英哩，讓它成為一個靜心。這樣將會讓你完全轉變。

如果你覺得自己是心導向的人，那麼就去和鳥兒說話，試著交流。只要看著就好！只要等待，靜靜坐著，以完全的信任和歡迎相信牠們會接近你，慢慢的，牠們就會開始過來；慢慢的，牠們會棲息在你的肩膀上。接受牠們。和樹，和石頭說話，但讓它是一種心的對話，感性的對話。哭泣，流淚，歡笑。淚水比話語更虔誠，歡笑比話語更虔誠，因為它們來自心的深處。不需要用言語表達——去感覺就好。擁抱樹，感覺它，就像你正要和它合而為一。

你將會很快感覺到，樹的汁液不只在樹裡面流動，它也開始在你裡面流動；你的心不只在你裡面跳動，樹的內心深處也會有回應。一個人必須去做，去感覺。

如果你覺得自己是智性型的人，那麼靜心最適合你。跑步對你沒有用。你必須像佛陀一樣坐著，靜靜的，什麼也不做的坐著。當你靜靜地坐著，觀照你的思想，你會發現，這些思想看起來都像是一種做為，於是你會丟棄它。那些思緒會再持續幾天，但如果你繼續坐著，沒有批判，不贊同也不反對的觀照它們，它們就會慢慢停止，於是空隙出現了，距離發生了。在那些空隙當中，你將瞥見你的本質。

神性的瞥見可以透過身體，透過心，透過頭腦而得到。各種可能性都存在，因為這三者都包含了你的本質，而你的本質是超越它們之上的。

．．．．

觀照雲朵——觀察者與被觀察者

不要批判，因為當你開始批判的那一刻，你就會忘記觀照。當你開始評斷——「這是一個好想法」——這個時刻，你就不再觀照。你已經開始思考，你涉入其中。你無法保持超然，保持站在一邊，旁觀川流不息的交通。

不要成為估算，評價，譴責的參與者；無論什麼經過你的頭腦，都不應該抱持任何看法。你應該觀照你的思緒，就像天空飄過的雲。你不會去批判那些雲——這片烏雲是邪惡的，這片白雲看起來像一個賢者。雲就是雲，它們沒有善惡。

那些思緒，只是經過你頭腦的一個波浪。不要帶任何批判，只是觀照，你會經歷一個非常大的驚喜。當你的觀照安定下來，思緒就會越來越少。那個比例是等比的；如果你有百分之五十是安靜的觀照，你的百分之五十的思緒就會消失。如果你有百分之六十是安靜的觀照，你就只剩下百分之四十的思緒在那裡。當你有百分之九十九是純粹的覺知，那麼你就只剩下百分之一的思緒——那個百分之一的思緒只是從路邊經過，路上已經沒有車了，交通尖峰時段已經過了。

如果你來到百分之百沒有批判，只有觀照的時刻，這表示你已經變成了一面鏡子——鏡子從來不批判。一個醜陋的女人照鏡子，鏡子不會批判。一個美麗的女人照鏡子，鏡子也不會批判。若沒有人照鏡子，鏡子還是跟有人照它時一樣純淨。有沒有反射出映象，鏡子都不會受到干擾。

當觀照成了一面鏡子，這是靜心最大的成就。那麼，你就來到了半路。現在你知道那個奧祕了，同樣的奧祕必須應用在不同的事物上。

你必須從你的思考移向情緒、感覺、心情這些更細微的經驗。以同樣的方法，從頭腦移向心——不批判，只是觀照。你會訝異，那些支配你情緒、感覺、心情的東西都會開始消散。

然後繼續觀照你的心，進一步體會沒有任何事物佔據你的經驗。悲傷來了又去，你沒有成為悲傷；快樂來了又去，你也沒有成為快樂。所有進入你心中更深層的東西，對你一點影響也沒有。你第一次體驗到你成為自己的主人。你不再是個被使喚來使喚去的奴隸，任何情緒，任何感覺，任何人都沒有辦法打攪到你。

問題

你談到觀照心情的雲經過，但你也談到要全然、全心全意專注在所有發生的事情中。我喜歡去觀照那些憤怒、悲傷、嫉妒之類的雲。但是，某些像是快樂和喜悅的心情出現時，我喜歡認同它們，全然投入，全然表達。我應該觀照每一種心情，還是應該全然投入每一種心情？我好像沒辦法同時做這兩件事。可以聽聽你的意見嗎？

沒有人可以同時做這兩件事。你必須選擇一樣。我的建議是，觀照每一件事，從同樣的距離，同等的超然去觀照。從所有的悲傷、憤怒、嫉妒、快樂、喜悅、愛中抽離出來，只是全然在你的觀照中。

你的觀照應該是全然的。你與你的觀照是一致的，那是你的天性，那就是你。沒有不認同它的問題，就算你試著這麼做，也是行不通的。你內在的天性就是觀照。覺知的品質就是你全部的本質。所以，觀照每件事，就像它是一片飄過的雲。

我了解你的困難。你想認同愛，你想認同快樂而不認同悲傷。你不想認同痛苦。但是存在並不允許這種選擇。如果你真的想要超越頭腦和它所有的經驗——悲傷與喜悅，憤怒與平靜，恨與愛；如果你想超越這些二元性——你必須同時觀照它們，你不能選擇。如果你選擇，你就會連你想看的事物都無法觀照了。所以，首先要做的是，成為一個觀照者。

一開始，觀照這些如此甜蜜，如此美好的事物會有點困難……觀照能夠幫助你和所有像雲一樣經過的經驗保持距離。你不能抓著不放。你到目前為止都是這麼做的：緊抓著那些你認為好的東西，想要擺脫那些你認為醜陋和痛苦的東西。但你只是把自己搞得一團糟。你並沒有成功。

最好的方法是全然成為一個觀照者。如果你發現這很困難，還有另一個選擇。但是另一個選擇更難，比這個還要難——那就是去認同所有經過的雲。如果你痛苦，徹底成為痛苦。不要克制，一直和它耗到最後。如果你生氣，那就生氣，做它建議你做的任何蠢事。如果有些瘋狂的雲經過，就發瘋吧。但是不要錯過任何事。無論有什麼發生在你身上，在那一刻要全然和它共處，它走了，它就是走了。

這樣也可以解放你，但這是一條比較困難的途徑。如果你想玩一些真正危險的東西，你可以去認同所有的事。不要產生任何區別，不要說這個是好的，那個是不好的。沒有任何歧視，就是認同，一個星期之內，你就和它玩完了，那麼就沒有問題了。只要一個星期就夠了，因為這麼多東西經過。你會很累，筋疲力竭。如果你活下來了，我們又會碰面……如果你沒有活下來，那就再見了！

這是一條危險的道路。我從來沒聽說過有人活下來。你很清楚什麼樣的東西跑進你的腦袋。有時候你想叫——那就去做，像狗一樣叫，不用去管全世界的人怎麼想，他們愛怎麼想是他們家的事。你選擇了你的路，你會得到自由……也許是徹底的自由：成道和身體的自由將會一起出現！但這有點危險。

人們或許會試圖阻止你，因為沒有人知道是什麼樣的東西跑進你的腦袋。你最親愛的人——你的朋友，你的家人，你的太太，你的先生——也許都會試圖阻止你。全世界有很多人被他們的家人強制送進精神病院，家人認為那是唯一保護他們的辦法。這種事情到處都是。

在我住的村子裡，有一戶最有錢的人家，他們將一個人鎖在地下室裡一輩子。大家都知道那個人一定出了什麼事，因為他突然就不見了。許多年過去，人們都逐漸淡忘了。我偶然知道這件事，因為那個被關起來的人的兒子，是我的學生。由於他和我來自同一個村子，他常常會來看我。有一天，我問起了這件事。我說：「我從來沒見過你爸爸。」

他難過的說：「我不能騙你，發生在我爸爸身上的事，是我心裡的一個重擔。我們家是村裡最有錢的，所以他們不希望任何人知道他們對我爸爸做了什麼事。他們打他；把他當野獸一樣關在地下室的籠子裡。他大哭，大喊，大聲尖叫，但沒有人理他，也沒有人靠近他。他們只是從地窖上方一個小洞丟食物給他。所有他需要的東西都從上面丟下去；沒有人去看過他。

「可是，他做了什麼？」我說。

他說：「沒什麼，他只是瘋了。他常常做一些不正常的事。比方說，他可能赤身裸體的跑到市場去。但他對其他人並沒有造成什麼傷害……。」他沒有做過傷害任何人的事，他只是光著身體跑去市場，光這一點，就足以讓他家裡的人把他關起來。他們讓他的瘋狂變本加厲。這樣做是無濟於事的，這樣不是治療，也不是一個好的處理方式，但人們通常都會這麼做。

所以，如果你要認同你所有的想法，你在開始這個練習之前，你應該先想想人們會怎麼看待這件事，他們會怎麼對待你——儘管，認同你所有的情緒，可能會讓你完全擺脫它們，得到自由。

要嘛是保持無選擇的認同，要嘛就是保持無選擇的不認同。重點在於無選擇。如果你採用第二種方法，你的處境會安全一點。成為一個無選擇的觀照者。不選擇好的，也不丟棄壞的。沒有什麼是好的，也沒有什麼是壞的；只有覺知是好的，不覺知是壞的。

「醫生，」一個家庭主婦說：「我是為了我先生的事來找你的。我們結婚超過二十五年了。他是個好先生，快樂，知足，全心全意的對我，但自從他來找你看頭痛之後，就完全變了一個人。現在他晚上再也不回家，再也不帶我出去，再也不買東西給我，再也不給我錢。該死！他甚至連看都不看我。你的治療似乎改變了他整個人。」

「治療？」醫生說：「我只是給了他一張處方簽，要他配一副眼鏡。」

連一副眼鏡都可以對你整個人、整個行為模式造成戲劇性的改變。認同每一件事可不是像配一副眼鏡那樣的小事。如果你開始認同每一件事，你會處處碰壁。還是選擇安全一點的方法好；所有覺醒的人都選擇了那條路。它無疑是最明智的途徑，沒有例外。

問題

有時候，在經過清澈與光明的時刻之後，那些暴力、嫉妒、憤怒等感覺，就像親密的老朋友一樣又回來了。它們回來以後，變得比以前更強烈，就好像等在角落要伺機報復一樣。你可以談談這件事嗎？

我可以談，但這些暴力、嫉妒，還有暴怒的感覺還是會在角落伺機而動。它們不會因為我說了什麼而消失。因為你在不知不覺中滋養了它們。你不知道，你想要擺脫它們的欲望其實是很表面的。

你所做的，並不是我一直在強調的事；你做的剛好相反。你在和黑暗對抗，你沒有把光帶進來。你可以繼續和黑暗抗爭，你想抗爭多久都隨你，但你不會得到勝利。這並不表示你比黑暗弱，這只意味著你做的事情對黑暗是無效的。

黑暗只是不在，你沒辦法直接對它做什麼。只要把光帶進來，黑暗就會奪門而出。黑暗是一種不在；光出現了，光的不在就不是問題了。不是說當你把光帶進來，黑暗哪裡都沒有去，它自己本身並不存在。

我再唸一遍你的問題：「有時候，在經過清澈與光明的時刻之後，那些暴力、嫉妒、憤怒等感覺，就像親密的老朋友一樣又回來了。它們回來以後，變得比以前更強烈，就好像等在角落要伺機報復一樣。」

你的清澈和光明是短暫的。你只是把光帶進來一下子，當吹掉蠟燭之後，黑暗會再度回來——不是它等在角落，而是你又讓光不在了。你意識的火炬應當持續不斷的燃燒；就不會再有黑暗。

這些你認為非常危險的感覺事實上並無法對你有真正的傷害。暴力會在那裡，是因為你沒有發展你愛的潛能；它只是愛的不在。人們總是不斷做一些愚不可及的事。他們為了不要有暴力而壓抑暴力，他們總是努力變得不暴力。但是，事實上，並沒有必要將任何人變成非暴力的。是你的方向錯了。暴力是一種負面的東西，你為了變得不暴力而試圖摧毀暴力是無濟於事的。我會說，不要去想暴力的事。它只是愛的缺席——要去愛得更多。把你為了變得不暴力而壓抑暴力的全部能量，都注入愛裡，事情就能改善了。

但令人遺憾的是，馬哈維亞和佛陀都使用「非暴力」這個字眼。我可以了解他們的難處。他們的難處在於，用「愛」這個字，人們只能了解生理上的愛；為了避免誤解，他們改用一個負向的字眼——非暴力。但是，這麼做就假設了暴力是正面的，非暴力是負面的。而事實是：暴力是負面的，愛是正面的。他們害怕使用「愛」這個字，因為他們怕人們誤將「愛」當成一般的愛，他們用了一個不恰當的字：非暴力。二十五個世紀以來，非暴力主義被徹底實踐。但你會發現這些人大部分都是畏畏縮縮，死氣沉沉的。他們的聰明才智似乎沒有開花，他們的意識也沒有綻放。只是用錯了一個字，就對無以數計的人造成長達二十五個世紀的折磨。

我想要你知道，愛是一件正面的事，這個愛指的不是生理上的愛。你也了解：你愛你的母親，你愛你的兄弟，你愛你的朋友，這其中都不涉及生物性。這些是日常生活中隨時經驗得到的非生物性的愛。你愛一朵玫瑰花，這跟生物性有關嗎？你愛美麗的月亮，你愛音樂，你愛詩，你愛雕塑，這跟生物性有關嗎？我舉這些日常生活的例子，只是要讓你知道，愛有很多、很多、很多的面向。

所以，與其只有短短幾個清澈和光明的時刻，不如愛得更多一點——愛樹，愛花，愛音樂，愛人。讓不同類型的愛豐富你的生命，暴力就自然消失了。一個充滿愛的人不會傷害任何人。愛不會傷害，也不會是暴力的。

除非暴力的能量蛻變為愛，否則這些暴力的感覺不會消失。真愛不知道嫉妒。任何跟隨著嫉妒的愛，都不是真愛，它是生物本能。

當你往上移得越高——從身體到心，從心到本質——這些不成熟的感覺都會消失。從本質到本質間發生的愛，是不會有嫉妒的。

你要怎麼才能找到這樣的愛？

它是你的寧靜，你的平和，你內在的幸福，你極度的喜樂散放的光與熱。你是如此快樂，因此你想把它分享出去；這個分享就是愛。愛不是乞丐。它從來不會說：「給我愛。」愛永遠是一個皇帝，它只知道給予。它甚至從來不曾想像或期待得到回報。

你越靜心，就越能意識到你的本質。你的內在世界變得越寧靜，愛將會流過你。

人們有各式各樣的問題。問題雖然不同——暴力、嫉妒、痛苦、焦慮——但治癒的藥卻只有一種，那就是靜心。

我想要提醒你，「藥」（medicine）和「靜心」（meditation）來自同樣的字根。藥代表某種可以治癒你身體的東西，靜心代表某種治癒你靈魂的東西。靜心之所以叫靜心，正因為它是一種治癒你最深層疾病的藥。

有個賣凡士林的人，一週前走訪過鎮上的一些住戶，他留下了試用品，要鎮民們看看能不能想到一些凡士林的妙用。幾天之後，他又回到同樣的住戶家裡，詢問人們有沒有發現什麼用途。

第一家的男人、一個城裡來的有錢紳士說：「我拿他做為醫藥用途。每當我的孩子擦破手肘或膝蓋，我就拿它來抹。」

第二家的男人說：「我把它拿來做為機械用途，我拿它潤滑我的腳踏車和割草機的軸承。」

第三家的男人邋裡邋遢，沒刮鬍子，是個勞動階層的傢伙。他說：「我拿來做為性的用途。」

推銷員以很震驚的聲音問：「這是什麼意思？」

「這個嘛，」那個不修邊幅的男人說：「我在臥房門把上抹了一堆，這樣孩子們就進不來了！」

你把同一種東西給不同的人，他們會根據各自的無意識找到不同的用途。但是如果他們有意識，他們將找到唯一的用途。

一個在日本的基督教傳教士，帶著《新約聖經》去找一位非常偉大的禪師南音（Nan-

In）。他確信，只要聽過耶穌優美的話語，特別是「登山寶訓」（the Sermon on the Mount，《聖經．馬太福音》第五章到第七章裡，耶穌在山上所說的話），南音一定會改信基督教。

那個傳教士滿懷著愛，他說：「我帶來了我的聖書，我想要讀幾句經文……或許它們會改變你的生命。」

南音說：「你晚來了一步，因為我已經完全變了，蛻變已經發生了。不過，你走了很遠的路——你可以讀幾句來聽聽。」

於是傳教士開始讀，聽了兩三句之後，南音說：「讀到這裡就夠了。不管寫下這些句子的人是誰，他在未來的某一世將會成佛。」

傳教士很震驚——這個人說「寫下這些句子的人顯現了某些神奇的力量，他會成為一個佛?!」他對南音說：「但他是神唯一的兒子。」

南音笑了，他說：「問題就在這裡。就是這個問題妨礙了他成為一個佛。除非他拋棄這些沒有意義的想法，否則他無法發揮所有的潛力。他有些很美的想法，但也有一些愚蠢的想法。神並不存在，所以神唯一的兒子這個問題也不存在。別擔心，在未來的某一世，他會拋棄它們。他似乎是個聰明人，他已經為他愚蠢的想法吃盡苦頭了。他被釘上了十字架；這個懲罰已經夠了。不過，你們不該抓著他話語中愚蠢的部分不放。」

傳教士說：「但這是我們的宗教最根本的信念：耶穌是上帝的兒子，上帝創造了世界，而耶穌是處女生的。」

南音笑說：「這個傻瓜，他要是能丟掉這些虛構的小事，他早就成佛了。你遇到他的話，把他帶到這裡來，我會引他走上正途。不需要把他釘上十字架；他只需要有人帶他進入靜心的奧祕。」

靜心是解決我們所有問題的萬能金鑰。你得花上好幾輩子一一對抗各種問題，但你還是逃不出它們的手掌心。它們會站在角落，伺機而動——當然，如果讓它們等太久的話，它們就會盡其所能的報復。

靜心不直接對你的暴力做什麼，不對你的嫉妒或你的仇恨做什麼。它只是把光帶進你的屋子，黑暗就不見了。

問題　我發現我偶爾會去觀照憤怒、傷痛、挫折；但我總是在我意識到它、觀照它之前突然笑出來。可以請你就這方面談談觀照嗎？

從某方面來說，笑是獨特的、是非常好的。憤怒、挫折、擔憂、悲傷，這些都是負向的，它們從來都不是全然的。你無法全然的悲傷，不可能。任何負面情緒都無法全然，因為它是負向的。要全然就需要正向。笑是一種正面的現象，那就是為什麼它如此獨特。要覺察笑，是有點困難的，這有兩個原因。其一，它是突如其來的。事實上，你只有在它發生的時候才覺察得到。除非你是英國來的……它在英國從來不會突然發生。據說，你要是講笑話給一個英國人聽，他會笑兩次——第一次，是因為禮貌。他不懂這有什麼好笑的，只不過你講了笑話，你期待他笑，他又不想傷害你，所以他笑了。等到半夜，他聽懂了那個笑話……然後他就真的笑了。

不同的種族有不同的反應。德國人只笑一次，在他們看到其他人都在笑的時候，他們會加入，以免落單，不然別人會以為他們沒聽懂。他們絕對不會去問人家那個笑話是什麼意思，這樣會讓他們顯得無知。有個人和我在一起很多年，他每天都會問人家：「怎麼回事？為什麼大家在笑？」——他也在笑，只是為了不要落單，而他永遠聽不懂別人的笑話。德國人太嚴肅，是他們的嚴肅讓他們聽不懂。

如果你講猶太笑話給猶太人聽，他不會笑，但他會說：「這個笑話已經老掉牙了，而且，你還講錯了。」他們是最擅長講笑話的專家。很少有笑話不是出自猶太人。所以千萬別跟猶太人講笑話，他一定會告訴你：「這個笑話已經老掉牙了——別拿它來煩我。而且，你還講錯了。先學學怎麼講笑話；這可是一門藝術。」但他不會笑。

笑就像打雷一樣說來就來：讓人意想不到。這是笑話的機制，再簡單的笑話也一樣。

它為什麼逗人發笑？它的心理學因素是什麼？它在你的內在營造出某種能量；你聽笑話的時候，你的頭腦開始以某種方式思考，你很興奮的想知道它的笑點，直到它是怎麼結束的。你開始期待某些合乎邏輯的結局——因為頭腦對邏輯以外的東西一點辦法也沒有——而笑話是跳脫邏輯的。所以當結局這麼不合邏輯，這麼離譜，但又這麼令人拍案叫絕……你等待結局而忍了半天的能量，便突然迸發成了笑。笑話是長是短不重要，它的心理學因素是一樣的。

一間小型教會學校裡的老師擁有一座很美的雕像，她要把它當作獎品，送給答對問題的小朋友。當一個小時的課上完之後，她會問一個簡單的問題，答對的小朋友就可以拿到這個雕像。

老師花了一個小時和孩子們講了耶穌基督的故事：他的哲學，他的宗教，他被釘在十字架上的考驗，他擁有全世界最多的信徒……，這許多的內容老師濃縮在一小時的課程裡講完。最後，她問：「我想知道，誰是世界上最偉大的人？」

一個美國小男孩站起來說：「亞伯拉罕・林肯（Abraham Lincoln）。」

老師說：「不錯，但是不夠好。坐下。」

老師又問一遍：「誰是世界上最偉大的人？」一個印度小女孩舉手回答：「聖雄甘地。」老師覺得非常挫折。她花了一整個小時的努力！但答案並不是她想要的。她說：

「答得好，但還是不夠好。」

然後，有個小男孩開始熱烈的揮手。老師說：「好，你告訴我，誰是世界上最偉大的人。」

他說：「就是……耶穌基督。」

老師覺得很困惑，因為那個男孩是猶太人。他贏得了獎品。當大家離開的時候，她把他拉到一旁問：「你不是猶太人嗎？」

他說：「對，我是猶太人。」

「那你為什麼說是耶穌基督？」

他說：「在我內心深處，我當然知道那個人是摩西，但是生意歸生意嘛！」

所有笑話的結尾都會來個不合邏輯的大逆轉。於是，你內在所有逐漸累積的能量就忽然在笑中迸發了。

剛開始的時候，要覺知到笑是困難的，但並不是不可能。它需要多花一點時間，因為它是一個正向的現象，不要太努力嘗試，否則你會錯過了那個笑！問題就出在這裡。如果你太努力保持覺知，你就會錯過那個笑。只要保持放鬆，當笑發生的時候，就像海裡掀了一個波浪，靜靜觀照它。但不要讓你的觀照干擾了笑。必須允許兩者同時發生。

笑是一個很美的現象，它並沒有被丟棄。但人們從不這樣想。你沒有看過耶穌基督、佛陀或是蘇格拉底在笑的圖片。他們都非常嚴肅。對我來說，嚴肅是一種病。幽默感使你更人性，更謙卑。在我看來，幽默感是宗教性最本質的部分之一。一個不能開懷大笑的僧侶或教士，不算真正的修行者，他還少了一些東西。所以你必須走在時代的尖端，笑必須是完全被允許的。

所以，先處理笑，完全允許它。然後觀照。剛開始或許有點困難：笑先發生了，然後你突然才覺知到。但無妨。慢慢，慢慢的，那個空隙會小一點。你只是需要花一點時間，很快就有能力完全的覺知，同時又全然的笑。

它是一個獨特的現象。你不該忘記，沒有動物會笑，沒有鳥兒會笑——只有人會笑，而且只有聰明的人才會笑。它是一種聰明才智，表示你立刻就看出某些情境的可笑之處。可笑的情境隨處可見。整個生命都很可笑。你得讓你的幽默感更敏銳。

記住，要慢慢來；沒什麼好急的，你的笑不該被擾亂。能以全然的笑覺知，是一個了不起的成就。

而關於悲傷、挫折、失望這些都不重要，它們必須統統被丟棄。不用去管他們，也不需要小心的處理它們；只要全然的覺知，讓它們消失。不過，一定要把笑留下來。

為什麼佛陀、耶穌、蘇格拉底都不笑：因為他們忘了怎麼笑，他們把笑視為負面情緒。

由於他們過於重視覺知，所以連笑都消失了。笑是一種非常美好、非常珍貴的現象。當悲傷、不幸、痛苦都隨著覺知消失，他們變得越來越深入覺知，完全忘了還有些東西必須被留下來——那就是笑。

我覺得，耶穌當初要是能笑一下的話，基督教到了後來就不會成為一場苦難。如果佛陀能夠笑的話，無數追隨他的佛教僧侶就不會這麼悲傷，這麼呆板，這麼乾枯，這麼沒有生命力。佛教遍布全亞洲，但它反而讓整個亞洲都黯淡無光。

佛教選擇黯淡的色彩做為僧服的顏色並不是偶然的，因為黯淡是死亡的顏色。秋天來臨，樹木變得光禿的時候，它們的葉子會變得黯淡，開始凋零，最後只剩下樹幹。那種黯淡的色彩，就像一個臨終的人，它的臉會變得暗沉。他即將要死了；死亡的程序已經啟動，他幾分鐘之內就會死去。事實上，我們和樹木沒什麼不同；我們表現的方式是相同的。

佛教使整個亞洲看起來悶悶不樂。我曾經試著想找一些源自於印度的笑話，但一個都找不到。嚴肅的印度人總是在談論神、天堂、地獄、輪迴，業力。笑話在任何地方都顯得格格不入！每當我公開演講的時候——我談的是靜心——都會先講個笑話。偶爾會有一些耆那教或佛教的僧侶，或是印度教的教士來找我，他們說：「你講靜心講得真好，但是，你為什麼要加那個笑話？它毀了一切。大家開始笑了。他們才剛剛開始認真，你就毀了你所有的努力。你花了一個半小時讓他們嚴肅起來，卻用笑話毀了一切！為什麼你非講笑話不可？佛陀從來沒講過笑話。克里希那也從來沒講過笑話。」

我既不是佛陀，也不是克里希那，而且我對嚴肅一點也不感興趣。事實上，就是因為人們開始嚴肅，我才非得講個笑話。我不希望每個人都一本正經，我希望每個人都幽默風趣。生命一定要越來越接近笑，而不是越來越嚴肅。

蛻變的靜心與練習

編註：根據奧修的建議，無論哪一種靜心技巧或練習，你都要持續做三天，看看你是不是覺得它「對了」。如果你覺得自己沒有任何改變，或是那個技巧好像不太適合你這種類型的人，那就試試別的。剛開始的時候，我們往往沒有辦法很清楚的觀察自己。某個靜心或練習可能讓頭腦很感興趣，但結果對我們根本不管用。或者，我們可能會找盡所有合理化的藉口，不去實驗某個技巧或練習，但有可能它最有幫助！

這一章裡所有的方法都提供你可行的方式去實驗；你可以用一種遊戲的心情去嘗試，找出哪個技巧對你比較合適。

本書已經有多處提到靜心。奧修動態靜心是奧修特別針對生活在快節奏、高壓力下的現代人發展出來的技巧。這些經過科學設計的靜心技巧，有助於個人變得更覺知，釋放他壓抑在情緒和身體層面、妨礙他體驗靜心的障礙和緊張。我們在這個單元的最後，列出四個最基本的技巧，每個技巧都有詳細解說，並告訴你可以在哪裡得到更多的訊息。

奧修發展出來的靜心技巧是根據他的了解所設計的。

我的技巧基本上是從發洩開始。你所有隱藏的東西都必須被釋放出來。你不能再壓抑；更確切的說，你要選擇表達的途徑。不要譴責自己。接受你自己本來的樣子，因為所有的譴責都會製造分裂……。

這聽起來似乎自相矛盾，但那些壓抑自己的精神問題的人，將變得越來越神經質；能有意識地將它們表達出來的人則可以擺脫它。所以，除非你是有意識的瘋狂，否則你的頭腦永遠不會清醒。蘭恩（R.D. Laing，1927-1989，英國精神病學家）是對的。他是西方最敏感的人之一。他說：「允許自己瘋狂。」你是瘋狂的，所以得為它做點事。我說的是，你要察覺到它。舊的傳統是怎麼說的？他們說：「壓抑它；不要讓它出來，不然你會變成瘋子。」我說，允許它出來；這是唯一能讓你恢復神智的辦法。釋放它！留在裡面，它會變成有毒的。把它丟出來，把它從你的系統徹底移除。做這種發洩的時候，你必須非常有方法，非常細心的去處理它，因為它是有技巧性的發瘋——有意識的發瘋。

你必須做兩件事：對你正在做的事保持覺察，然後，不要壓抑任何事。這就是修行，這就是你必須去學習的功課：要有意識，不要壓抑；換句話說，要有意識，要去表達。

觀照的入門

當變得有覺知時會碰到三個難題。這對每個求道的人來說，都是必須要了解的。事實上，每個人都會覺知到自己的行為，只是大都要等到行動結束以後。你生氣：你打了太太一巴掌，或是你拿了一個枕頭丟你先生。之後，等到熱度降溫，事過境遷之後，你才覺知到。但那時已經沒有意義了，已經沒有什麼可以做的了。覆水難收；太遲了。

有三個重點要記住。第一，當行動一發生，就要馬上覺知它。對於想覺知的人來說，這是第一個難題——覺知行動本身。憤怒就像你內在的煙霧，想要在濃厚的煙霧中成為覺知的，這是第一個困難，但不是不可能。只要多努力一點點，你就可以掌握它。剛開始你會在憤怒消失、一切冷卻下來之後才變得覺知；你在十五分鐘之後產生覺知。然後你持續嘗試這樣的覺知經驗，慢慢的，當你再度憤怒時，你能在五分鐘後覺知。再繼續嘗試，你會在事情才剛過一分鐘後，就馬上覺知。然後再試，你能在憤怒消失的瞬間就覺知到了。繼續再試，你就能夠在感覺到憤怒的同時覺知。這就是第一步：在行動當中保持覺知。

接下來是第二步，這甚至更難了，因為現在你要涉入更深的水位。第二階段，或者第二個難題是，在行動之前就要覺知，當那個行為還沒有發生，它只是你的一個念頭的時候，你就能覺知到。在它還沒有行動、已經是你頭腦裡的一個想法之前；在它像一顆潛在的種子、隨時可能變成行動之前，你就覺知到。

這時，你需要更細緻的覺知。你的行動很粗魯——你打了人。你覺察到你在打人，但那個想打人的念頭更微妙。你的頭腦裡閃過千萬個思緒，但誰注意到它們了？它們不斷來來往往，川流不息，這些想法絕大多數不會變成行動。這就是「罪惡」(sin)與「犯罪」(crime)的差別。犯罪是指某些想法變成了行動。法院不會因為你的想法判你的罪。你可以想謀殺某個人，但法律不會因此懲罰你。你可以享受這個想法，你可以夢到它，但除非你動手，否則你並不會受到任何法律的制裁；除非你做了什麼事，將那個想法付諸實現，它就成了犯罪。事實上，宗教比法律更嚴苛。它說，動念即是罪。無論你有沒有去實踐都沒有差別；你已經在你的內在世界犯下了殺人罪，你受到它的影響，你被它污染了，你被它玷污了。

第二個難題是，你內在的念頭一出現，要及時掌握它。這是辦得到的，但是你必須先通過第一道障礙，因為思想並不像行動那麼具體。但它還是夠具體到能夠被看出來；你只需要練習一下就能辦到。靜靜坐著，觀照你的思緒。觀察一個想法的所有細微之處——它怎麼升起，它怎麼成形，它怎麼停駐，它怎麼持續，還有它怎麼離開你。把它變成一個客人觀察它，等時候到了，它就會離你而去。許多念頭來來去去；你是這些來來去去的念頭的主人。只要觀照。

不要一開始就嘗試困難的想法，拿一些單純的想法試試看。這樣會容易一點，因為程序是一樣的。只要坐在花園裡，閉上眼睛，看看哪些念頭正好經過——它們總是不斷經過。當附近有狗在叫，你的內在馬上就會開始一個思考程序。你會突然想起你小時候養的那隻狗，你想起你多愛牠，後來那隻狗死了，你有多傷心。然後，死亡的念頭冒出來；狗已經被遺忘了，你想起你母親的死……有關母親的想法又突然讓你想到你的父親……這樣一直繼續下去。這一切都是一隻笨狗引起的，牠甚至沒注意到你坐在你的花園裡；牠叫只因為牠閒著沒事。牠沒注意到你，牠也不是故意對著你叫，它就觸發了一長串的連鎖反應。

看著這一連串的反應，然後，慢慢嘗試觀照更情緒性的事。你在生氣，你在貪心，你在嫉妒——你將能及時在這些念頭當中掌握住自己。這是第二步。

第三步是及時掌握產生思想的感覺，這是最困難的。在行動之前，它會先變成一個想法，而在任何東西變成思想之前，它是一種感覺。

有三件事：先有「感覺」，接著產生「思想」，然後才有「行動」。你可能完全沒注意到，你所有的念頭都是基於某種感覺產生的。如果沒有那種感覺，那個想法就不會出現。感覺在想法中被實現了，想法在行動中被實現了。

你現在要做的是一件幾乎不可能的事：及時掌握那種感覺。你沒注意到嗎？有時候，你不確定自己為什麼覺得心煩意亂；你不確定是出於什麼理由，但你就是心煩意亂，你總是覺得哪裡不對勁。有些什麼正在暗中蘊釀，有些感覺正在聚集力量。有時候你覺得悲傷。無來由的悲傷，並沒有思想在煽動它；但悲傷就是在那裡，那是一種空泛的感覺。那表示某種感覺正試圖浮上台面；感覺的種子正要把它的枝葉伸出土壤。

如果你能夠對那個思緒覺知，遲早你也會覺知到各種細微的感覺。這是三個困難的功課。如果你能做到這三件事，突然間，你會墜入你本質的最核心深處。

行動距離本質最遠，然後是思想，最後是感覺。而你的本質，就藏在感覺的背後。這個本質是宇宙性的。這個本質是所有靜心的目標。你必須穿越這三道障礙才能到達，它們就像圍住你本質核心的三個同心圓。

找出時間，找個地方，無所事事的坐著。靜心就是這麼回事。每天至少花一個小時靜靜坐著，什麼事也不做，只是徹底的閒著，只要觀照所有經過內在的事。剛開始的時候，看著你內在的東西，你會很悲傷。你會覺得除了黑暗之外什麼也沒有，所有醜陋的東西和各種黑洞都出現了。你痛苦極了，你感受不到一絲絲的喜悅。但如果你堅持下去，鍥而不捨，有一天，這些痛苦都會消失，痛苦的背後就是狂喜。

＊＊＊

從小事開始，你就能體會到。當你早上散步的時候，享受散步——樹上的鳥兒、陽光、雲朵，微風……。享受一切，但仍要記得你是一面鏡子；你只是單純反映出雲朵、樹木、鳥兒，還有人。持續早晨的散步，並記得你不是它。你不是那個散步的人，你是那個觀看的人。慢慢，慢慢的，你就能品嘗到它的滋味——它是一種美的體驗，它會慢慢出現。它是世界上最微妙的現象；如果你在匆忙中是體會不到它的。你需要耐心。

當你吃東西、品嚐食物時，也要記得你是那個觀照者。起初它會造成一些困擾，因為你從沒有同時做過這兩件事。我知道，剛開始的時候，只要你一觀照，你會想停下來不吃；或是當你一開始吃，你就忘記要觀照。

到現在為止，我們的意識還只是單向的，它只朝一個目標前進。但事實上，它可以是雙向的：它可以一邊吃一邊觀照。你可以保持在你的中心不動，同時又能看到你周圍的暴風雨；你可以變成颱風眼的中心。

從恐懼中蛻變

恐懼有一種它的美，有一種細緻與敏感。事實上，它是一種非常微妙的生命情感。恐懼這個字眼是負向的，但感覺的本身非常正向。唯有活著才會恐懼；一個死去的東西是不會恐懼的。恐懼是活著的一部分；是細膩的一部分；是脆弱的一部分。所以，允許你的恐懼。和它一起顫抖，讓它搖動你的基礎——享受它，把它當作一種本質憾動的深刻體驗。

不要對恐懼抱持任何看法；事實上，不要稱它為恐懼。當你說它是恐懼的時候，你已經採取了一種觀點。你已經在譴責它；你已經在說它是錯的，它不應該在那裡。你已經在防衛，已經在閃躲、在逃避。你已經在用一種微妙的方式和它撇清關係。所以不要稱它為恐懼。這是一件最基本的事：不要稱呼事物的名稱。只要看著它本來的樣子。允許它，不要替它貼一個標籤；保持對它一無所知。

無知是深度靜心的狀態。堅持無知，不要允許頭腦操控你。不要允許頭腦使用語言與文字，標籤與分類，因為它有一貫的流程。它會一件事扯上另一件事，它會沒完沒了一直下去。只要看著就好——不要把它稱為恐懼。

允許顫抖

害怕和顫抖是美的。當你害怕時，躲在一個角落裡，藏在毯子底下發抖。做動物害怕時會做的事。小孩子害怕的時候，會怎麼做？他會哭。原始部落的人會怎麼做？當他們完全被恐懼所支配的時候，他們會寒毛直豎。文明人早就忘了那樣的經驗；它已經變成了一種象徵。我們認為那只是一種說法，不是真的。但它其實真的會發生。

如果你允許自己讓恐懼佔據你，你的寒毛會豎起來。你將第一次領悟到，恐懼是一種多麼美的現象。在那個騷動當中，在那個颶風當中，你將會了解，你的內在某處有一個點還完全沒被觸及過。如果恐懼影響不了它，那麼，死亡也影響不了它。到處都是黑暗和恐懼，只有一個小小的中心點完全超越這一切。不是你試圖去超越什麼：你只是允許恐懼全然佔據你，但是突然間，你察覺到了那個差異，你覺知到了那個靜止的點。恐懼是一道門，一個人可以從這道門進入自己的存在。

做你怕做的事

每當恐懼出現的時候，永遠記住，不要逃，那不是解決之道。進入它。如果你害怕黑夜的話，就走進黑夜，那是克服它唯一的方法。那是超越恐懼唯一的方法。走進黑夜；沒有比這個更重要的。等待著，獨自坐在那裡，讓黑夜做自己的事。

你害怕的話，就發抖好了。讓顫抖發生，但是告訴黑夜：「你儘管做你的事，我就在這裡。」幾分鐘之後，你會看到所有的一切都平靜下來。黑暗不再是黑漆漆的，它已經開始發光。你會享受它。你可以觸摸它——它天鵝絨般的靜謐，它的浩瀚，它的旋律。你能享受它，你會說：「我以前真傻，居然害怕這麼美的經驗！」

每當恐懼出現的時候，絕對不要逃避它。否則那會變成一個阻礙，你的本質將永遠無法在那個向度上成長。事實上，你從恐懼會得到許多提示。那些就是你所需要前進的方向。恐懼只是一個挑戰。它在召喚你：「來吧！」你的生命裡有許多恐懼的區域。接受那個挑戰，深入它們。永遠不要逃避，永遠不要做個懦夫。有一天，你會在每一種恐懼的背後找到寶藏。這樣你才會變得更豐富。

要記住，所有活著的東西都會讓你恐懼。死掉的東西是不會讓你恐懼的，因為它們沒有挑戰性。

放鬆和觀照

當你害怕的時候，放輕鬆！接受恐懼存在的事實，但不要對它做任何事。不要去理它；不要去注意它。

只要觀照你的身體。你的身體不應該緊張。如果身體不緊張，恐懼自動就會消失。恐懼會在身體裡面創造出一種緊張的氣氛，讓它可以在裡面扎根。如果身體放鬆，恐懼一定會消失。一個放鬆的人不會被嚇到。你嚇唬不了一個放鬆的人。就算恐懼出現，它會像波浪一樣來來去去；它不會落地生根。

恐懼就像波浪一樣來來去去，你不受它的影響，這樣是美的。要是你讓它在你裡面開始扎根、茁壯，就會形成腫瘤，像癌細胞一樣擴散。那麼，它將損害你的內在。

因此，每當你害怕的時候，要注意一個重點，身體不要緊張。試著躺在地上，放鬆——放鬆是恐懼的解毒劑——恐懼會來來去去。你只要看著它。

那個觀照應該是平淡的。你接受它就是這樣。今天很熱；你能怎麼辦？身體在出汗；你得去經歷。等到夜晚來臨，就會吹起一陣清涼的微風。所以，只要觀照它，放輕鬆。

一旦你抓到了那個訣竅——你很快就會發現，當你放鬆下來，恐懼就不會再跟著你了。

像死去般沉睡

晚上睡覺之前，花五或十分鐘，躺在床上，感覺你正在死去——每天晚上做。一個星期之內，你就會進入那種感覺，享受它。它會讓你感到訝異，你身體裡面這麼多的緊張是怎麼消失的。讓整個身體死去，像死去般沉睡；到了早上，你會覺得神清氣爽，充滿能量。

從憤怒中蛻變

記住，是我們將自己的能量注入憤怒；唯有如此，它才會活力充沛。憤怒本身是沒有能量的；它全靠我們的合作。在觀照中，這個合作關係就被打破了；你不再供養它。它可能還會待一下子，但只要幾分鐘的時間，它就消失了。當它發現它沒辦法在你裡面生根，它發現它利用不了你，它看到你離它遠遠的，你是一個山頂上的觀照者，它就會消失，它將會消失的無影無踪。那個消失是美的。那個消失是一個偉大的體驗。

看著憤怒消失，會有一種極為平靜的感覺出現：像暴風雨後的寧靜。你會很訝異，每當憤怒出現的時候，你觀照它，你會進入一種你從來不知道的寧靜。你進入了很深的靜心……每當憤怒消失的時候，你會看到自己如此清新，如此年輕，如此純真，就像你從來不認識你自己。你將對憤怒充滿感激；你不會生它的氣——是它給了你一個美好的新世界，是他讓你經歷了一種嶄新的體驗。你利用了它，你把它當成踏腳石。

這是負面情緒的創造性用途。

生氣就好

當你憤怒的時候，不要去生任何人的氣；只要生氣就好。讓它成為一個靜心。關上門，獨自坐著，盡可能讓憤怒冒出來。如果你想打人，就打枕頭好了……

做任何你想做的事；枕頭絕不會有異議。你要是想殺了那個枕頭，就拿把刀，殺了它。這會有幫助，它會有很大的幫助。你從來沒有想過，枕頭居然這麼有用。打它，咬它，丟它。如果你對某個人特別生氣，把他的名字寫在枕頭上，或是貼一張照片在上面。

在靜心的過程當中，讓你的憤怒成為一個全然的行動，並且看看會發生什麼事。你會感覺它來自你整個身體。如果你允許它存在的話，你身體的每個細胞都會投入其中。身體的每一個毛孔，每一根纖維，全都充滿了暴力。你的整個身體會進入一種瘋狂的狀態。它會發狂，但是允許它，不要抑制它。

你會覺得愚蠢可笑——憤怒本來就很可笑；你根本拿它沒輒。所以讓它去，並把它當成一種能量的現象享受它。這是一種能量的現象。如果你不去傷害任何人，就沒什麼不對。當你試著這麼做之後，你會發現，那些傷害別人的念頭都逐漸消失了。你可以把它當作每日的練習，只要每天早上做二十分鐘就可以。

然後，觀察那一整天發生什麼事。你將會變得更冷靜，因為可能即將形成憤怒的能量已經被丟掉了；可能即將變成毒素的能量已經在你的身體裡消失了。至少連續做兩個星期，一星期之後，你將會很意外的發現，無論什麼樣的情況，憤怒都不會再出現了。

卸下你的重擔

走進房間，關上門，在你發狂的時候，回憶那些生氣的經驗。回想它，讓它重新上演一次。這對你來說並不困難。讓它重新上演一次，重來一次，重新經歷一次。不是只是去回想，而是重新再經歷一次。回想某人曾經侮辱你，當時他說了什麼話，你怎樣回應他。再回應一次，重播一次。

你的頭腦只是一套錄音設備，那個事件依照當時發生的先後順序被錄了下來，它就像你大腦裡一張錄好的唱片。你會再次經歷相同的感覺。你的眼睛發紅，你的身體開始顫抖、發熱，一切都會再重演一次。所以，不只是去回想，而是重新再經驗一次。重新再感受那個經驗一次，頭腦會知道該怎麼辦。那個事件會回來，你要再度經驗它。但是在你重新經驗的時候，要保持不受干擾。

從過去的事情開始練習是容易的，因為它現在只是個遊戲，不是真實的情況。如果你做得到，那麼，當憤怒的情境真的發生時，你就能夠處理它。這個回到過去重新演練的方法，會對你有很大的幫助。

每個人的頭腦裡都有傷疤；有些傷口還沒有痊癒。如果你讓它們重演一次，你會覺得如釋重負。如果你可以回到過去，了結某些尚未完成的事，你就能擺脫來自過去的重擔。你的頭腦會變得更清爽；塵埃都被掃除乾淨了。

未完成的事就像你腦中流連不去的雲，它會影響你以及你所做的一切。你必須撥開那些雲。回到過去，把那些尚未完成的渴望帶回來，再去體驗一次那些仍讓你隱隱作痛的傷口。它們會被療癒的，而你將變得更完整。透過這種方法，你就能掌握到，在混亂的情況下如何保持不受干擾。

注意三次

佛教有一種獨特的靜心方法稱為「注意三次」。如果一個問題浮現了——比方說，某些人突然覺得嫉妒、貪婪或憤怒——他們必須留意這個情緒三次。如果憤怒在那裡，弟子就必須向內在說三次：「憤怒……憤怒……憤怒。」只要完全注意到它，就不會失去覺知，就是這樣。然後，他就繼續做自己的事。他不對憤怒做任何事，只是注意它三次。

這是非常美的，你會馬上覺察到憤怒，當你注意到它，它就不見了。它不會抓著你不放，因為只有當你在無意識的時候，它才可能發生。這個注意三次的技巧，讓你對自己的內在保持覺知，你就與你的憤怒隔離了。你可以將它更具體化，因為它在那裡，你在這裡。佛陀告訴他的弟子說，每一件事情都要這樣做。

像個孩子一樣奔跑

早上開始作晨跑。先從半英哩開始，然後一英哩，最後至少要跑三英哩。用全身去跑。不要像穿了緊身衣一樣綁手綁腳的跑，要像個小孩子一樣奔跑，用你的全身，用你的手和腳跑。深呼吸。然後，坐在樹下，休息，流汗，讓清涼的微風吹拂；感覺那種平靜。對你會非常有幫助。

肌肉一定要放鬆。如果你喜歡游泳，你也可以去游泳。它會有幫助的。但你必須盡你所能的全然投入。任何讓你全心全意投入的事情都會有幫助。問題不在於憤怒或別的情緒。問題在於全然投入每一件事，如此你也將能全然投入憤怒和愛。一個知道如何全然投入的人，他可以全然投入任何事；至於是什麼樣的事並不是重點。

想直接處理憤怒並不容易。它可能被壓抑得更深，所以得旁敲側擊。跑步有助於讓憤怒和恐懼消失。當你跑了很長一段時間，你呼吸得很深，此時頭腦停止運作，身體就接管一切。之後你在樹蔭下坐著，流汗，享受清涼的微風，沒有任何念頭升起。你只是一個脈搏跳動的身體，一個活著的身體，一個和整體合一的有機體，就像一隻動物。

如此三個星期以內，你對事情的感覺會越來越深入。一旦憤怒消失，你就自由了。

記住，你就是源頭

有人侮辱了你——你的憤怒突然爆發，你激動起來。憤怒流向那個侮辱你的人。你把所有的憤怒投射在別人身上。其實他什麼都沒做。如果他侮辱你，那他做了什麼？他只不過戳了你一下，他在幫你，讓你的憤怒浮現——但那個憤怒是你的。

別人不是源頭；源頭一直在你的內在。別人只是碰到那個源頭，如果你的內在沒有憤怒，憤怒是不會出現的。如果你打一個佛，結果出現了慈悲，那是因為那裡面只有慈悲。你打一個佛，並不會出現憤怒，因為那裡面沒有憤怒。你丟一個桶子到枯井裡，你什麼也撈不到。如果你是將桶子丟進一口水井裡，你就能汲到水，但水是來自於井裡。桶子只是幫你汲水而已。所以，那個侮辱你的人只是在你裡面丟了一個桶子，而桶子被拉上來的時候，裡面裝滿了你內在的憤怒、恨意還有怒火。記住，你才是源頭。

就這個技巧來說，你要記住，你就是那個不斷將所有事情都投射在別人身上的源頭。當一有贊同或反對的情緒出現，立刻往內走，來到情緒的源頭。保持歸於中心，不要移向別的目標。有人給了你一個機會覺知你自己的情緒；要謝謝他，然後把他忘掉。閉上你的眼睛，轉入內在。現在，看著這個愛或這個憤怒出現的源頭。看它們是從哪裡來的？向內走，轉入內在。你會找到那個源頭，因為憤怒來自你的源頭。

恨，愛，或任何情緒，都來自你的源頭。你生氣、你愛、你恨的時候，要回到源頭很容易，因為這時你是火熱的，這時轉入內在就很容易。導火線是熱的，你可以帶著它進入，你可以隨著那個熱度向內移動。當你到達內在那個清涼的點時，你會突然領悟到一個不同的向度，一個截然不同的世界在你面前敞開。利用憤怒，利用恨，利用愛走入內在。

臨濟禪師是一位偉大的禪師，他常說：「我年輕的時候很愛划船。我有一艘小船，我會獨自到湖上去泛舟，在那裡待好幾個鐘頭。

「有一次，在一個美麗的夜晚，我閉著眼睛在船上靜心。一艘船順流而下，撞到我的船。我的眼睛還是閉著，我在想：『那艘船上有個人，他撞上了我的船。』憤怒出現了。我睜開眼睛，差點對那個人發怒；然而，我發現那艘船是空的！我的憤怒無路可去。我要向誰表達我的憤怒？那艘船是空的，它只是自己順流而下飄過來，撞到了我的船。我能拿它怎麼辦，我總不能對一艘空船發洩我的憤怒。』」

所以臨濟說：「我閉上眼睛。憤怒在那裡——但找不到出路，我閉上眼睛，隨著憤怒往後飄走。那艘空船變成了我的領悟。在那個寧靜的夜晚，我來到我內在的一個點。那艘空船是我的師父。現在要是有人侮辱我，我會一笑置之，說：『這艘船也是空的。』我會閉上眼睛，走入內在。」

從悲傷和憂鬱中蛻變

編註：如奧修在本書前文所言，我們許多的悲傷和憂鬱都與壓抑的憤怒有關。透過實驗前面章節中的方法，它們會自然減少。這裡有更多可以嘗試的方法：

找到內在的微笑

當你高興的時候，可以做一件事：每當你坐著，無事可做的時候，放鬆你的下顎，微微張開嘴巴。開始用嘴巴呼吸，但是不要吸得太深。只要讓身體保持自己呼吸，這個呼吸是淺的，而且會越來越淺。當你覺得呼吸變得非常淺，嘴巴微張，下顎放鬆的時候，你會覺得整個身體都非常放鬆。

在那一刻，你開始感覺一個微笑，不是在臉上，而是在你的內在本質中——你做得到的。那不是一個浮現在嘴上的微笑，那是一個存在的微笑，它只在內在延展開來。

今晚就試試看，你會知道它是什麼，因為它是無法解釋的。不需要用到臉部的嘴唇，像是從肚子開始微笑；肚子在微笑。它是微笑，不是大笑，所以它是非常溫柔，細緻，脆弱的——就像一朵小小的玫瑰花開在肚子上，它的芬芳將散播到你的全身。

一旦你知道這個微笑是什麼，你二十四小時都能保持快樂。每當你感覺自己失去了那種快樂，只要閉上你的眼睛，再去找那個微笑，它會在那裡。在白天，你想做幾次都可以，你會找到它。它一直在那裡。

決定第一件事

有一個蘇菲宗派的神祕家一輩子都很快樂——從來沒有人看過他不快樂——他總是在笑，他的整個存在就是慶祝的芬芳。

到了晚年他臨死的時候——在臨終的床上，他還是很享受，還是開心的笑著——一個弟子問他：「你讓我們很困惑。到了現在你還在笑；你是怎麼辦到的？」

老人說：「很簡單。我請教過我的師父。我年輕的時候去找我的師父。當時我才十七歲，但已經非常悲慘；我的師父是個七十歲的老人，卻坐在樹下沒來由的哈哈大笑。沒有別人在那裡，也沒什麼事發生，沒有人講笑話或什麼的，而他正捧著肚子開懷大笑。我問他：『你是怎麼回事？你是瘋了還是怎麼了？』」

「他說：我以前也跟你一樣悲傷。然後我突然領悟到，這是我的選擇，這是我的人生。從那一天起，每天早上我起來決定做的第一件事就是……我會在睜開眼睛前對自己說：『阿布都拉』——那是他的名字——『你想怎麼樣？悲苦？喜樂？你今天要選擇怎麼樣？』而我總是選擇喜樂。』」

笑／連結大地／跳舞

靜靜坐著，從你存在的深處發出咯咯笑聲，讓你的整個身體都咯咯大笑。隨著那個笑的搖擺；讓它從肚子擴散到你的全身——手在笑，腳也在笑。你瘋狂的投入其中。花二十分鐘的時間笑。就算笑得很吵，很大聲，允許它。如果它靜靜的，那麼就有時安靜，有時吵鬧，花二十分鐘來笑。然後，躺在地上，把身體完全伸展開來，面向著地。如果天氣暖和的話，你也可以在你的庭院裡做，讓自己和大地接觸更好。要是全身赤裸，效果會更好。和大地連結，全身都躺在大地上，去感覺大地是母親，你是孩子。沉浸在那種感覺中。

笑二十分鐘，與大地深深的連結二十分鐘。和大地一起呼吸，感覺與大地合而為一。我們來自大地，有一天也將回歸大地。經過二十分鐘的能量補給之後，再跳二十分鐘的舞——因為大地將給你充沛的能量，你的舞蹈會是一種完全不同的品質。什麼舞都行，打開音樂，跳舞。

如果戶外太冷不方便，或是你沒有私人的戶外空間，就在你的房間裡做。有可能的話，在戶外做。如果天氣冷，就拿條毯子包著或想其他的辦法，持續進行下去。六到八個月之後，你會發現巨大的改變自然發生了。

盡情負面

花四十分鐘的時間，讓自己變成負面的——盡你一切可能的負面。關上房門，在房間四周擺些枕頭。切斷電話，告訴所有的人接下來一小時都別來打擾你。門上貼一個告示，說你要完全獨處一個小時。盡可能讓房間非常昏暗，放一些憂鬱的音樂，感覺沮喪、死亡。坐在那裡，感覺那些負面的情緒。重複像念咒語一樣的說「不」。

想像過去的一些情境——你非常晦暗，沮喪，你想自我了結，活著一點意思也沒有——同時誇大這些情緒。在周圍徹底製造出這種情境。你的頭腦會一直出來擾亂你。它會說：

「你在幹嘛？夜晚這麼美，月亮這麼圓！」不要聽頭腦的鬼話。叫它晚一點再來，你現在要完全投注在負面的狀態裡。哭泣，掉淚，吶喊，尖叫，咒罵，你想怎麼樣都行，只要記住一件事：不要快樂。不讓自己有一絲一毫的快樂。如果你逮到自己快樂，立刻給自己一耳光！再把自己帶回負面狀態，開始搥枕頭，揍它們，踏它們，變得惹人厭！你會發現，在負面情境中持續四十分鐘，實在非常困難。

頭腦基本的運作法則之一是：當你想有意識的去做負面的事情時，你是辦不到的。每當你有意識的去做些什麼，你會覺得與它之間有一段距離，無法完全融入。當你做這些事的同時，你是一個觀照者；你沒有迷失在其中。那個距離就出現了，那種距離是很美的。

四十分鐘之後，馬上跳脫那種負面狀態。把枕頭丟開，打開燈，放一些優美的音樂，跳二十分鐘的舞。只要說「是！是！是！」把它當成你的咒語。結束後再洗個舒服的澡，如此一來，你所有負面的情緒都會根除，它讓你對說「是」有一個全新的頓悟。

到對面去

如果你一直生氣，就做點完全相反的事情打破這個習性。當你打破一個習性時，那個能量會被釋放出來。如果你不去利用那些能量，頭腦又會讓它形成另一種習性；不然，能量要去哪裡？它們總是到對面去。

如果你一直悲傷，試試看快樂。這不容易，因為舊路是阻礙最少的路——它比較簡單——但是如果你想要快樂的話，你必須做點努力。你必須有意識的與拋錨的頭腦搏鬥一場，你得把它修好。也就是說，你得創造出一個快樂的新習性。

除非你創造出一個快樂的新習性，否則舊的習性一定會堅守在那裡，因為能量需要出路。你無法留下它，你不給它出路，這樣你會死，你會窒息。如果你的能量沒有變成愛，它就一定會發酸，變苦；它會憤怒，悲傷。悲傷不是問題；憤怒或不快樂也不是問題。問題在於要如何不再重蹈覆轍。

要活得更有意識一點。每當你發現自己又陷入舊有的習性時，馬上做相反的事；一刻也不能等。一旦你掌握到訣竅，你會發現那很容易。你已經準備好了……只要做點事就行了！

什麼都行。散久一點的步，開始跳舞。那個舞蹈一開始會有一點悲傷，一定是如此：你本來是悲傷的，你又怎麼能突然快樂起來？在悲傷中開始跳舞，舞蹈就能轉移那個悲傷。因為你帶了一些新的東西進入那從來不存在的悲傷裡。你不開心的時候，你悲傷的時候，你從來不跳舞，所以你的頭腦不知該如何是好。頭腦覺得很困惑——該怎麼辦？——因為頭腦只對舊的習性起得了作用。對於任何新的東西，頭腦還不熟……

每個人都逐漸的變成專家——悲傷專家，不快樂專家，生氣專家。於是你害怕失去自己的專長，因為你已經駕輕就熟了。

如果覺得悲傷的話，就去跳舞，或者站在蓮蓬頭下沖個澡，當身上的熱度冷卻下來的時候，看著悲傷從你的身體裡消失。感受水淋在你身上，悲傷就如你身上的汗水與灰塵一樣被洗去了。然後看看會發生什麼事。

從嫉妒中蛻變

如果你受嫉妒所苦，就去觀察它在你的內在是怎麼形成的——它如何讓你抓住，它如何包圍你、遮蔽你，它如何試圖操控你。它如何將你拖往你本來不想去的方向，它最後又如何讓你受到重挫，它如何破壞你的能量，耗損你的精力，把極負面的沮喪和挫敗留給你。去觀察這整件事。

看著它真實的樣子——不譴責，不讚賞，不做任何贊同或反對的判斷。只是觀照，超然，抽離，就好像你和它一點關係也沒有。這個觀看的過程，要非常科學。

科學對這個世界最重要的貢獻之一，就是客觀觀察。科學家做實驗的時候，他們是不先入為主、不預設立場的進行實驗。如果他的頭腦已經有了結論，就表示他不是科學家；他的結論會影響那個實驗。

當你的內在世界裡的科學家。讓你的頭腦成為你的實驗室，你觀照的時候——記住，不要譴責。不要說：「嫉妒不好。」誰知道呢？不要說：「憤怒不好。」誰知道呢？沒錯，你聽說過，別人也都這麼告訴你，但那只是別人的說法，不是你自己的經驗。你必須以自己的生活和經驗為標準，除非你的經驗可以證實，不然不要對任何事做出是或不是的評斷。你必須完全不批判。那麼，觀照嫉妒就是一個奇蹟。

你不懷任何定見，只是去看看它到底是怎麼回事？這個嫉妒是什麼？這個被稱為嫉妒的能量是什麼？看著它，就像在看一朵玫瑰：深入去研究它。當你不預設立場的時候，你的眼睛是清澈的。只有那些不預設立場的人能獲得洞見。去觀照，深入研究它，它會變得透明，你就能了解到它的愚蠢。它的愚蠢一旦被看穿，它就會自動消失。

觀照性能量

進入你的性；它沒什麼不對，但是保持是一個觀照者就好。觀察身體所有的動作；觀察能量流進流出，觀察能量是怎麼下降的；觀察高潮，有什麼事發生了——兩個身體如何以一種節奏律動。觀察心跳：它越來越快，有一刻它幾近瘋狂。觀察身體的溫度；血液循環更快了。觀察呼吸；它變得狂熱而紊亂。觀察你不由自主到達極限的瞬間，所有一切都成了無意識的。觀察你還可能回頭的時刻，越過那一點，你就沒有退路可走了。身體變得完全無意識，完全失控。就在射精的前一刻，你失去所有的控制，身體接管了一切。

觀照它：那些你能夠自主的過程，那些你不由自主的過程。當你還有自制力的那一刻，你可以後退，你還有機會回頭，但到了你無法後退的那一刻，你就不可能再回頭了；那一刻身體完全接手，你再也無法控制自己。觀察每一件事——成千上萬的事情，每件事都很複雜，但沒有一件像性這麼複雜，因為性讓整個身體頭腦（bodymind）的系統都投入了其中；只有觀照沒有被牽扯進去，只有一件事總是置身事外。

觀照是局外人。觀照的本性使它永遠不會變成局內人。找到這個觀照，你就站在山頂上，山谷裡發生的一切都跟你沒有關係。你只是看著；干你什麼事呢？它就像發生在別人身上的事一樣。

從欲望到愛

每當你感覺到性欲升起，有三個可能性。其一是沉迷其中，這很平常，所有的人都這麼做。其二是壓抑它；把它壓抑下來，它就會離開你的意識，進入你無意識的黑暗中；把它丟進你生命的地下室裡。你們所謂的偉人都是這麼做的。但這兩種方法都違反自然之道，這兩者都違反蛻變的內在科學。

第三種——只有極少數的人試過——當性欲升起的時候，閉上眼睛。這是非常珍貴的片刻：欲望升起就是能量升起，就像早晨太陽升起一樣。閉上你的眼睛；這是靜心的時刻。往下移至性能量的中心點，你能感覺到那裡的顫抖、震動興奮。往下移至那裡，做一個安靜的旁觀者就好。覺察它，不要譴責它。你譴責它的那一刻，你就離它而去了。不要享受它，因為當你享受的那一刻，你是無意識的。只要警覺、觀照，像是一盞在黑夜裡燃燒的油燈。你只是把你的意識帶到那裡，不閃爍，不搖動。你看著性能量中心發生了什麼。這股能量是什麼？

不要稱呼它，因為所有的字眼都會變成譴責。就算你說它是「性」，你已經立刻開始譴責它了。那個字眼本身已經是一種譴責。或者，你活在一個不同時代裡，它就變成一個不可褻瀆的字。任何承載著情緒的字眼，都會成為覺知的障礙。

不要用任何字眼稱呼它，只要觀照一股能量從性能量中心升起。有一種顫動——觀照它。觀照它，你將感覺到那股能量有一種全新的品質。觀照它，你將會看到它向上提升；它在你的內在找到了一條路。當它開始向上提升的那一刻，你會感覺到一種冷靜來到你身上，你周圍有一種寧靜；一種優雅，一種至福，一種恩寵，一種祝福圍繞著你。它不再是一根刺，令人痛苦。它不再造成傷害；它像一株香草，撫慰人心。你越保持覺知，它升得越高。

如果它往上來到心，這並不很難——有點難，但不是太難——如果你繼續保持警覺，你會看到它來到心。當它來到心的時候，你將第一次知道愛是什麼。

感覺你的傷痛

有人傷害了你，要覺得感激，因為是那個人給了你一個機會，去感覺一個很深的傷口。他幫你打開了你內在的一個傷口。那個傷口或許是你這一生承受的許多傷痛所造成的。別人或許不是造成這些傷痛的原因，但他觸發了它。只要關上你的房門，靜靜坐著，別再生那個人的氣，全然覺知你內在升起的感覺：你曾經被拒絕的傷痛，你曾經被侮辱的傷痛。然後，你會很訝異，在那裡的不是只有那個人，所有的女人，所有的男人，所有曾經傷害過你的人，全都開始在你的記憶中浮現。

你不僅僅開始想起它們，你還要再次經驗它們。你會進入某種初始的狀態。感覺這個傷，感覺這個痛，不要避開它。那就是為什麼許多接受治療的病患被告知，在治療開始之前不要嗑藥，理由很簡單，因為嗑藥是一種逃避你內在痛苦的方法。

無論多麼痛苦，無論多麼折磨你，都隨它去。在它最極致的強度中經驗它。這很難，它會令人心碎。你也許會哭得跟一個小孩一樣，你也許會痛得開始在地上打滾，痛到你的身體都糾結在一起。你也許會突然覺知到，不只是心在痛，你的全身都在痛——它全身都疼，全身都痛，你的整個身體除了疼痛之外再沒有別的。

如果你能夠經驗它——這實在太重要了——然後開始吸收它。不要把它丟掉。它是一種這麼珍貴的能量，不要浪費它。吸收它，啜飲它，接受它，歡迎它，感激它。對你自己說：「這一次，我不會逃避它；這一次，我不會拒絕它；這一次，我不會丟棄它。這一次，我會把它當一個貴賓，啜飲它，接受它。這一次，我會消化它。」

你可能要花好幾天才能消化它，但有一天，你會發現一道門，它可以帶你走得很遠很遠。你的生命開始了一個新的旅程，你進入了一種全新的品質——因為就在你毫不抗拒的接受一切的痛苦時，它的能量和品質就立刻轉變了。它不再是痛苦。事實上，你會感到非常驚訝；你不敢相信，它是這麼不可思議。你不敢相信，苦痛能夠蛻變成極樂，傷痛也可以蛻變成喜悅。

解除過去的制約

悲傷與快樂是同一種能量，別的什麼都不是。因為你看不見你的快樂開花，你就開始感傷。每當你看到別人快樂，你就感傷起來；它為什麼沒有發生在你身上？它會發生在你身上的！它一點問題也沒有。你只需要解除你過去的制約。你得稍微想一些辦法讓它發生，盡一點努力打開自己。

晚上做這個靜心。感覺你自己完全不像個人。你可以選擇任何喜歡的動物。你喜歡貓，很好。你喜歡狗，很好……或是一隻老虎——公的，母的，隨你高興。選擇好之後就堅持下去，成為那隻動物。用你的四肢在房間裡移動，想像自己成為那隻動物。用十五分鐘的時間，盡情去享受這個幻想。如果你是狗，就汪汪叫，做一些狗會做的事——要真的去做！享受它，不要控制，因為狗不會控制。狗意謂著完全的自由，所以不管那一刻發生什麼事，去做就是了。在那一刻，絕對不要把控制這種人類的元素帶進去。要真的成為一隻頑固的狗。用十五分鐘的時間在房間裡溜達，亂叫，跳來跳去。

連續做七天。這是有益的。你太世故，太有教養了，是這些殘害了你，你需要多一點動物的能量。太多文明是一種麻醉劑。小劑量對你是好的，但太多就危險了。人應該隨時保持當一隻動物的能力。如果你能學會更狂野一點，你的問題就會漸漸消失。

花幾天時間做這個練習：讓一切慢下來。每當你覺得自己陷入痛苦時，讓自己慢慢的進入這個痛苦，不要太快；放慢動作，要像在打太極拳一樣慢。

如果你覺得悲傷，就閉上眼睛，讓畫面以非常緩慢的速度播放。慢慢，慢慢的進入，讓影像環繞著你，凝視，觀察正在發生的事。要非常緩慢，這樣你才能保持在距離之外，看清楚每一個動作，看清楚每一個細節。

連續做幾天慢動作，其他的事情也一起放慢。比方說走路，你可以走得比平常更慢。從這一刻起，一切開始放慢。吃的時候，慢慢吃……多咀嚼幾下。如果你平常吃一頓飯需要二十分鐘的話，就用四十分鐘來吃；放慢百分之五十的速度。如果你眼睛睜開的速度很快，就慢下來。用平常兩倍的時間來洗澡；讓一切都慢下來。

當你每件事都放慢時，你的整個身體機制也會自然慢下來。機制是一體的：你是用同樣的機制在走路、說話、生氣，它是同一個有機體。所以，如果你每一件事都慢下來的話，你將會感到很訝異；你的悲傷，你的痛苦，也全都慢下來了。

佛陀在他自己和弟子的身上常用這個方法。他告訴他們，要慢慢的走，慢慢的吃，每一個動作都慢慢來……。這會產生一個驚人的經驗：你的思想慢下來了，你的欲望慢下來了，你舊有的習氣都慢下來了。用三個星期的時間讓自己練習放慢一切。

奧修動態靜心（Osho Active Meditations）

以下是奧修動態靜心最被廣泛運用的幾種靜心，每一項都有簡短的說明。每一種靜心技巧都搭配奧修指導創作的音樂，為靜心的每一個階段給予提示和背景音樂。

這個靜心分成五個階段。從深度、混亂的腹部呼吸開始，然後是發洩及能量釋放，歸於中心，寧靜以及慶祝。在所有的奧修動態靜心中，這個靜心最能夠滿足身體的需求，也最具有情緒淨化的效果，最好把它當成每天早上要做的第一件事。

奧修亢達里尼靜心（Osho Kundalini Meditation）

它時常被稱為動態靜心的姊妹靜心。這個靜心通常是在一天的工作結束後，黃昏或傍晚的時候做。讓身體以一種放鬆自然的方式震動、釋放累積的緊張和壓力，然後跳舞，做完之後，靜默觀照一段時間做為結束。

奧修那塔若吉靜心（Osho Nataraj Meditation）

盡情跳舞四十五分鐘之後，保持靜止不動和靜默。

奧修那達布拉瑪靜心（Osho Nadabrahma Meditation）

這個靜心是古代西藏的靜心技巧之一。開始的時候，唱頌「嗡」，慢慢開啟身體裡面所有的能量中心，加上緩慢優雅的手部動作，做完之後，靜默一段時間做為結束。它有助於歸於中心、療癒和放鬆。

你可以在 www.osho.com/meditation 找到更多關於這些靜心技巧的詳細資訊與說明，包括各個階段的示範影片。

奧修靈性智慧 2

情緒(新版) *EMOTIONAL WELLNESS*

作　　　者　奧修 OSHO
譯　　　者　Bhakti
編 輯 顧 問　舞　鶴
責 任 編 輯　林秀梅　黃妉俐

版　　　權　吳玲緯　楊　靜
行　　　銷　闕志勳　吳宇軒　余一霞
業　　　務　李再星　李振東　陳美燕
副 總 編 輯　林秀梅
編 輯 總 監　劉麗真
事業群總經理　謝至平
發　行　人　何飛鵬
出　　　版　麥田出版
台北市南港區昆陽街16號4樓
電話：886-2-25000888　傳真：886-2-25001951
發　　　行　英屬蓋曼群島商家庭傳媒股份有限公司城邦分公司
台北市南港區昆陽街16號8樓
客服專線：02-25007718；25007719
24小時傳真專線：02-25001990；25001991
服務時間：週一至週五上午09:30-12:00；下午13:30-17:00
劃撥帳號：19863813　戶名：書虫股份有限公司
讀者服務信箱：service@readingclub.com.tw
城邦網址：http://www.cite.com.tw
麥田部落格：http://ryefield.pixnet.net/blog
麥田出版Facebook：https://www.facebook.com/RyeField.Cite/
香 港 發 行 所　城邦（香港）出版集團有限公司
香港九龍九龍城土瓜灣道86號順聯工業大廈6樓A室
電話：852-25086231　傳真：852-25789337
電子信箱：hkcite@biznetvigator.com
馬 新 發 行 所　城邦（馬新）出版集團
Cite（M）Sdn. Bhd.（458372U）
41, Jalan Radin Anum, Bandar Baru Seri Petaling,
57000 Kuala Lumpur, Malaysia.
電話：+6(03)-90563833　傳真：+6(03)-90576622
電子信箱：services@cite.my

設　　　計　黃瑪琍
排　　　版　宸遠彩藝工作室
印　　　刷　沐春行銷創意公司

2010年6月15日　初版一刷
2024年7月25日　二版一刷
定價／460元
ISBN：9786263107182
9786263107175（EPUB）

國家圖書館出版品預行編目資料

情緒/奧修(Osho)著. -- 二版. -- 臺北市：麥田出版：英屬蓋曼群島商家庭傳媒股份有限公司城邦分公司發行,
2024.07
面； 公分. -- (奧修靈性智慧；2)
譯自：Emotional wellness : transforming fear, anger, and jealousy into creative energy
ISBN 978-626-310-718-2(平裝)
1. 情緒
176.5　　113009441